내가 **이혼전문**변호사다

내가 이혼전문변호사다

초판 1쇄	2014년 08월 27일
2쇄	2016년 05월 23일
3쇄	2018년 08월 10일
4쇄	2021년 01월 15일
5쇄	2025년 01월 01일

지은이	박진영
감수자	김성천
발행인	김재홍
디자인	이호영, 박상아, 이슬기
교정교열	여상미
마케팅	이연실

발행처	도서출판지식공감
등록번호	제2019-000164호
주소	서울특별시 영등포구 경인로82길 3-4 센터플러스 1117호(문래동1가)
전화	02-3141-2700
팩스	02-322-3089
홈페이지	www.bookdaum.com
이메일	jisikwon@naver.com

가격	22,000원
ISBN	979-11-5622-038-1 13360

CIP제어번호   CIP2014023640
이 도서의 국립중앙도서관 출판예정도서목록(CIP)은 서지정보유통지원시스템 홈페이지(http://seoji.nl.go.kr)와 국가자료공동목록시스템(http://www.nl.go.kr/kolisnet)에서 이용하실 수 있습니다.

ⓒ 박진영 2014, Printed in South Korea.
- 이 책은 저작권법에 따라 보호받는 저작물이므로 무단전재와 무단복제를 금지하며, 이 책 내용의 전부 또는 일부를 이용하려면 반드시 저작권자와 도서출판지식공감의 서면 동의를 받아야 합니다.
- 파본이나 잘못된 책은 구입처에서 교환해 드립니다.
- '지식공감 지식기부실천' 도서출판지식공감은 창립일로부터 모든 발행 도서의 2%를 '지식기부 실천'으로 조성하여 전국 중·고등학교 도서관에 기부를 실천합니다. 도서출판지식공감의 모든 발행 도서는 2%의 기부실천을 계속할 것입니다.

내가 이혼전문 변호사다

박진영 지음

김성천 감수

CONTENTS

서평 · 8
개정판을 내면서 · 10
Prologue · 12

I. 이혼하기

이혼 시 발생하는 4가지 법률적 문제 · 19
협의이혼 · 23
조정이혼 · 44
재판상 이혼 · 47

II. 재판상 이혼사유

재판상 이혼사유의 의미 및 종류 · 51
'부정한 행위'란? · 52
'배우자가 악의로 다른 일방을 유기한 경우'란? · 56
'배우자 또는 직계존속으로부터 심히 부당한 대우를 받은 경우'란? · 58
'자기의 직계존속이 배우자로부터 심히 부당한 대우를 받은 경우'란? · 60
'배우자의 생사가 3년 이상 불분명한 경우'란? · 61
기타 '혼인을 계속하기 어려운 중대한 사유가 있는 경우'란? · 63
배우자에게 외도의 의심이 있는 경우의 대처방법 · 66
핸드폰 통화기록내역조회가 가능해졌다 · 69
배우자로부터 폭행을 당했을 경우의 대처방법 · 71
유책배우자도 이혼을 청구할 수 있나? · 81
이혼의 소를 제기하면 당장 생계가 막막해지는 경우 · 84
이혼소장을 받았을 때의 대처방법 · 86
혼인무효 및 혼인취소 · 89

III. 위자료

위자료의 의미 및 산정기준 · 97
위자료 지급불이행 시 조치 · 99

IV 재산분할

- 재산분할의 의미 ··· 105
- 재산분할의 대상이 되는 재산 ··· 106
- 퇴직금, 향후 수령할 퇴직연금, 명예퇴직금, 국민연금 등도 재산분할이 되나? 109
- 특유재산도 재산분할의 대상이 되나? ······································ 127
- 채무도 재산분할의 대상이 되나? ··· 129
- 재산분할의 대상이 되는 재산 찾아내기 ·································· 131
- 재산분할청구권 보전을 위한 사해행위취소권, 강제집행면탈죄 ··· 134
- 재산분할의 비율을 정하는 기준 ··· 136
- 재산분할 결정방식 ··· 139
- 재산분할의 기준시점 ··· 143
- 가압류, 가처분의 필요성 ··· 145
- 이미 이혼을 했는데도 재산분할을 청구할 수 있나? ············· 146
- 재산분할에 관한 합의의 효력 ··· 148
- 재산분할의무불이행 시 조치 ··· 150

V 친권 및 양육권

- 친권과 양육권의 의미 ··· 157
- 친권자 및 양육자를 정하는 기준 ··· 160
- 사정변경에 의한 친권자 및 양육자의 변경 ···························· 164
- 양육기간 ·· 166
- 양육비산정기준 ··· 167
- 사정변경에 의한 양육비의 변경 ··· 180
- 양육비를 확보하는 방법 ··· 181
- 과거 양육비 청구 ··· 187
- 양육자의 자녀인도청구 ·· 189
- 양육자임시지정사전처분신청 및 양육비사전처분신청 ············ 191
- 이혼 후 자녀의 성·본변경 ·· 192

VI 면접교섭권

면접교섭권의 의미 ········ 197
면접교섭권의 제한 또는 배제 ········ 199
면접교섭의 사전처분 ········ 200
이행확보수단 ········ 201

VII 약혼 및 사실혼

약혼 ········ 205
사실혼 ········ 208
사실혼관계에 있는 일방당사자가 단독으로 혼인신고를 할 수 있는 방법 ········ 214

VIII 이혼소송절차

원고의 소장 제출 ········ 217
피고의 답변서 제출 ········ 219
변론준비기일 또는 변론기일의 지정 ········ 220
가사조사절차 ········ 222
조정절차 ········ 223
반소의 제기 ········ 224
변론기일의 속행과 준비서면 제출 ········ 225
이혼신고 ········ 227

IX 실제사례

- 제 가정을 지켜주세요 ... 231
- 유책배우자인 우리 의뢰인을 지켜라 ... 234
- 너무 억울해요 집 안에 밥그릇까지 다 뺏고 싶어요 ... 240
- 제 처가 부정행위를 했는데 확보한 증거가 없어요 ... 244
- 거짓말을 일삼는 상대방을 응징하라 ... 249
- 증거가 없어도 끝까지 포기하지 말라 ... 255
- 재산분할을 많이 받아내라 ... 261
- 외도한 배우자를 맨몸으로 쫓아내라 ... 265
- 양육권은 꼭 확보하고 싶어요~~!! ... 271
- 유책배우자가 이혼소송을 걸어왔어요~~ㅜㅜ ... 276
- 맞벌이부부사건에서 재산분할 90% 인정받는 사례 ... 280
- 이혼전문변호사, 이혼전문로펌들 3개사와의 양육권 다툼에서 승소한 사례 ... 285
- 남편 월급이 1,200만 원밖에 안 된다고 바가지 긁어대는 부인을 혼내주세요 ... 290

Epilogue · 298
작성례 1~20 · 300

서평

　사람들은 동반관계를 형성하고 자식을 낳아 키우면서 이들 가족에 대한 법적 보호 장치를 만들었다. 이 장치를 '혼인제도'라고 부른다.

　결혼할 때까지는 대부분 사랑이라는 콩깍지의 현실 왜곡 기능 때문에 상대방을 위해서라면 무엇이든 다 할 수 있을 것 같은 오판을 할 수 있다.

　시간이 흐르면 냉정을 되찾고 현실이 보인다. 그래도 정 때문에 함께 살 수 있다면 그나마 다행이다.

　하지만 결혼생활이 진정한 고통으로 다가올 때, 그 굴레에서 벗어나야 한다는 신호를 마주하게 되었을 때 가족을 지켜줄 법적 보호 장치는 이제 극복해야 할 과제로 전환된다.

이 책은 우리가 자유를 되찾기 위해서 넘어야 하는 이들 법적 장애물의 속성과 본질을 그 무엇보다 잘 설명하고 있다.

사랑에 빠졌다가 사랑의 굴레에서 벗어나려고 하면 많은 것을 잃게 된다.

그래도 아예 사랑을 하지 않았던 것보다는 훨씬 낫다. 어쨌거나 인생에서 무언가를 얻게 되는 것이니까.

그래도 분리되는 그 아픔의 과정에서 상처를 감내할 수 있을 정도로 낮추기 위해서 변호사를 어떻게 활용할 것인가를 잘 설명하고 있는 것이 이 책이다.

이유가 무엇이든 갈라서고자 결심하는 이에게 꼭 추천하고 싶은 책이다.

중앙대학교 법전문대학원 교수

김성천

개정판을 내면서

"내가 **이혼전문**변호사다"

    전문서만 집필하다가 대중에게 쉽게 읽힐 수 있는 책을 써야겠다는 마음을 먹고 출간한 책이 바로 "내가 이혼전문변호사다"이다.
    집필을 마치고 연구소 내외 변호사님들한테 초안을 보여드리니, 초안을 읽은 변호사님들 모두가 하시는 말씀이 '도움이 많이 되는 좋은 책'이라는 평이다. 부족하기 짝이 없는 책이지만 그렇게들 평해주시니 감사할 따름이었다.
    원고를 들고 대형출판사만을 찾아 다니면서 출판의사를 묻고 다녔다. 하지만 가는 곳마다 고개를 설레설레 흔든다. 이혼관련 책 중에서 성공한 책이 단 한 권도 없기 때문에 출판계약이 곤란하다는 게 그 이유다. 그러면서 한결같이 드는 예가 "옛날에 비디오가게 가서 야한 비디오를 보고 싶어도 막상 부끄러운 마음에 선뜻 뽑아서 틀어달라고 할 수 없었죠. 이혼도 마찬가지입니다. 이혼이라고 하면 숨기고 싶고 부정적인 이미지가 커서 사람들이 선뜻 책을 뽑아서 구매하기가 쉽지 않을 뿐만 아니라 책이라는 것이 장식 또는 보존을 위한 가치도 있는 법인데, 이혼에 관계된 책은 책꽂이에 꽂

아두기가 쉽지 않기 때문에 이혼과 관련된 책은 팔리지가 않는다."는 것이었다.

그래서 이 책은 좀 다르다고 설득해 보았지만 소용이 없었다. 이리저리 대형출판사만 접촉하다가 포기하고 천신만고 끝에 만난 분이 바로 지식공감의 김재홍 대표님이시다. 김재홍 대표님도 다른 출판사와 똑같은 예를 들면서 출판이 쉽지 않겠다고 하시면서도 내용이 실무적이고 사실적이어서 분량을 좀 줄여주면 가능성이 좀 있어 보인다는 것이었다.

그래서 1~2달 동안 양을 2/3로 줄이느라 진땀을 뺀 후에야 비로소 초판을 출간하게 되었다. 그런데 책이 출간되자마자 이혼전문변호사를 포함한 많은 변호사님들 그리고 교수님들, 이혼관련 일을 업으로 하시는 분들, 로스쿨 학생들이나 그 외 많은 분들이 읽어주시고 많은 도움이 되었다면서 전화를 친히 주시거나 사무실까지 내방해주셨다. 그분들에게 이 지면을 빌려 많은 감사를 드리고 싶다.

어느덧 이혼관련분야에서도 간통죄가 폐지되는가 하면 '양육비이행확보 및지원에관한법률'이 시행됨에 따라 '양육비이행관리원'이 창설되어 양육비를 추심해주고 있고, '가정폭력에 대한 국가의 개입'이 커지는 등 본서 초판 발행 당시와는 사뭇 분위기가 달라졌다. 뿐만 아니라, 양육비산정기준표가 개정되었고, 여러 면에서 판례가 변경되기도 하였다.

그래서 그러한 내용을 반영한 개정판을 출간하게 되었다. 모쪼록 본서가 이혼소송을 준비하시는 분들께 승소를 위한 많은 도움이 되시길 다시 한 번 기원하며 책을 드린다.

솔로몬 이혼문제연구소
소장 박진영 배상

Prologue

로펌(Law Firm) 부설 이혼문제연구소에서 일해온 지 벌써 20년이 훌쩍 넘었다.

그동안 많을 때는 하루에도 10여 건이 넘는 이혼상담을 하고, 한 해에 100여 건이 넘는 이혼사건을 처리해오면서 많은 경험과 노하우를 쌓아왔다.

시대의 변화에 따라 요즈음 많은 사람들이 이혼문제에 관심을 갖고 있다. 그래서 그런지 시중에는 이혼소송이나 이혼관련법률을 다룬 좋은 책들이 많이 있다. 하지만 그 책들은 법률적인 이야기가 대부분이고 이혼을 생각하는 일반 독자들에게 실질적으로 도움을 줄만한 책은 그리 많지 않은 것 같다.

그래서 그동안 많은 이혼소송을 처리해오면서 경험하고 느꼈던 이혼소송에 관한 실전이야기를 해보고자 펜을 들었다. 될 수 있으면 꼭 필요한 것을 제외하고는 딱딱한 법률적인 서술은 피하려고 노력하였고, 실제 이혼소송에서 알고 있어야 할 지식과 스킬을 중심으로 서술하려고 노력하였다.

그리고 그동안 이혼상담을 해오면서 자주 질문받은 내용을 법률 상담하듯이 서술하였고, 꼭 알아야 할 내용을 중심으로 다루었다.

싸움은 무술과 다르다.
이론적인 법학을 무술에 비유한다면, 이혼소송은 하나의 싸움에 비유될 수 있을 것 같다.
무술에서는 발차기를 날려서 그 발이 멋지게 허공을 가른다 해도 관중은 박수를 치겠지만, 실제 싸움에서는 제아무리 멋지게 발차기를 날려도 그 발이 허공을 가른다면 헛수고일 뿐이다. 싸움에서는 상대방을 쓰러뜨려야 한다.
무술에서는 폼이 중요하겠지만, 실제 싸움에서는 폼은 그다지 중요하지 않다. 폼이 제아무리 엉성해도 상대방을 제대로 쓰러뜨리기만 하면 된다.
이혼소송도 마찬가지다. 화려한 탈차기는 필요하지 않다. 상대방을 쓰러뜨릴 발차기가 필요한 것이다. 그래서 이 책은 이론적인 법학지식은 논하지 않는다. 오로지 실전 이혼소송에서 상대방을 쓰러뜨릴 수 있는 발차기 기술만을 논할 뿐이다.

이혼소송에서 이기기 위해서는 몇 가지 조건이 필요하다.
첫째, 기본적인 법학지식과 판례를 알아야 한다. 특히 판례를 많이 알면 알수록 그것은 무기가 되는 법이다. 민법에 규정되어 있는 이혼관련 규정이 좀 추상적이어서, 그 해석이 증국적으로 법원에 맡겨져 있기 때문이다.
둘째, 그때그때 상황에 맞게 쓸 수 있고 대처할 수 있는 소송 스킬(skill) 즉 기술을 많이 알고 있어야 한다.
셋째, 글쓰기 재주가 있어야 한다. 특히 이혼소송에서는 사실을 잘 전달하고 감정에 호소할 수 있는 글을 잘 쓸 수 있는 능력이 절실하다.

넷째, 끝까지 물고 늘어지는 승부욕과 지구력이 있어야 한다.

그리고 다섯째로는 의뢰인과의 소통능력, 그리고 풍부한 경험이다. 사실 어떻게 보면 이혼소송에서는 그 어떤 소송보다 다섯째 조건이 중요하다. 하지만 당사자가 나홀로 하는 소송에 있어서는 의뢰인과의 소통능력은 필요 없을 것이고, 풍부한 경험은 요구하는 것 자체가 무리다. 이혼은 일생에 단 한 번만으로 충분하기 때문이다. 그리고 풍부한 경험은 두 번째 조건으로 어느 정도 충족되리라 본다. 그리고 부족한 경험을 짧은 시간에 충족시켜줄 "9장의 실제사례"를 꼭 읽어보길 바란다. 이혼소송이 어떻게 다투어지고 진행되는가를 알 수 있도록 별도의 장을 할애하여 실제 사례를 소개해 놓았다.

이혼소송에서 이기기 위한 위 5가지 조건 중에서 이 책은 첫 번째와 두 번째의 조건을 충족하기에 충분한 책이라고 자부한다.

이 책의 제목을 '내가 이혼전문변호사다'라고 정한 이유도, 단언컨대 이 책의 내용만으로도 이혼전문 변호사 못지않은 이혼전문가가 될 수 있다고 자부하기 때문이다. 물론 글쓰기 재주와 승부욕 그리고 지구력만 받쳐준다면 말이다. 그리고 이에 더하여 이혼소송의 달인경지까지 도달하고 싶다면 이 책의 속편을 읽어주기 바란다.

속편에서는 이혼전문법률가가 꼭 알아야 할 이론과 판례를 중심으로 서술하려고 한다.

이 책에 부족한 점이 많을 것으로 생각한다. 부족한 점이 발견된다면 연구소(솔로몬이혼문제연구소)로 전화해주시면 개선하는 데 온 힘을 다하겠다.

마지막으로 이 글이 이혼소송을 준비하시는 분들께 승소를 위한 많은 도움이 되시길 기원하며 책을 드린다.

솔로몬 이혼문제연구소

소장 박진영 배상

읽지 않고 넘어가도 되는 부분은 BOX 또는 주석 처리해 놓았다. 따라서 BOX 또는 주석 처리된 부분은 읽지 않고 넘어가도 되겠다.

내가
이혼전문
변호사다

I.
이혼하기

LAWYER

우리 인생에서 가장 소중한 것들 몇 가지를 손가락에 꼽는다면 그중 하나가 단연코 가정이 아닐까 싶다. 이는 우리가 사랑을 하고 행복을 느끼며 발전할 수 있는 삶의 터전이 바로 가정이기 때문이다.
그래서 누구나 행복한 가정을 꿈꾸면서 배우자를 만난다. 그리고 내가 선택한 배우자와 죽는 날까지 사랑하며 행복한 가정을 꾸릴 수 있을 것이라는 기대를 가지고 결혼을 한다. 하지만 막상 결혼하고 나면 많은 문제에 봉착하게 된다.

근래 이혼에 대한 사회적 인식이 변화하고 여성의 권리의식이 강화되면서 이혼율이 매년 증가하고 있고 그러한 추세가 좀처럼 수그러들 기세를 보이지 않는다. 물론 끝까지 혼인관계를 유지할 수만 있다면 더할 나위 없이 좋겠지만 모든 부부에게 그러한 것을 기대할 수는 없는 것 같다. 부득이하게 이혼을 할 수밖에 없는 경우가 적지 않게 존재하는 것만은 분명한 사실이기 때문이다.

한 사람에게 있어서 결혼이 일생일대의 커다란 선택이듯이 이혼이라는 이유로 출발선에 다시 서는 것 또한 일생일대의 또 다른 커다란 선택이 아닐 수 없다. 그리고 새로운 출발을 위해서는 과거에 대한 정리가 필요하다. 그래야만 다시 시작할 힘을 얻을 수 있으며, 처음보다 더 좋은 출발을 할 수 있기 때문이다.
그래서 지금부터 부득이하게 이혼하는 경우에 어떻게 하면 기존의 혼인관계를 잘 청산할 수 있는지 그리고 그 방법에는 어떠한 것들이 있는지를 이야기해 보려 한다.

이혼 시 발생하는 4가지 법률적 문제

이혼 시 발생하는 문제

이혼문제를 논하기에 앞서 꼭 알아두어야 할 점이 있다. 그것은 이혼하는 데에는 '4가지의 법률적 문제'가 발생한다는 점이다.

즉,
첫째, '이혼사유의 존재'
둘째, '위자료'
셋째, '재산분할'
넷째, '양육권 문제'가 곧 그것이다(본서에서 양육권 문제라 함은 미성년인 자녀에 대한 '양육권'과 '친권' 그리고 '양육비', '면접교섭권 문제'를 포함하는 의미이다. 이하에서는 그냥 '양육권 문제' 또는 '미성년인 자녀의 양육 및 친권자 결정의 문제'라고 한다.).

첫째, 이혼사유 존재의 문제는 다른 일방의 배우자가 이혼을 반대함에도 불구하고 법에 의해서 '강제로' 이혼할 수 있는 사유가 존재하느냐의 문제이다. 따라서 이는 재판상 이혼에만 문제된다. 협의이혼은 특별한 이혼사유가 없어도 당사자간 이혼에 관한 합의만 있으면 이혼할 수 있기 때문이다.

둘째, 위자료 문제는 이혼하는 경우에 혼인을 파탄에 이르게 한 유책배우자가 상대방 배우자가 당한 정신적인 고통에 대해서 돈으로 위자(慰藉)하는 문제이다. 그 성질은 불법행위에 의한 손해배상이고, 협의이혼이든 재판상 이혼이든 모두 문제된다.

셋째, 재산분할 문제는 유책배우자에게 유책행위에 대한 책임을 묻는 위자료 문제와는 전혀 별개의 문제이다. 즉 재산분할은 혼인기간 중 부부가 공동으로 형성한 재산을 청산하는 의미를 가진다. 많은 사람들은 재산분할을 위자료와 혼동하거나 위자료에 포함시켜 생각하는 경우가 아주 많지만, 위자료와 재산분할은 전혀 다른 별개의 문제이다.

유책배우자는 상대방에게 위자료는 청구할 수 없지만, 재산분할은 당연히 청구할 수 있다. 예컨대 바람 피우다 걸린 유책배우자는 상대방배우자로부터 이혼을 당하고 상대방에게 위자료를 물어줘야 되겠지만 혼인기간 중 공동으로 형성한 재산이 있다면 재산분할만큼은 청구할 수 있다.

또한 한 가지 더 알아두어야 할 점은 재산분할을 정함에 있어서는 혼인을 파탄에 이르게 한 사유나 유책배우자인지 여부는 전혀 고려대상이 아니라는 점이다. 즉 바람 피우다 걸렸다고 해서 재산분할 비율이 낮아지거나 하는 등의 불이익은 전혀 당하지 않는다는 점이다. 혼인을 파탄에 이르게 한 잘못에 대한 책임은 오로지 위자료 몫이다. 이 점 많이 잘못 알고 있는 부분이므로 꼭 유의했으면 한다.

재산분할 문제에 있어서 꼭 알아두어야 할 점이 또 한 가지가 있다. 재산분할은 위에서 언급한 바와 같이 청산의 의미가 주를 이루지만, 사회보장적 의미도 있다. 따라서 유책배우자인 데다 재산형성에 전혀 기여한 바가 없는 배우자에게도 어느 정도의 재산분할은 인정된다. 적어도 월세 보증금 정도는 재산분할로 인정해주는 것이 실무의 태도이다. 아무리 무능하고 유책한 배우자라고 하더라도 길거리에 발가벗겨 내쫓을 수는 없다는 취지이다. 게다가 무능한 유책배우자에게 미성년인 자녀의 양육권이 인정되는 경우에는 사회보장적 측면이 더 강조된다. 무능한 유책배우자는 밉지만, 미성년인 자녀는 죄가 없기 때문이다.

넷째, 양육권 문제는 미성년인 자녀 즉 만 19세 미만의 자녀가 있는 경우에만 문제된다. 즉 이혼하는 부부에게 미성년인 자녀가 있는 경우에 ① 누가 자녀를 양육할 것이며, ② 친권을 누가 행사할 것인지, ③ 그리고 비양육자가 양육자에게 양육비를 얼마나 그리고 어떻게 지급할 것이며, ④ 비양육자는 자녀를 어떻게 면접교섭할 것인가의 문제가 곧 그것인데 협의이혼이건 재판상 이혼이건 양육권 문제는 반드시 정해져야 이혼할 수 있으며 똑같이 중요하게 다루어진다. 즉 양육권 문제는 재판상 이혼하는 경우에는 물론이고 협의이혼하는 경우에도 당사자간의 합의에 의해서 정해지든 심판에 의해 정해지든 간에 자녀의 양육에 관한 문제가 정해져야 이혼할 수 있다.

---

1 미성년인 자녀를 양육하는 부 또는 모를 양육친이라 하고, 양육하지 않는 부 또는 모를 비양육친이라 하는데, 양육친과 비양육친이라는 용어는 너무 법률적인 표현이어서 본서에서는 양육자와 비양육자라는 표현을 더 많이 사용하고자 한다.

이는 위 4가지 문제 중 ①에서 ③까지 즉 이혼사유의 존재, 위자료, 재산분할 문제 등은 대부분 당사자의 이익에 관련된 문제이므로 당사자가 어떻게 정하든 국가가 관여할 필요성이 적지만, 미성년인 자녀의 양육권에 관한 문제는 미성년 자녀를 보호하고 그의 복지 향상을 위해서 국가가 적극적으로 개입할 필요성이 있기 때문이다.

이혼하는 방법

또한 이혼과 관련해서 꼭 알아두어야 할 점이 또 한 가지 있다. 즉 이혼하는 방법에는 협의이혼, 조정이혼, 재판상 이혼 등 딱 3가지 방법밖에 없다는 점이다.

양 당사자간에 이혼 및 양육권 문제에 관한 합의가 되는 경우에는 협의이혼을 하면 되고, 이혼에 관한 합의가 되지 않거나 이혼에 관한 합의는 되었으나 자녀의 양육권에 대해서는 협의가 되지 않아서 소송으로 해결하기 원하는 경우, 이혼합의가 되는 경우라도 이혼과 위자료, 재산분할, 양육권 문제를 일거에 해결하고자 하는 경우에는 조정이혼이나 재판이혼절차에 따라 이혼해야 한다.

이하에서 협의이혼, 조정이혼절차에 관하여 간단히 살펴본 후, 재판상 이혼에 관하여는 항을 바꾸어 자세히 살펴본다.

협의이혼

　협의이혼은 부부의 자유로운 합의에 의하여 혼인관계를 해소시키는 절차이다. 다만 협의이혼의 경우에도 미성년인 자녀가 있는 경우에는 자녀에 대한 양육권 문제가 합의되어야 이혼할 수 있음은 전술한 바와 같다.

　협의이혼절차를 간략하게 살펴보면,
　(1)이혼에 관하여 합의하기 → (2)관할법원으로 가기 → (3)협의이혼의사확인신청서 작성하여 법원에 제출하기 → (4)법원으로부터 협의이혼의사확인기일[2] 지정받기 → (5)숙려기간 도과 → (6)확인기일에 출석하여 협의이혼의사확인받기 → (7)법원으로부터 협의이혼의사확인서등본 및 양육비부담조서 교부받기 → (8)3개월 이내에 이혼신고하기

　각 절차에 대해서 자세히 살펴본다.

---
2 이하에서는 '확인기일'이라고만 한다.

1. 이혼에 관하여 합의하기

이혼합의 시 합의해야 하는 사항들

협의이혼을 하기 위해서는 서로 이혼하기로 하는 합의와 함께 미성년인 자녀가 있는 경우에는 양육권 문제가 합의되어야 한다. 합의가 되지 않으면 절대로 이혼할 수 없다. 이는 미성년인 자녀를 보호하기 위함인데, 자녀의 양육권 문제에 관한 합의가 되지 않은 경우에는 '양육자지정 등 심판청구'를 해서라도 양육권 문제를 결정해야만 한다.

그리고 그 협의서 또는 심판정본 및 확정증명원[3]을 협의이혼의사확인신청시에 첨부하여 제출해야 한다. 만약 신청시 첨부하지 못했다면, 협의서를 제출하는 경우에는 확인기일 1개월 전까지, 심판정본 및 확정증명원을 제출하는 경우에는 확인기일까지 제출해야 한다. 만일 자녀 양육에 관한 협의서도 심판정본 및 확정증명원도 제출하지 않으면 협의이혼의사확인이 지연되거나 협의이혼 자체를 할 수 없게 된다.

이혼협의를 하면서 위자료와 재산분할을 너무 불리하게 약정했을 경우의 대처방법

부부간 협의이혼하기로 합의하면서 통상은 위자료와 재산분할까지 약정하는 것이 일반적이다. 그런데 일반인의 경우 법률지식의 부족으로 인하여 위자료나 재산분할을 터무니없이 너무 적게 혹은 너무 많게 약정하는 것이 보통이다.

일단 약정하고 나서 그제서야 너무 적게 혹은 너무 많게 약정한 사실을 알고는 발을 동동 구르며 상담해오는 경우가 많은데, 너무 걱정할 필요 없다.

---
3 '양육자지정 등에 관한 심판'이 확정되었음을 증명하는 서면이다.

그런 경우에는 협의이혼을 곧바로 하지 말고 재판상 이혼을 하면 협의이혼을 전제로 약정했던 위자료나 재산분할에 관한 합의는 효력이 없게 된다. 아니면 당장 협의이혼을 하지 말고 일단 더 결혼생활을 유지하다가 시간이 흐른 뒤 다시 분란이 생기면 그때 협의이혼을 하면 된다. 그러면 전에 협의이혼을 전제로 약정해 두었던 위자료나 재산분할에 관한 약정은 효력이 없게 된다.

> [관련판례]
> 혼인 중 부부의 협의이혼을 전제로 한 재산분할약정이 있더라도 그 후 혼인관계가 존속하거나 재판상 이혼이 이루어진 경우에는 협의이혼을 전제로 한 재산분할협의는 효력이 없다(대법원2003. 8. 19. 선고 2001다14061 판결).[4]
>
> 협의이혼을 전제로 위자료 액수를 정하고 그에 관한 이행이 있은 경우 재판상 이혼함으로 인하여 발생하는 위자료청구권이 소멸하지 않는다(서울가정법원 1992.08.06. 선고 92드8280 판결).[5]

---

[4] 【판결요지】"재산분할에 관한 협의는 혼인 중 당사자 쌍방의 협력으로 이룩한 재산의 분할에 관하여 이미 이혼을 마친 당사자 또는 아직 이혼하지 않은 당사자 사이에 행하여지는 협의를 가리키는 것인바, 그 중 아직 이혼하지 않은 당사자가 장차 협의상 이혼할 것을 약정하면서 이를 전제로 하여 위 재산분할에 관한 협의를 하는 경우에 있어서는, 특별한 사정이 없는 한, 장차 당사자 사이에 협의상 이혼이 이루어질 것을 조건으로 하여 조건부 의사표시가 행하여지는 것이라 할 것이므로, 그 협의 후 당사자가 약정한 대로 협의상 이혼이 이루어진 경우에 한하여 그 협의의 효력이 발생하는 것이지, 어떠한 원인으로든지 협의상 이혼이 이루어지지 아니하고 혼인관계가 존속하게 되거나 당사자 일방이 제기한 이혼청구의 소에 의하여 재판상 이혼(화해 또는 조정에 의한 이혼을 포함한다.)이 이루어진 경우에는, 위 협의는 조건의 불성취로 인하여 효력이 발생하지 않는다."

[5] 【판결요지】"협의이혼을 전제로 위자료 액수를 정하고 또 그에 관한 이행이었다 하더라도, 이는 당사자 사이에 협의이혼이 있을 것을 조건으로 하는 것이므로, 협의이혼이 기루어지지 않았다면 협의이혼을 전제로 한 위자료 상당의 금원(금액)을 지급하였다 하여도 이로써 이혼청구에 기하여 재판상 이혼함으로 인하여 발생하는 위자료청구권이 당연히 소멸되었다 할 수 없고, 위자료 액수를 정함에 있어서 참작사유가 될 뿐이다."

그런데 사실 자신한테 너무 불리하게 약정되었음에도 불구하고 법률적 부지로 말미암아 종국적으로 이행함으로써 종결되는 경우가 대부분이다.

통계청자료에 의하면 총 이혼 건수 중에 협의이혼하는 건수가 재판상 이혼하는 건수보다 5배 이상 많다. 그리고 어느 연구자료에 의하면 협의이혼하면서 법률전문가와 상의하는 경우는 전체의 10%도 안 된다고 한다. 게다가 재판상 이혼하는 경우에는 법률전문가의 조력을 받을 수 있지만 협의이혼하는 경우에는 법률전문가의 조력을 받을 수 없다는 점까지 감안하면, 부부가 협의이혼하면서 대부분 한쪽 당사자가 너무 불리한 조건으로 이혼하고 있다는 결론이 나온다. 이러한 상황은 생각하는 것 이상으로 심각한 수준이다. 그래서 정부와 사회 각 기관은 오래전부터 이에 대한 대책을 마련하기 위해서 애쓰고는 있지만 뾰족한 수를 내놓지 못하고 있다.

위자료와 재산분할에 관하여 약정하였을 경우 공증까지 해야 하나?

또 한 가지 알아두어야 할 점이 있다.

협의이혼과정에서 법원이 확인해주는 것은 당사자들의 협의이혼의사와 양육권 문제뿐이고 당사자간에 약정한 위자료나 재산분할 문제까지 확인해주는 것은 아니므로 협의이혼하기로 하면서 위자료나 재산분할까지 약정하였다면, 그 약정내용을 본인들이 알아서 확실히 해 둘 필요가 있다.

약정내용을 확실히 해 두는 방법은, 합의된 위자료 및 재산분할관계를 자필로 기재한 약정서 2부를 작성한 다음 자필로 서명하고 날인(인감도장이 아닌 막도장도 관계없다.)해 두면 된다. 자필이 아닌 컴퓨터 자판 문서로 작성해야 한다면 자판으로 작성된 2부의 약정서 각각에 인감도장을 날인하고 인감증명서를 첨부해 두면 되고, 약정서를 공증까지 할 필요는 없다.

약정서를 공증까지 해야 효력이 있느냐는 질문을 아주 많이 해오는데,

공증해 두는 이유는 추후 당사자간에 '약정의 존재 및 내용'에 관해서 다툼이 발생하여 소송으로 비화되었을 때, 그 약정의 존재 및 내용을 입증하기 위한 증거로 쓰기 위함인데, 이론적으로는 공증한 경우, 인감증명서를 첨부한 경우, 자필 서명하고 막도장을 찍은 경우의 순으로 증거로서의 가치(이것을 증거력이라고 한다.)가 더 크다고 할 수 있지만, 실무적으로는 거의 문제되지 않는다.

다만 공증해 두면 약정서를 추후 분실하였을 경우 공증사무실에서 다시 등본을 발급받을 수 있다는 장점이 있으므로, 본인이 약정서를 분실할 우려가 있다고 판단되면 공증해 두는 것도 괜찮다. 하지만 액수가 크거나 재산이 많을 경우에는 그 비용이 만만치 않다는 게 문제다. 따라서 결론적으로 약정서를 분실할 염려만 없다면, 약정서 2부를 작성한 다음 약정서 각각에 인감도장을 날인하고 인감증명서를 첨부해 두거나 내용을 부부가 자필로 쓴 다음 자필 서명 날인해 두는 것으로도 충분하다. 작성례 1을 참고 바란다.

그리고 위자료나 재산분할 지급의무는 확인기일까지 모두 이행되는 것으로 해야 하고, 확인기일까지 그 이행이 없으면 협의이혼에 응하지 않는 것이 좋다. 막상 이혼하고 나면 태도가 돌변하기 일쑤이기 때문이다. 하지만 부득이하게 그 이행을 확인기일 이후로 해야 한다면, 반드시 그 이행을 확실히 해두어야 한다. 즉 위자료나 재산분할 등을 돈으로 받기로 하였다면, 근저당권을 설정해 두는 것이 가장 확실하며, 그것이 여의치 않을 때는 최소한 약정서 작성과 별도로 지급받을 돈에 대해서 가압류를 해 두고, 소비대차 공증이나 약속어음 공증까지 받아 두는 것이 좋다. 왜냐하면 소비대차 공증이나 약속어음 공증까지 받아 두면 상대방의 이행이 없을 경우 별도의 소송 없이 곧바로 집행할 수 있기 때문이다. 또한 부동산을 받기로 하였다면 부동산에 대한 가등기나 최소한 가처분을 해 두어야 안전하다.

이미 이혼했는데도 전배우자에게 위자료나 재산분할을 청구할 수 있나?

또한 협의이혼과정에서 위자료나 재산분할에 관하여 아무런 약정이 없었다면, 이혼한 이후에도 위자료나 재산분할을 청구할 수 있다.

이때 위자료는 불법행위를 안 날로부터 3년, 불법행위가 있은 날로부터 10년 이내에 청구할 수 있다. 예컨대 남편이 다른 여자와 외도한 경우에, 남편이 외도한 사실을 안 날로부터 3년, 남편이 상간녀와 실제로 '외도한 날'로부터 10년이 넘지 않았다면 이혼한 이후에도 위자료를 청구할 수 있다.

재산분할은 이혼한 날로부터 2년 이내에 청구할 수 있는데, 이 때 '이혼한 날'이란 재판상 이혼의 경우에는 '이혼판결이 확정된 날'을 의미하고, 협의이혼의 경우에는 협의이혼의사확인서등본을 가지고 실제로 '이혼신고를 한 날'을 의미한다.

우선 협의이혼하고 나중에 위자료와 재산분할을 청구하면 어떨까?

이혼상담을 하다 보면, "이혼에는 합의가 되었는데 위자료나 재산분할에 관하여는 합의가 되지 않는다. 그러니 우선 협의이혼을 하고 위자료나 재산분할은 나중에 소송을 통해서 청구하면 어떠냐?"는 질문을 많이 한다.

그러나 통상 위자료나 재산분할까지 합의가 되었기 때문에 협의이혼이 된 것으로 생각되어지기 때문에 위자료나 재산분할을 청구하는 자가 협의이혼 시 위자료나 재산분할에 관한 합의가 되지 않았음을 입증하여야 하는 경우가 있어 불리하다. 그리고 위자료 및 재산분할 산정에 있어서 그 액수가 적어짐은 어쩔 수 없는 일이다. 왜냐하면 이미 협의이혼이 된 상태이기 때문에 정신적인 고통이 일부분 치유되었다고 생각되어질 뿐만 아니라, 사고 뒤처리하는 분위기가 되기 때문이다.

따라서 위자료나 재산분할 등 모든 것에 대한 합의가 되지 않는다면, 재판상 이혼을 청구해서 1회에 해결하는 것이 훨씬 좋다.

하지만 예컨대 이혼사유가 불분명하거나 아예 없어서 이혼소송으로 갈 경우 소송기간이 길어질 우려가 있거나 아니면 상대방배우자가 소송 중에 이혼하겠다는 마음을 바꾸어 혼인을 유지하겠다는 입장으로 돌변한다면 이혼 자체가 안 될 우려가 있는데, 정작 본인은 이혼만큼은 꼭 하고 싶거나 빨리 하고 싶은 경우가 있을 수 있다. 그럴 경우에는 일단 상대방배우자의 마음이 돌변하기 전에 우선 협의이혼부터 한 이후에 위자료와 재산분할을 나중에 소송을 통해서 받아내는 방법이 더 좋겠다.

2. 등록기준지 또는 주소지 관할 법원으로 가기

협의이혼을 신청하려면 어느 법원으로 가야 하나?

협의이혼은 협의이혼하고자 하는 부부의 등록기준지[6] 또는 주소지를 관할하는 가정법원에 신청해야 한다.

부부의 주소가 각기 다르거나 등록기준지와 주소가 다른 경우에는 그 중 편리한 곳에 신청하면 된다.

재외국민인 당사자가 협의이혼을 하고자 하는 경우에는 그 거주지를 관할하는 재외공관의 장에게 협의이혼의사확인신청을 할 수 있고, 그 지역을

---

[6] 과거의 본적지를 말함

관할하는 재외공관장이 없는 때에는 인접지역을 관할하는 재외공관장에게 신청하면 된다.

반드시 부부가 함께 그리고 직접 출석해야 하나?

반드시 부부가 함께 그리고 본인이 직접 출석해야 하고, 부부 중 일방(한쪽)만 출석하거나 변호사 또는 대리인에 의해서 신청할 수는 없다. 부부 중 일방이 외국에 있거나 교도소에 수감 중인 경우에만 다른 일방이 혼자 출석해서 신청할 수 있다.

참고로 서울시 관할법원은 다음과 같다.

법원	관할구역	담당전화
서울가정법원	종로구, 중구, 강남구, 서초구, 관악구, 동작구	02) 2055-7342
서울동부지방법원	성동구, 광진구, 강동구, 송파구	02) 2204-2110
서울남부지방법원	금천구, 영등포구, 강서구, 양천구, 구로구	02) 2192-1184
서울북부지방법원	동대문구, 중랑구, 도봉구, 강북구, 노원구, 성북구	02) 920-3382
서울서부지방법원	서대문구, 마포구, 은평구, 용산구	02) 3271-1130~2

3. 협의이혼의사확인신청서를 작성하여 법원에 제출하기

협의이혼신청 시 구비서류

협의이혼의사확인신청을 하려면 다음과 같은 서류를 구비하여 제출해야 한다.

㉮ 협의이혼의사확인신청서 1통 [작성례 2]
㉯ 부부 각자의 가족관계증명서, 혼인관계증명서 각 1통
　시·군·구·읍·면·동사무소에서 발급받을 수 있다.
㉰ 주민등록등본 1통
　주소지 관할 법원에 이혼의사확인신청을 하는 경우에만 필요하다.
㉱ 부부 중 일방이 외국에 있으면 재외국민등록부등본 1통이, 교도소에 수감 중이면 재감인증명서 1통이] 각 필요하고, 송달료 2회분도 납부해야 한다. 현재 1회분 송달료는 4,500원이지만 수시로 변경되므로 법원에 확인해보는 것이 좋다.
㉲ 미성년인 자녀가 있는 부부는 이혼에 관한 안내를 받은 후 ① 그 자녀의 양육과 친권자결정에 관한 협의서 1통과 사본 2통[작성례 3] 또는 ② 가정법원의 심판정본 및 확정증명서 3통을 제출해야 한다. 임신 중일 경우에도 동일하며, 자녀가 이혼숙려기간 이내에 성년에 도달하는 경우에는 예외이다.

미성년인 자녀가 있는 부부의 그 자녀의 양육과 친권자결정에 관한 협의서를 작성하는 경우에는 상담위원의 상담을 받은 후 작성하는 것이 좋은데, 법원이 이를 권고하기도 한다.
그리고 협의서가 자녀의 복리에 부합하는지 여부를 법원이 판단할 수 있

는 자료 즉 부, 모의 월 소득액과 재산에 관한 자료 등을 증빙서류로 제출해야 한다. 자녀의 양육에 관한 당사자간의 협의가 자녀의 복리에 반하는 경우에는 법원이 이를 변경할 수 있으나, 실무적으로 그런 경우는 드물다.

협의이혼신청 후에 부정행위를 해도 되나?

협의이혼신청과 관련해서 알아두어야 할 점이 있다.

즉 뒤에 살펴볼 재판상 이혼사유 중 하나인 부정행위의 경우, 민법은 일방이 다른 일방에 대하여 부정행위에 대한 사전동의를 한 때에는 이혼을 청구할 수 없도록 규정하고 있다. 따라서 협의이혼신청이 사전동의에 해당되는지가 문제된다.

가끔 "이미 법원에 협의이혼신청을 했는데 다른 사람과 외도하면 안되나요?"라면서 상담해오는 질문이다. 예전 간통죄가 존재할 때 판례는 '협의이혼의사확인신청한 것만으로는 간통의 종용에 해당하지 않는다.'고 해석했었다(대법원 2009. 7. 9. 선고 2008도984 판결). 마찬가지로 민사 및 가사에서도 협의이혼신청이 곧바로 다른 일방의 부정행위에 대한 사전동의의 의사표시로 당연히 해석되지는 않는다. 왜냐하면 확인기일 전까지 협의이혼신청을 취하할 수 있을 뿐만 아니라, 확인조서가 작성된 이후에도 이혼의사를 얼마든지 철회할 수 있기 때문이다. 따라서 협의이혼신청을 했다고 하더라도 배우자 아닌 다른 이성과 부정행위를 해서는 절대로 안 된다. 유책배우자가 됨은 물론 위자료배상책임까지 지게 되기 때문이다.

다만 협의이혼신청 후 다른 이성과 부정행위를 했더라도 이러한 사실이 협의이혼이 된 이후에 다른 배우자가 알게 되었다면 별도로 위자료책임 지는 등의 문제는 발생하지 않을 수 있다. 부정행위가 혼인파탄에 영향을 주었다고 볼 수 없기 때문이다.

4. 법원에서 확인기일 지정

법원은 신청서를 접수받은 후 미성년인 자녀가 없는 경우에는 곧바로 확인기일을 지정해서 알려주고, 미성년인 자녀가 있는 경우에는 1시간 동안 교육한 후 확인기일을 지정해서 알려준다.

협의이혼을 하려는 부부는 법원으로부터 이혼에 관한 안내를 반드시 받아야 되는데, 법원은 이혼에 관한 안내를 할 때, 이혼의 절차, 이혼의 결과 등 이혼에 관한 여러 가지 내용을 알려준다. 그리고 법원은 상담위원의 상담을 받을 것을 권고하기도 한다.

서울가정법원의 경우는 모든 신청인을 대상으로 하는 공통안내와 미성년인 자녀를 둔 당사자를 대상으로 하는 부모안내를 분리해서 실시하고 있다.

5. 숙려기간

숙려기간

가정법원은 충동에 의한 이혼을 방지하기 위해서 2008. 6. 22.부터 협의이혼에 '숙려기간'이라는 제도를 두었다. 감정을 가라앉히고 숙려기간 동안 이혼과 자녀의 양육에 관해 다시 한번 생각해 보라는 취지이다. 이 숙려기간 중에는 전문가로부터 상담을 받을 수도 있는데, 법원에 신청하면 전문인의 상담을 받을 수 있도록 법원에서 배려해준다.

숙려기간은 이혼안내를 받은 날로부터 미성년인 자녀가 없는 경우에는 1개월, 미성년인 자녀가 있는 경우에는 3개월이다.

그런데 미성년인 자녀가 1개월 이내에 성년이 되는 경우이거나 1개월 후 3개월 이내에 성년이 되는 경우가 문제인데, ① 1개월 이내에 성년이 되는 경우에는 미성년자녀가 없는 부부가 1개월의 숙려기간을 가지는 점을 감안하여 그와 동일하게 숙려기간을 1개월로 하고, ② 1개월 후 3개월 이내에 성년이 되는 경우에는 미성년 자녀가 없는 부부에게 주어지는 숙려기간인 1개월이 이미 도과하였기 때문에 이러한 점을 감안하여 3개월을 기다리지 않고 자녀가 성년이 되는 날까지만을 숙려기간으로 한다.

숙려기간의 면제 또는 단축

민법 제836조의2 제③항은 "폭력으로 인하여 당사자 일방에게 참을 수 없는 고통이 예상되는 등 이혼을 하여야 할 급박한 사정이 있는 경우에는 숙려기간을 단축 또는 면제할 수 있다."고 규정하고 있다.

따라서 가정폭력 등 급박한 사정이 있어 숙려기간의 단축 또는 면제가 필요한 경우 당사자가 법원에 숙려기간을 면제 또는 단축해달라고 요청하는 사유서를 법원에 제출할 수 있다. 사유서가 제출되면, 법원은 7일 이내에 판단해서 확인기일을 다시 지정해서 통지한다. 만약 사유서 제출 후 7일 이내에 법원으로부터 확인기일의 재지정 연락이 없으면 최초에 지정된 확인기일이 유지되며, 이에 대하여는 이의를 제기할 수 없다.

6. 확인기일에 출석하여 협의이혼의사 확인받기

숙려기간 도과 후 지정된 확인기일에 법원에 출석하여 판사로부터 이혼의사를 확인받아야 한다. 확인기일에 출석할 때는 반드시 본인의 신분증 및 도장을 가지고 부부가 함께 출석해야 하며, 신분증은 주민등록증이나 운전면허증, 여권 중에 하나를 가지고 가면 된다.

첫 번째 확인기일에 불출석하였을 경우에는 두 번째 확인기일이 지정되어 통보되므로 두 번째 지정된 확인기일에 출석하면 된다. 그러나 두 번째 확인기일에도 불출석한 경우에는 확인신청을 취하한 것으로 간주되므로 협의이혼을 하려면 처음부터 다시 신청해야 한다.

7. 법원으로부터 확인서등본 및 양육비부담조서 교부받기

부부 모두에게 이혼의사가 있음이 확인되면 법원은 부부에게 협의이혼의사확인서등본 1통씩을 교부한다.

그리고 법원은 협의이혼절차에서 당사자가 협의한 미성년인 자녀의 양육비 부담에 관한 내용을 확인하는 양육비부담조서를 작성한다. 자녀의 양육비가 심판에 의하여 정해진 경우에는 양육비부담조서를 별도로 작성하지 않음은 물론이다. 양육비는 자녀의 연령, 자녀의 수, 부모의 재산상황 등을 고려하여 적정한 금액을 협의에 의해서 정해야 하는데, 경제적 능력이 전혀 없는 경우에는 협의에 의해 양육비를 부담하지 않는 것으로 정할 수는 있지만, 협의한 내용이 자녀의 복리에 반하는 경우 가정법원은 보정을 명령할 수 있으며 보정에 응하지 않는 경우 이혼의사확인까지 받을 수 없게 된다. 그리고 이혼신고 전 양육비 또는 성년 이후의 교육비 등은 양육비부담조서에 기재되지 않으므로, 부모가 협의하여 "기타"란에 기재할 수 있다.

양육비부담조서는 확정된 심판 또는 판결문에 준하기 때문에 집행력이 인정된다. 따라서 양육비채무자가 양육비를 지급하지 않으면 양육비부담조서를 가지고 양육비채무자의 재산에 곧바로 강제집행할 수 있다.

이혼 후 양육비채무자가 양육비부담조서에 따른 양육비를 지급하지 않으면 양육비부담조서에 의한 강제집행을 당함은 물론, 과태료 및 감치 등의 제재를 받을 수 있다. 이에 관한 자세한 설명은 제5장 친권 및 양육권 편을 참조 바란다.

8. 3개월 이내에 이혼신고

이혼의사확인서등본을 교부받으면 그 날로부터 3개월 이내에 당사자 일방 또는 쌍방이 등록기준지(본적지) 또는 주소지 관할 시·구·읍·면사무소에 확인서등본을 첨부하여 이혼신고를 해야 한다(다만 일방이 이혼신고를 하는 때에는 이혼신고서에 상대방배우자의 서명 또는 날인을 받아가야 한다). 이때 3개월 이내에 이혼신고를 하지 않으면 이혼의사확인서는 효력을 잃으며, 신고장소인 "등록기준지 또는 주소지"의 관할인 "시·구·읍·면사무소"가 아닌 곳, 예컨대 "등록기준지나 주소지의 관할"이 아닌 시·구·읍·면사무소에 이혼신고를 하였거나 등록기준지 또는 주소지의 "시·구·읍·면사무소"가 아닌 "동사무소"에 신고한 경우에는 이혼사실이 등록부상에 기재되더라도, 그것으로 이혼의 효력이 발생하지 않음에 주의해야 한다.

이혼신고 시 제출할 서류는 아래와 같다.
㉮ 이혼신고서 1통
㉯ 법원으로부터 발급받은 확인서 1통

㉓ 신고인의 주민등록증과 도장

　미성년인 자녀가 있는 경우에는 이혼신고 시에 양육에 관한 ①협의서등본 또는 ②심판정본 및 그 확정증명서를 첨부하여 친권자지정 신고를 하여야 하며, 임신 중인 자녀는 이혼신고 시가 아니라 그 자녀의 출생신고 시에 협의서등본 또는 심판정본 및 그 확정증명서를 첨부하여 친권자지정 신고를 해야 한다.
　법원에서 이혼의사확인을 받았더라도 이혼신고를 하지 않으면 이혼된 것이 아니며, 위 기간이 지난 경우에는 법원으로부터 이혼의사확인을 처음부터 다시 받지 않으면 이혼신고를 할 수 없다.
　확인서등본을 분실한 경우에는 다시 법원에 이혼의사확인신청을 하거나, 확인서등본을 교부받은 날로부터 3개월이 지나지 않았으면, 이혼의사확인을 하여 준 법원에서 확인서등본을 다시 교부받아 이혼신고하면 된다.

　이혼의사확인을 받고 난 후라도 이혼할 의사가 없어졌다면 이혼신고를 하지 않거나, 이혼의사철회표시를 하려는 사람의 등록기준지, 주소지 또는 현재지 시·구·읍·면사무소의 장에게 철회서를 제출하면 된다. 그러나 상대방의 이혼신고서가 본인의 이혼의사철회서보다 먼저 접수되면 철회서를 제출했더라도 이혼의 효력이 발생하므로 이혼의사철회서를 제출하려면 상대방보다 빨리 제출하는 것이 필요하다.
　만약 협의이혼의사철회서를 제출했는데도 담당공무원의 실수로 상대방의 이혼신고를 받아주었다면 혼인관계증명서에 이혼이 된 것으로 나온다. 이것을 정정하기 위해서는 이혼무효의 소를 제기하여 정정하는 수밖에 없다.

9. 당사자 쌍방이 재외국민인 경우 협의이혼하는 방법

재외국민이란 재외국민등록법 제3조의 규정에 의하여 등록된 대한민국 국민을 말한다.

재외국민등록의 대상은 외국의 일정한 지역에 계속하여 90일 이상 거주 또는 체류할 의사를 가지고 당해 지역에 체류하는 대한민국 국민으로서, 재외국민은 주소 또는 거소를 관할하는 대한민국 대사관, 총영사관, 영사관, 분관 또는 출장소에 재외국민등록을 해야 한다.

재외국민등록을 한 사람은 거주지를 관할하는 재외공관의 장에게 '가족관계의 등록 등에 관한 규칙'에 의한 협의이혼의사확인신청을 할 수 있으나, 재외국민등록을 하지 않은 사람 즉 일시 해외체류자, 한국 국적을 상실하거나 포기한 사람 등은 가족관계의 등록 등에 관한 규칙에 의한 협의이혼의사확인신청을 할 수 없고, 협의이혼을 하기 위하여는 당사자가 직접 국내 가정법원에 출석하여 협의이혼의사확인을 받아야 한다.

당사자 쌍방이 재외국민인 경우 협의이혼하는 절차는,
1. 당사자 쌍방이 그 거주지를 관할하는 재외공관으로 직접 가서 그 협의이혼의사확인신청서를 작성하고 구비서류를 첨부하여 재외공관의 장에게 직접 제출한다.

    제출하여야 하는 서류는 아래와 같다.
    ① 협의이혼의사확인신청서…1통
    ② 부부의 가족관계증명서…각 1통
    ③ 부부의 혼인관계증명서…각 1통

④ 부부의 재외국민등록부등본(여권사본도 가능)…각 1통
⑤ 미성년인 자녀가 있는 경우,
  자의 양육과 친권자결정에 관한 협의서 1통과 그 사본 2통
  또는 가정법원의 심판정본 및 확정증명서 3통
2. 신청을 받은 재외공관의 장은, 서면으로 이혼안내를 한 후, 부부쌍방을 출석시켜 협의이혼의사를 진술하게 하고, 그 요지를 기재한 진술요지서를 작성하여 기명날인한다.
3. 재외공관의 장은 협의이혼의사확인신청서와 진술요지서를 외교통상부를 경유하여 서울가정법원에 송부한다.
4. 서류를 송부받은 서울가정법원은 숙려기간이 경과한 후 이혼의사를 확인한 뒤 이혼의사확인서등본 2부를 재외공관의 장에게 송부한다.
5. 재외공관은 서울가정법원으로부터 송부받은 이혼의사확인서등본을 부부 각자에게 1부씩 교부한다.
6. 재외공관으로부터 확인서등본을 교부받은 부부 중 한 사람이 3개월 이내에 재외공관의 장에게 이혼신고하면 된다.

10. 당사자 일방이 재외국민인 경우 협의이혼하는 방법

(부부 쌍방이 재외국민으로서 서로 다른 국가에 거주하는 경우도 동일)

당사자 일방이 재외국민인 경우 협의이혼을 하는 방법에는, 외국에 거주하는 일방이 재외공관을 통하여 접수하는 방법과 국내에 거주하는 일방이 우리나라의 주소지 또는 등록기준지 관할법원에 접수하는 두 가지 방법이 있다.

먼저 재외국민이 협의이혼을 신청하는 경우의 절차는

1. 당사자 일방이 그 거주지를 관할하는 재외공관으로 직접 가서 그 협의이혼의사확인신청서를 작성하고 구비서류를 첨부하여 재외공관의 장에게 직접 제출한다.

    제출해야 하는 서류는 아래와 같다.

    ① 협의이혼의사확인신청서…1통
    ② 부부의 가족관계증명서…각 1통
    ③ 부부의 혼인관계증명서…각 1통
    ④ 재외국민의 재외국민등록부등본(여권사본도 가능)…1통
    ⑤ 국내거주자의 주민등본…1통
    ⑥ 미성년인 자녀가 있는 경우,
       자의 양육과 친권자결정에 관한 협의서 1통과 그 사본 2통
       또는 가정법원의 심판정본 및 확정증명서 3통

    이 경우는 주로 한국에 거주하는 당사자가 구비서류를 첨부한 협의이혼의사 확인신청서를 작성하여 외국에 거주하는 당사자에게 우편으로 보내주도록 하고 있으며 1~2개월 정도 소요된다.

2. 신청을 받은 재외공관의 장은, 서면으로 이혼안내를 한 후, 부부쌍방을 출석시켜 협의이혼의사를 진술하게 하고, 그 요지를 기재한 진술요지서를 작성하여 기명날인한다.

3. 재외공관의 장은 협의이혼의사확인신청서와 진술요지서를 외교통상부를 경유하여 서울가정법원에 송부한다.

4. 서울가정법원에서 한국에 거주하는 상대방 배우자에게 연락하여 출석시킨 후 이혼안내를 실시하고 이혼의사확인기일을 지정해준다.

5. 국내 거주 배우자가 주소지 관할 가정법원에 사건을 이송하여 줄 것을 신청하는 경우, 서울가정법원은 사건을 이송할 수 있다.

6. 숙려기간경과 후 확인기일에 출석한 국내거주 배우자의 이혼의사를 확인한 후, 확인서 1부는 국내거주 배우자에게, 다른 1부는 재외공관으로 송부한다.
7. 국내법원으로부터 확인서 1부를 송부받은 재외공관은 확인서를 재외국민에게 교부한다.
8. 재외국민이 이혼신고하는 경우에는 재외공관장으로부터 협의이혼의사확인서등본을 교부받은 날로부터 3개월 이내에 재외공관장에게 이혼신고하면 되고, 국내거주 배우자가 이혼신고하는 경우에는 협의이혼의사확인서등본을 교부받은 날로부터 3개월 이내에 관할 가족관계등록관청에 이혼신고하면 된다.

국내거주 배우자가 협의이혼신청하는 경우의 절차는
1. 국내 거주배우자는 등록기준지 또는 주소지 관할법원 또는 서울가정법원에 이혼의사확인신청서를 작성하고 구비서류를 첨부하여 직접 제출한다.

  제출해야 하는 서류는 아래와 같다.
  ① 협의이혼의사확인신청서…1통
  ② 부부의 가족관계증명서…각 1통
  ③ 부부의 혼인관계증명서…각 1통
  ④ 재외국민의 재외국민등록부등본(여권사본도 가능)…1통
  ⑤ 국내거주자의 주민등록등본…1통
  ⑥ 미성년인 자녀가 있는 경우,
     자의 양육과 친권자결정에 관한 협의서 1통과 그 사본 2통
     또는 가정법원의 심판정본 및 확정증명서 3통

2. 신청을 받은 법원은 국내거주자에게 이혼안내를 한 후, 재외공관의 장에게 협의이혼의사확인을 촉탁한다.
3. 국내법원으로부터 협의이혼의사확인촉탁을 받은 재외공관장은 재외국민을 출석시켜 이혼안내를 실시한 후, 이혼의사를 확인한다.
4. 재외국민의 이혼의사가 확인되면 이혼의사확인회보서를 작성하여 촉탁법원에 송부한다.
5. 국내법원은 재외공관으로부터 협의이혼의사확인회보서가 접수되면 숙려기간 경과 후 기일을 지정하여 국내거주 배우자의 이혼의사를 확인한 후 확인서등본 1부를 국내거주 배우자에게 교부하고, 다른 1부의 확인서등본을 재외공관으로 송부한다.
6. 국내법원으로부터 확인서 1부를 송부받은 재외공관은 확인서를 재외국민 배우자에게 교부한다.
7. 재외국민이 이혼신고하는 경우에는 재외공관장으로부터 협의이혼의사확인서등본을 교부받은 날로부터 3개월 이내에 재외공관장에게 이혼신고하면 되고, 국내거주 배우자가 이혼신고하는 경우에는 협의이혼의사확인서등본을 교부받은 날로부터 3개월 이내에 관할가족관계등록관청에 이혼신고하면 된다.

참고로 가장 빨리 협의이혼하는 방법은 재외국민이 대한민국에 들어와 협의이혼절차를 밟는 것이며, 그 다음으로 빠른 방법은 재외국민이 재외공관장에게 이혼절차를 밟는 것이다.

11. 배우자가 교도소에 수감 중일 경우 협의이혼절차

1. 부부 중 한쪽이 수감자로서 출석하기 어려운 경우에는 다른 쪽이 등록기준지 또는 주소지 관할법원에 이혼의사확인신청서를 작성하고 첨부서류를 첨부하여 직접 제출한다.

   제출해야 하는 서류는 아래와 같다.
   ① 협의이혼의사확인신청서…1통
   ② 부부의 가족관계증명서…각 1통
   ③ 부부의 혼인관계증명서…각 1통
   ④ 재감인증명서(수감사실증명서)…1통
   ⑤ 주민등록등본(주소지에 신청하는 경우)…1통
   ⑥ 미성년인 자녀가 있는 경우,
      자의 양육과 친권자결정에 관한 협의서 1통과 그 사본 2통
      또는 가정법원의 심판정본 및 확정증명서 3통

2. 신청을 받은 법원은 출석한 배우자에게 이혼안내를 한 후, 교도소(또는 구치소, 이하 같다.)의 장에게 이혼안내서를 첨부하여 협의이혼의사확인을 촉탁한다.

3. 법원으로부터 협의이혼의사확인촉탁을 받은 교도소의 장은 재소자의 이혼의사를 확인한다.

4. 재소자의 이혼의사가 확인되면 이혼의사확인회보서를 작성하여 촉탁법원에 송부한다.

5. 법원은 교도소로부터 협의이혼의사확인회보서가 접수되면 숙려기간 경과 후 지정된 확인기일에 출석한 배우자의 이혼의사를 확인하여 확인서등본 1부를 교부하고, 다른 1부의 확인서등본을 교도소로 송부한다.

6. 배우자가 협의이혼의사확인서등본을 교부받은 날로부터 3개월 이내에 관할 가족관계등록관청에 이혼신고하면 된다.

조정이혼

조정이혼의 장점

협의이혼이 되지 않는 경우, 이혼하고자 하는 당사자는 재판상 이혼을 통해서 이혼할 수밖에 없다. 그러나 당장 이혼에 관한 합의는 되지 않지만, 학식과 덕망이 높은 사회 저명인사나 법관으로 구성된 조정위원이 개입할 경우 당사자간에 원활한 합의가 될 가능성이 있다면, 이혼소송보다는 조정이혼을 신청하는 것도 고려해 볼 만하다.

이혼소송이 진행되면 당사자뿐만 아니라 그 자녀들까지 상처를 입을 수 있고, 7개월에서 길게는 1년 넘게 소송에 시달려야 된다. 하지만 이혼조정 절차는 당사자와 그 자녀에게 미치는 피해를 최우선으로 고려하여 최소화하는 방법으로 처리함으로써 가정의 파탄에 따른 충격을 최소화할 수 있고, 신속하고 경제적으로 분쟁을 종결할 수 있다는 장점이 있다.

조정이혼이 되려면 어떻게 해야 하나?

조정이혼을 신청하는 경우에는, 조정신청서에 상대방을 폄하하거나 비방하는 내용을 자제하는 것이 좋다. 즉 되도록이면 상대방에 대한 증오나 적개심을 버리고 자녀에 대한 미래와 주변을 다시 한번 살펴보는 현명하고 지혜로운 마음으로 부드러운 어조로 신청서를 쓰는 것이 필요하다.

또한 조정에 임해서는 자신의 주장을 내세우기 전에 상대방의 의견을 경청하고 조정기관이 제시하는 제안을 진지하게 받아들이는 부드러운 자세가 반드시 요구된다.

조정이혼의 절차

이혼조정이 신청되면, 사건의 진상과 당사자 주장의 진위, 당사자의 가정환경·재산상태 등의 주변상황을 파악하기 위해서 특별한 사정이 없는 한 조정을 하기 전에 가사조사관으로 하여금 사건에 관한 사실조사를 하도록 하고 있다.

그리고 조정절차를 진행한 결과 사건의 성질상 조정을 함에 적당치 않다고 인정되거나 당사자가 부당한 목적으로 조정신청을 한 것임이 인정되는 때에는 조정을 하지 아니하는 결정으로 사건을 종결시킬 수 있다.

당사자 사이에 합의가 이루어지고 조정기관이 그 합의가 상당하다고 인정하여 조서에 기재하면 조정이 성립한다. 그리고 조정조서는 당사자가 임의로 처분할 수 없는 사항을 제외하고는 확정판결과 동일한 효력이 있다.

당사자 사이에 조정이 성립되지 않는 경우에는 조정불성립으로 조서에 기재하고 사건을 종결하게 된다. 이 때에는 상당한 이유가 없는 한 직권으로 '조정을 갈음하는 결정'을 하는데, '조정을 갈음하는 결정'에 대해서는 결정문을 송달받은 날부터 2주일 이내에 이의신청할 수 있다. 이의신청이 없으면 결정이 확정되며, 확정된 조정을 갈음하는 결정은 확정판결과 동일한 효력이 있다. 그러나 적법한 이의신청이 있으면 소송으로 자동 이행된다.

그리고 당사자가 조정기일 소환장을 받은 후에 불출석할 경우에는 강제조정결정을 할 수 있으며, 강제조정사항에 관하여 이의가 있는 당사자는 강제조정결정서를 송달받은 날로부터 2주일 이내에 이의신청서를 제출할 수 있다. 이의신청서가 제출되면 강제조정결정은 그 효력을 잃고 조정절차는 종료되며 소송절차로 이행된다. 14일 이내에 양당사자가 이의신청을 하지 않으면 그 강제조정결정문은 확정되고, 확정판결과 동일한 효력이 있다.

조정이혼신청서는 어느 법원에 제출해야 하나?

조정이혼신청사건 관할은 다음과 같다.

1. 부부가 같은 가정법원의 관할구역 내에 보통재판적이 있을 때에는 그 가정법원
2. 부부가 최후의 공통의 주소지를 가졌던 가정법원의 관할구역 내에 부부 중 일방의 보통재판적이 있을 때에는 그 가정법원
3. 제1호 및 제2호에 해당하지 않는 경우로서 부부의 일방이 타방을 상대로 하는 때에는 상대방의 보통재판적 소재지의 가정법원
4. 당사자가 합의로 정한 가정법원

즉 당사자 사이에 합의만 있으면 전국 어느 가정법원에다 신청해도 무방하다.

재판상 이혼

협의이혼도 안 되고 조정이혼도 불가능하다고 판단되는 경우에 법원의 판결에 의해 이혼하는 절차가 바로 재판상 이혼이라는 제도이다.

재판상 이혼의 경우에는 이혼 시 발생하는 4가지 법률적 문제가 모두 논의된다.

따라서,

첫째, '이혼사유가 존재하는지의 여부'

둘째, '위자료'

셋째, '재산분할'

넷째, '양육권 문제' 즉 친권과 양육권, 양육비, 면접교섭권 등이 모두 문제된다.

재판상 이혼의 위 4가지 법률적 문제에 관하여는 항을 바꾸어 자세히 살펴본다.

내가
이혼전문
변호사다

II

재판상 이혼사유

LAWYER

'재판상 이혼'이라는 제도는 부부 가운데 어느 일방 당사자가 혼인관계의 유지를 원하며 이혼을 반대함에도 불구하고 타방 당사자가 법에 의하여 '강제로' 이혼할 수 있는 제도이다. 따라서 재판상 이혼을 하기 위해서는 반드시 그 일방 당사자에게 유책사유가 있거나 (민법 840조 1호부터 5호까지의 사유) 또는 특별한 유책사유가 없더라도 양 당사자간의 혼인관계가 이미 파탄되어 혼인을 계속하기 어렵다고 판단되는 사유(민법 840조 6호의 사유)가 있어야 한다.[7]

그리고 일방당사자에게 유책사유가 있는 경우에는 그 유책배우자에게 위자료배상책임이 인정되므로 뒤에서 살펴볼 위자료와도 관련 있는 문제이다.

그렇다면 어떠한 사유가 있어야 일방당사자의 반대에도 불구하고 강제로 이혼할 수 있는 지 살펴본다.

---

[7] 물론 재판상 이혼의 경우에도 소장을 받아본 피고가 이혼에 동의하거나 반소를 제기하는 경우에는 양당사자에게 이혼의 의사가 있는 것이므로 이혼사유가 문제될 여지가 없다.

재판상 이혼사유의 의미 및 종류

협의이혼을 하는 경우에는 별다른 이혼사유 없이도 당사자간의 합의만 있으면 이혼할 수 있지만, 재판상 이혼을 하기 위해서는 민법 제840조에서 정하고 있는 6가지 이혼사유 중에 적어도 어느 하나에는 해당되어야 하는데 이를 재판상 이혼사유라고 한다.[8]

법이 정하고 있는 6가지의 이혼사유는 다음과 같다.

1. 배우자에 '부정한 행위'가 있었을 때
2. 배우자가 '악의로 다른 일방을 유기'한 때
3. 배우자 또는 그 직계존속으로부터 심히 '부당한 대우'를 받았을 때
4. 자기의 직계존속이 배우자로부터 심히 '부당한 대우'를 받았을 때
5. 배우자의 '생사가 3년 이상 분명하지 아니한' 때
6. 기타 '혼인을 계속하기 어려운 중대한 사유'가 있을 때

각각의 이혼사유에 관하여 살펴본다.

---

[8] 특별한 이혼사유가 없어도 재판상 이혼의 방법으로 강제로 이혼할 수 있는 길이 있다. 하지만 이는 전적으로 실무적인 것이어서 그에 대한 서술은 생략한다.

'부정한 행위'란?

배우자로서의 정조의무에 충실하지 못한 일체의 행위

민법 제840조 제1호에서 말하는 '부정한 행위'란 '배우자로서의 정조의무에 충실하지 못한 일체의 행위'를 말한다. 쉽게 말해서 '상식적으로 판단할 때, 배우자 있는 자가 배우자 아닌 다른 이성과 해서는 안 된다고 판단되는 행위를 일삼는 일체의 일탈행위' 정도로 이해하면 되겠다.

예컨대 배우자 아닌 다른 이성과 '여보! 자기!'라는 호칭을 사용하면서 '사랑한다. 보고 싶다.'라는 내용의 메일이나 문자를 주고받는 행위, 키스나 깊은 포옹을 하는 등 진한 스킨십을 하는 행위, 이성과 여관을 들락거리는 행위 등을 들 수 있는데, 부정행위는 과거 간통죄에 있어서의 간통보다는 넓은 개념이다. 즉 과거의 간통죄는 성관계에까지 이르러야 성립되는 범죄였지만, 부정행위는 성관계까지 이름은 물론이고 성관계까지 이르지 않았더라도 배우자로서의 정조의무를 위반한 일체의 행위를 말한다.

[판례에서 정의하는 부정한 행위]
"민법 제840조 제1호 소정의 "부정한 행위"라고 함은 배우자로서의 정조의무에 충실치 못한 일체의 행위를 포함하며, 이른바 간통보다는 넓은 개념으로서, 부정한 행위인지의 여부는 각 구체적 사안에 따라 그 정도와 상황을 참작하여 평가하여야 할 것이다."라고 하면서, 구체적으로 "고령이고 중풍으로 정교 능력이 없어 실제로 정교를 갖지는 못하였다 하더라도 배우자 아닌 자와 동거한 행위는 배우자로서의 정조의무에 충실치 못한 것으로서 '부정한 행위'에 해당한다."라고 판시하였다(대법원 1992.11.10. 선고 92므68 판결).

[판례에서 '부정한 행위'라고 인정한 사례]
* 간통은 물론이고, 간통까지는 이르지 않았으나 이성과 한방에서 밤을 지낸 행위
* 이성과 껴안고 입 맞추면서 심하게 어루만지는 행위
* 사창가를 드나든 행위
* 배우자의 과실에 의해 자초한 과음으로 인한 탈선행위

[판례에서 '부정한 행위'라고 인정하지 않은 사례]
* 마음속으로 다른 이성을 생각하거나 꿈꾸는 경우
* 술에 만취된 상태 또는 정신을 잃고 있는 상태에서 자의에 의하여 행해지지 않은 경우
* 강간에 의한 경우
* 혼인 전의 행위, 예를 들면 혼전 동거나 연애 사실 등

부정행위가 있었음을 안 날로부터 6개월, 부정행위가 있은 날로부터 2년 이내 이혼청구

그리고 부정행위를 이유로 이혼을 청구하려면, 배우자의 부정행위가 있었음을 안 날로부터 6개월, 배우자의 부정행위가 있은 날로부터 2년 이내에 이혼을 청구해야 한다. 그러나 그 기간이 도과하였더라도 부정행위로 인한 갈등이 이혼소송 당시까지 계속되고 있다면 부정한 행위 즉 민법 제840조 제1호로는 이혼 청구할 수 없지만, 840조 6호 즉 '혼인을 계속하기 어려운 중대한 사유'가 있다는 이유로는 이혼을 청구할 수 있다(대법원 1996. 11. 8. 선고 96므1243).

상간자를 상대로도 위자료를 청구할 수 있다

부정한 행위를 이유로 이혼을 청구하는 경우에는, 배우자가 부정행위를 한 상대방[9]을 배우자와 함께 공동피고로 하여 위자료를 청구할 수 있다. 또한 이혼을 청구하지 않고 상간자만을 상대로 하여 손해배상을 청구할 수도 있다. 다만 이 경우에는 위자료액수가 이혼과 함께 청구하는 경우보다 좀 적을 수 있다.

---

9 간음행위까지는 이르지 않았을 수도 있으므로 엄밀히 말하면 상간자라고는 할 수 없을 것이나, 이하 편의상 '상간자'라고 한다.

용서한 부정행위를 다시 문제 삼을 수 있나?

민법 제841조는 '배우자의 부정행위를 사전에 동의하거나 사후에 용서했다면 그것을 가지고 이혼청구를 할 수 없다.'고 규정하고 있으므로, 배우자로부터 각서 등을 받고서 배우자의 부정행위를 일단 용서했다면 다시 그 부정행위를 이유로는 이혼청구할 수 없다. 다만 6호 기타 혼인을 계속하기 어려운 중대한 사유가 있다는 이유로는 이혼청구할 수 있는 경우가 있을 수 있다.

'배우자가 악의로 다른 일방을 유기한 경우'란?
(악의의 유기)

민법 제840조 제2호에서 말하는 '배우자가 악의로 다른 일방을 유기한 경우'란, '배우자가 정당한 이유 없이 서로 동거, 부양, 협조하여야 할 부부로서의 의무를 포기하고 다른 일방을 버린 경우'를 말한다.

예를 들면, '남편이 정신이상의 증세가 있는 처를 두고 가출하여 비구승이 된 것'이 이에 해당한다(대법원 1990.11.09. 선고 90므583 판결).[10]

그러나 쌍방의 책임 있는 사유로 별거를 한 경우, 남편의 폭행에 못 이겨 가출한 경우 등은 악의의 유기에 해당하지 않는다. 또한 이혼을 전제로 혹은 이혼소송을 진행하기 직전 혹은 직후에 집을 나오는 경우가 있는데, 이

---

10 【판결요지】"청구인의 어머니가 며느리인 피청구인을 데리고 절에 기도드리러 가서 비정상적 행동을 하자, 피청구인이 갑자기 정신이상의 증세를 보이기 시작하여 지금까지 계속 재발을 반복해 왔는데, 청구인의 노력에도 불구하고 피청구인이 청구인의 종교인 불교에 대하여 계속 적대적인 태도를 취하여 왔으며, 이러한 사정으로 청구인이 이혼을 요구하였으나 피청구인이 불응하자, 청구인은 집을 나와 입산하여 비구승이 됨으로써 부부가 10년 넘게 별거하게 되고 현재에 이르러서는 서로의 배타적 신앙생활로 인한 애정의 결핍과 장기간의 별거로 혼인관계가 돌이킬 수 없는 파탄에 빠져있는 것이라면, 이러한 파탄은 청구인이 정신적으로 완전하지 아니한 피청구인을 악의로 유기함에서 비롯되었다고 본 원심의 판단은 수긍된다."

러한 경우는 악의의 유기에 해당하지 않으며 이혼소송에도 전혀 영향을 미치지 않는다. 자주 묻는 질문이다.

또한 이혼하려고 하는데, 집을 나갈 때 살림살이를 가지고 나가도 되느냐고 묻곤 한다. "물론"이다. 내가 내 살림을 가지고 나오는데 누가 뭐라고 할 것이며, 가사 배우자 소유라고 인정되더라도 친족상도례가 적용되어 전혀 문제되지 않는다. 필자는 도리어 이혼사유의 존재가 애매한 사안일수록 살림살이를 가지고 집을 나온 후에 이혼소송하자고 제안한다. 왜냐하면 혼인이 이미 파탄에 이르렀음을 그리고 의뢰인은 이미 혼인을 계속할 의사가 없음을 상대방배우자와 판사에게 보여줄 필요가 있기 때문이다.

'배우자 또는 직계존속으로부터 심히 부당한 대우를 받은 경우'란?
(부당한 대우)

　민법 제840조 제3호가 말하는 '배우자 또는 직계존속으로부터 심히 부당한 대우를 받은 경우'란, 혼인관계의 지속을 강요하는 것이 참으로 가혹하다고 여겨질 정도의 폭행이나 학대 또는 모욕을 배우자 또는 직계존속으로부터 받은 경우를 말한다(대법원 2004. 2. 27. 선고 2003므1890 판결).

　판례도 "배우자로부터 심히 부당한 대우를 받았을 때라 함은 혼인관계의 지속을 강요하는 것이 참으로 가혹하다고 여겨질 정도의 폭행이나 학대 또는 모욕을 받았을 경우를 말하고, 가정불화의 와중에서 서로 격한 감정에서 오고 간 몇 차례의 폭행 및 모욕적인 언사는 그것이 비교적 경미한 것이라면, 이는 민법 제840조 제3호 소정의 심히 부당한 대우를 받았을 때에 해당하지 않는다."라고 판시하였다(대법원 1986. 6. 24. 선고 85므6 판결). 그러나 진단서를 받을 수 없을 만큼 아주 사소한 폭행이라도 자주 반복되면 당연히 심히 부당한 대우에 해당한다.

[판례에서 '배우자'로부터 심히 부당한 대우를 받았다고 인정한 사례]
본 사유에 해당하느냐의 여부는 사회통념과 당사자의 신분지위를 참작하여 '혼인관계의 계속적 유지를 기대할 수 없을 정도로 결혼생활이 파탄된 경우인지'를 구체적으로 판단하게 된다.
* 정신적 고통을 주는 욕설을 하는 경우
* 남편이 처의 전신을 밧줄로 묶어놓고 간통을 자백하라며 구타한 경우
* 이유 없는 폭행 내지 욕설을 일삼다가 전치 10일의 폭행을 가한 경우
* 배우자를 정신병자로 몰아 직장생활을 할 수 없게 한 경우
* 결혼지참금이 적다며 배우자를 구타, 욕설한 경우

[판례에서 '배우자의 직계존속'으로부터 심히 부당한 대우를 받았다고 인정한 사례]
* 시아버지가 주벽이 심해 며느리에게 친정으로 돌아가라며 폭언, 폭행하는 경우
* 시어머니가 며느리에게 아들과 같은 방을 쓰지 못하게 하는 경우
* 장인·장모가 사위를 무능하다며 계속적으로 홀대하고 폭행한 경우

참고로 방계 친족과의 갈등 즉 시누이. 올케와의 갈등은 본 사유에 해당되지 않는다. 즉 직계존속에 의한 심히 부당한 대우는 직계존속 즉 장인, 장모나 시어머니, 시아버지 등의 행위여야 하고, 예를 들면 시누이, 올케와의 갈등을 비롯한 방계 친족과의 갈등은 제6호 '기타 혼인을 계속하기 어려운 중대한 사유'에 해당될 수는 있어도 본 사유에는 해당되지 않는다.

'자기의 직계존속이 배우자로부터 심히 부당한 대우를 받은 경우'란?

민법 840조 제4호에서 말하는 '자기의 직계존속이 배우자로부터 심히 부당한 대우를 받은 경우'란, 자기의 부모나 조부모가 배우자로부터 중대한 모욕 또는 학대에 해당하는 대우를 받았고, 그러한 대우가 사회 통념상 용인될 수 없는 경우를 말한다. 예컨대 사위가 장모를 구타하여 상처를 입힌 경우나 며느리가 시어머니를 구박한 경우 등이 이에 해당한다.

[판례에서 인정한 사례]
* 남편이 장모를 폭행하여 상처를 입힌 경우
* 남편이 장모로부터 폭행당하였다고 허위로 경찰서에 고소한 경우
* 남편이 처의 결혼지참금이 적다며 장인에게 모욕을 가한 경우
* 처가 시어머니를 구박하여 밥을 굶기고 내쫓은 경우

'배우자의 생사가 3년 이상 불분명한 경우'란?

민법 840조 제5호가 말하는 '배우자의 생사가 3년 이상 불분명한 경우' 란, 배우자의 생사를 전혀 증명할 수 없는 상태로 3년 이상 경과한 경우를 말하고, 생사불명의 원인은 묻지 않는다.

배우자의 생사가 3년 이상 불분명한 경우에 배우자에게 소장을 송달한다든지 배우자를 재판에 참석하게 하는 것 등이 불가능하므로, 이혼소송에서 배우자의 생사가 3년 이상 불분명하다는 사실만 입증되면, 법원은 공시송달에 의하여 소장을 송달하고, 배우자의 출석 없이 궐석판결을 한다. 또한 이혼판결이 일단 확정되면, 추후 배우자가 살아서 돌아온다고 하더라도 혼인이 부활하지는 않는다.

배우자의 소재파악은 되지 않지만 생존하고 있는 사실만큼은 분명한 경우는 생사가 불분명한 경우가 아니므로 본 이혼사유와는 별개의 문제이다. 다만 이러한 경우에는 '악의의 유기'를 이유로 이혼의 소를 제기할 수 있다.

또한, 사망한 것이 확실할 때에는 이혼할 것이 아니라 사망신고를 함으로써 혼인관계를 해소시켜 부부관계를 종료시킬 수 있다.

배우자가 5년간 생사불명이거나 또는 전쟁, 선박침몰, 항공기 추락, 기타 위난을 당하여 1년간 생사불명인 경우에는 배우자 등 이해관계인이 청구하여 법원으로부터 실종선고를 받게 되면 배우자가 사망한 것으로 간주되므로 사망신고를 함으로써 혼인관계를 해소시키면 된다.

따라서 배우자가 위와 같은 사유로 생사불명이라면, 실종선고를 통해서 혼인을 해소시킬 수도 있고 본 호를 이유로 이혼을 청구할 수도 있겠으나, 실종선고로 인한 경우에는 상속을 비롯한 배우자의 귀환시 전혼부활 문제 등이 발생하고, 본호를 이유로 이혼하는 경우에는 귀환하더라도 전혼이 부활하지는 않지만 재산분할이나 손해배상 등의 문제가 발생하므로 사안마다 구체적인 사정을 고려하여 유리한 절차를 선택하는 것이 좋다. 그 선택은 신중해야 하고 반드시 법률전문가의 도움을 받는 것이 좋겠다.

기타 '혼인을 계속하기 어려운 중대한 사유가 있는 경우'란?

민법 840조 제6호에서 말하는 '혼인을 지속하기 어려운 중대한 사유가 있는 경우'란, 부부간의 애정과 신뢰가 바탕이 되어야 할 혼인의 본질에 상응하는 부부 공동생활 관계가 회복하기 어려울 정도로 파탄되어 그 혼인생활의 계속을 강요하는 것이 일방배우자에게 참을 수 없는 고통이 되는 경우를 말한다.

따라서 상대방이나 배우자의 친족 특히 직계존속과의 사이에 행동이 수반하지 않는 단순한 감정의 갈등, 균열 내지 대립이 생겼다는 것만으로는 혼인을 계속하기 어려운 중대한 사유가 있다고 보기는 어렵다.

즉 840조에서 규정하고 있는 앞선 5가지 사유에 필적할 정도의 사유가 있어야 한다(대법원 1987. 7. 21. 선고 87므24 판결). 본 규정은 아주 추상적인 규정이어서 이에 대한 최종적인 판단은 전적으로 법원에 맡겨져 있다. 따라서 이에 대한 판례를 소개하는 것이 이해를 돕는데 가장 유용한 것이라고 판단되므로 아래에서 관련판례를 소개한다.

관련판례	
인정한 사례 (이혼가능)	* 경제적인 파탄 남편의 방탕한 생활, 가계를 돌보지 않고 계를 하는 등의 아내의 문란한 행위, 허영에 의한 지나친 낭비, 가정주부의 거액 도박, 가사를 돌보지 않는 춤바람 등 * 정신적인 파탄 불치의 정신병, 부부간의 애정상실, 성격불일치, 극심한 의처증, 수 년간 계속된 별거, 심한 주벽 또는 알코올 중독, 범죄행위 및 실형선고, 신앙의 차이로 인한 극심한 반목, 광신, 자녀에 대한 정신적·육체적 학대 내지 모욕 등 * 육체적인 파탄 이유 없는 성교거부, 성적인 불능, 변태성욕, 성병감염, 동성연애, 부당한 피임 등
불인정한 사례 (이혼불가능)	* 사업실패로 인한 채무부담 * 임신불능 * 심인성 음경발기부전증 * 회복 가능한 정신병적 증세 * 혼인 전부터의 신앙의 차이 또는 성격불일치 * 애정상실 * 연령, 학력차이 * 복잡한 가정환경 * 재혼부부간에 전처소생의 자식이 있어 불화가 있는 경우 * 부부간에 평소 사소한 일로 자주 부부싸움을 하고, 이전에도 이혼조정신청을 한 번 제기하였다가 서로 화해한 뒤 취하했다는 사실 * 혼수가 빈약하거나 지참금이 적다는 이유 * 과거의 연인을 못 잊어 하며, 첫사랑의 사진과 연애편지들을 보관하고 있는 경우 * 아내가 불가피한 상황에서 강간당한 경우

840조 6호를 이유로 이혼을 청구하려면, 이를 안 날로부터 6개월, 그 사유가 있은 날로부터 2년 이내에 이혼을 청구해야 한다. 그러나 그 기간이 도과하였더라도 그 사유가 이혼의 소 제기 당시까지 계속되고 있다면 기간에 제한 없이 이혼의 소를 청구할 수 있다(대법원 1996. 11. 8. 선고 96므1243).

배우자에게 외도의
의심이 있는 경우의 대처방법

폐지된 간통죄는 배우자 있는 자가 배우자 아닌 이성과 성관계를 함으로써 성립되는 범죄였다. 그런 면에서 이혼사유 중 하나인 '부정한 행위'보다 좁은 개념이다. 즉 간통은 반드시 성관계에까지 이르러야 성립되었다.

따라서 간통으로 고소하기 위해서는 배우자와 상간자가 성관계에까지 이르렀다는 사실을 입증할 만한 증거를 확보하는 것이 무엇보다 중요했다.

간통죄가 폐지되기 이전에는 간통에 대한 확실한 방법을 확보하기 위해서 간통현장을 덮쳐서 이물질이 묻은 휴지나 이불, 콘돔을 확보하였는데, 간통죄가 폐지된 이상 그 정도까지의 증거수입은 필요 없다. 따라서 배우자에게 외도의 의심이 있는 경우에는 다음과 같은 방법으로 증거를 수집하는 것이 좋다.

즉 배우자의 뒤를 쫓아 상간자와 숙박업소를 들어가는 것을 동영상 또는 사진으로 촬영해 두거나 손을 잡거나 팔짱을 끼거나 팔로 어깨를 두르고 데이트하는 장면을 촬영해 두면 더 없이 좋다. 그러나 전문가가 아닌 이상 힘든 일임에는 틀림없다. 얼마나 힘든 일인지 한번 해보면 금방 안다.

그리고 요즈음은 자동차가 워낙 편리하게 생산되어서 그런지 자동차 안에서 성관계 하는 경우가 많은데, 그런 경우에는 여관에서 성관계 하는 경우보다 증거확보가 훨씬 용이하다. 자동차에서 성관계 하는 경우 차 밖에서 성교행위 장면을 사진 찍어두면 되기 때문이다.

또한 가능하다면 배우자의 핸드폰이나 이메일을 열어보는 것도 좋은 방법이다. 그러면 주고받은 메일이나 문자, 카톡의 내용 중에 성교한 사실을 서로 주고받거나 서로의 호칭을 "자기야", "여보"등으로 부르거나 "사랑해", "보고 싶다"는 내용이 있을 가능성이 큰데, 그런 경우 메일이나 문자, 카톡을 캡쳐해 두거나 사진 찍어 두면 된다. 경우에 따라서는 성교장면을 촬영한 사진 등을 확보하는 경우도 종종 있다. 요즈음은 스마트폰에 장착된 카메라의 성능이 좋아서 그런지 성관계 장면을 녹화하거나 사진을 찍어 두는 경우가 많은 것 같다. 증거가 아주 자주 확보되는 방법이다.

경우에 따라서는 배우자나 상간자가 서로 성교한 사실을 실토하는 경우가 있다. 그러한 경우에는 그러한 진술을 녹음해 두거나 사실확인서를 받아 두면 된다.

그리고 요즘 아주 많이 나오는 증거방법 중에 하나가 블랙박스나 내비게이션 등이다. 즉 요즈음 생산되는 블랙박스에는 녹음기능이 있어서 차 안에서의 대화까지 모두 녹음되는데, 차 안에서 성관계 하는 음성이 녹음되거나 차 안에서 서로 대화하거나 전화통화하면서 애정 섞인 대화를 하는 경우가 많은데, 그러한 음성이 녹음된 파일을 확보해 두면 아주 좋은 증거가 된다. 그리고 블랙박스에 녹화된 영상을 확인해보면, 녹화된 영상 중에 상간자와 여관에 들어가는 장면, 껴안는 장면, 스킨쉽 하는 장면 등이 녹화되어 있는 경우도 종종 있는데 이 또한 아주 좋은 증거이다. 또한 네비게이션 목적지를 조회해보는 것도 좋은 방법이다. 목적지 중에 유원지나 바닷가 등 통상의 동선과 동떨어진 행선지가 있는 경우에는 배우자가 바람 피우는 것이 확실하므로 뒷조사를 해볼 필요성이 있는 사안이다.

그리고 성교까지는 입증하지 못하더라도, 대부분 이혼사유인 부정행위에는 해당되므로, 배우자와 상간자를 상대로 위자료까지 받아낼 수 있다.

즉 배우자에게 위자료를 청구하는 것과는 별도로 상간자를 상대로도 위자료를 청구할 수 있다. 그리고 그 금액은 대략 1,000~2,500만 원 선에서 인정되고 있고 물론 정신적인 고통이 더 컸음이 주장·입증된다면 그 이상도 가능하다.

핸드폰 통화기록내역조회가 가능해졌다

과거에는 상간자소송이나 배우자 외도를 이유로 한 이혼소송에서 배우자의 외도를 입증하기 위하여 배우자나 상간자의 핸드폰 통화기록내역을 법원을 통해서 받아보곤 했었다. 하지만 2015년 2월 26일 헌법재판소 위헌판결에 의해서 간통죄가 폐지되면서 2017년 7월 1일부터는 확정적으로 소송 중 배우자나 상간자의 핸드폰 통화기록내역을 그 어떠한 경우에도 조회할 수 없게 되었다.

그런데 이번 2023년 7월 17일 "통화기록내역도 문서제출명령 대상이 된다"는 내용의 판결이 대법원 전원합의체 판결로 선고되면서(대법원 2023. 7.17. 자 2018스34 전원합의체 판결), 이젠 소송 중 배우자나 상간자의 핸드폰 통화기록내역을 조회할 수 있게 된 것이다.

다만 대법원은 이와 같은 판결을 선고하면서, 재판부가 통화기록내역조회를 위한 문서제출명령을 발령할 때에는 '통신과 대화의 비밀 및 자유와

적정하고 신속한 재판의 필요성에 관하여 엄격한 비교형량을 거쳐 그 필요성과 관련성을 판단하여야 한다'고 판시함으로써, 문서제출명령의 한계를 정하였고, 재판부의 문서제출명령에 대해서는 상대방 측이 즉시항고를 통하여 다툴 수 있는바, 그러한 이의절차를 적극 활용하여 자신의 통화기록내역이 조회되지 않도록 방어해야 하며, 일단 그러한 심리절차를 통하여 재판부가 문서제출명령을 최종적으로 발령한 때에는 통신사는 통화기록내역을 제출할 의무가 있고, 이를 거부한 때에는 과태료처분을 면할 수 없다는 것이 이번 대법원 전원합의체 판결의 핵심 내용이다.

과태료가 건마다 500만 원 이하의 금액이 부과되기 때문에 이제는 통신사가 통신기록내역 제출을 거부하기는 사실상 불가능해진 것이다.

하지만 조회되는 것은 통화기록내역일 뿐 당연히 통화내용이나 문자내용까지 조회되는 것은 아니므로 핸드폰 통화기록내역조회만으로 배우자와 상간자의 외도사실을 입증해 내기에는 분명한 한계가 있음을 명심할 필요가 있다.

따라서 배우자가 외도하고 있음이 분명해 보이는 때에는 소송을 일단 제기해서 배우자와 상간자의 핸드폰 통화기록내역을 조회하는 방법으로 외도사실을 입증해내려고 하지 말고 소송제기 전 일단 모든 방법을 동원해서 외도증거를 확보할 필요가 있다.

그리고 핸드폰 통화기록내역 조회는 외도 입증을 보강하기 위해서 혹은 다른 방법이 없을 때 최후적으로 사용하는 방법이라는 정도로 이해하면 족할 듯하다.

참고로 조회되는 통신기록은 소급해서 1년치이다.

배우자로부터 폭행을
당했을 경우의 대처방법

　배우자가 폭행을 행사한 경우, 민법 840조 제3호 소정의 '배우자로부터 부당한 대우를 받은 경우'에 해당되므로, 이를 이유로 이혼을 청구할 수 있다.
　그럴 경우 폭행에 대한 증거확보가 중요한데, 증거확보의 방법은 우선 폭행당한 후 반드시 병원에서 치료를 받아야 한다. 며칠이 지났더라도 상관없다. 그리고 진료를 받을 당시 반드시 의사한테 배우자로부터 폭행당했다고 진술해야 한다. 그렇게 하면, 의사는 환자의 그러한 진술을 의료기록에 기록하게 되는데, 나중에 별도의 진단서가 없더라도 그 의료기록만을 가지고도 폭행의 증거로 삼아 이혼소송이나 형사고소 할 수 있다.

　그리고 하나 더 조언하자면, 당장 이혼소송을 할 생각이 아니라면 병원을 찾을 때 좀 큰 병원으로 가는 것이 좋겠다. 왜냐하면 작은 개인병원의 경우는 쉽게 폐업되기도 하는데, 그렇게 되면 나중에 의료기록을 발급받을 수 없고, 진단서 또한 발급받을 수 없게 되어 증거가 없어지는 결과가 되기 때문이다. 아예 진료기록을 받아 보관하는 것도 한 방법이다.

병원까지 갈 사정이 안 된다면, 배우자로부터의 폭행이 있을 때 가까운 파출소에 신고를 하면 좋다. 그러면 경찰이 출동하게 되는데, 주의할 점은 경찰이 현장에 출동했을 당시 '배우자로부터 폭행을 당했다'고 경찰에게 진술해 두어야 한다. 그런 다음 이혼소송이 진행되면 그 때 출동했던 지구대를 관할하는 경찰서에서 '정보공개신청'을 하는 방법으로 출동내역을 발급받을 수 있는데, 그 출동내역에는 언제, 어디로, 그리고 무슨 사유로 출동했으며 어떻게 조치를 취했는지의 결과가 기록되어 있는데 이를 증거로 삼을 수 있다.

그리고 실무상으로는 대개 단 한 대라도 폭행을 당했다면 이를 이혼사유로 삼아 이혼할 수 있는 길이 있으며, 형사고소까지 해서 검사로 하여금 가정보호사건으로 처리하도록 힘쓰면[11], 검사는 일반형사사건으로 기소하는 것이 아니라 가정법원에 송치한다. 그러면 가해자는 '가정폭력범죄의 처벌 등에 관한 특례법'(줄여서 '가특법'이라고 한다.) 제40조 소정의 접근금지, 수강명령, 사회봉사명령 등과 같은 보호처분까지 받게 되어 배우자 입장에서는 곤란을 많이 겪게 된다. 일반형사사건으로 기소되면 벌금이 부과되므로 벌금만 내면 그만이지만, 가정보호사건으로 처리되면 수강명령, 사회봉사명령 등 보호처분을 받게 되므로 이만저만한 고역이 아니기 때문이다. 따라서 유리한 조건으로 소송 중 합의를 이끌어낼 수 있다.

그리고 팁을 하나 더 드리자면, 여성긴급전화 1366을 이용해볼 만하

---

[11] 실무적으로 사법경찰관은 가정폭력사건을 수사하여 검사에게 송치하면서, 가특법 제7조에 기하여 "해당사건을 가정보호사건으로 처리하는 것이 적절한지 여부에 관한 의견을 제시"하여 송치한다. 그리고 검사는 거의 대부분 그 사법경찰관의 의견에 따라 처리하게 되므로, 사건이 경찰서에서 수사 중일 때 가정보호사건으로 분류되도록 힘써야 한다(작성례 4 참조).

다. 이곳은 1년 365일 24시간 언제든지 전화, 면접, 방문, 사이버 상담이 가능하고, 상담원이 상담내용을 상담기록지에 정리해두기 때문에, 나중에 그 상담기록지를 이혼소송에서 폭행의 증거로도 사용할 수도 있는 등 가정폭력에 대응하기 아주 좋은 기관이다. 더욱이 정부와 도 및 광역시 예산으로 운영되는 공적기관이기 때문에 증거력도 크다. 또한 이름이 '여성'긴급전화이지만 남성드 당연히 이용할 수 있다.

여성긴급전화에 전화해서 도움을 요청하면 위안을 위한 상담을 받을 수 있을 뿐만 아니라 112 신고대행서비스도 받을 수 있고, 직접 운영하고 있는 임시보호소인 긴급피난처를 직접 제공받거나 쉼터, 가정폭력 상담소를 안내 · 소개받을 수도 있다.[12]

그리고 만약 오래 전의 폭행이고 확보된 증거가 없다면 폭행장면을 목격한 증인의 사실진술서를 통해서도 가능하다. 그리고 별다른 증인이 없다면 자녀의 증언 혹은 사실진술서로도 가능하다.

그리고 배우자의 폭행이 입증되고 반복될 염려가 있다면, 접근금지가처분 또는 접근금지사전처분을 하는 방법으로 신변을 보호한 후 이혼소송을

---

[12] "여성긴급전화 1366"은 "가정폭력방지 및 피해자보호 등에 관한 법률 제4조의 6"에 따라 설치된 기관으로서, '서울 중구'에 본원을 두고 있고 서울 구로구, 경기 안양시와 의정부를 포함하여 모든 도 및 광역시에 각 1개씩 모두 18개의 센터가 설치되어 있다.

각 센터마다 임시보호소인 긴급피난처를 운영하고 있는데, 위 긴급피난처는 최대 7일까지만 피난할 수 있기 때문에 가정폭력 피해자에게 장기적인 피난이 필요한 경우에는 여성단체나 종교단체 등에서 운영하는 "쉼터" 등을 소개해주기도 한다. 쉼터에서는 6개월에서 최대 9개월까지 생활비 등의 보조를 받아가면서 생활할 수 있다.

또한 여성긴급지원 1366센터는 서울과 경기도만 각 2개씩의 센터가, 그 외의 도 및 광역시에는 각 1개씩의 센터가 설치되어 있기 때문에 거리상 여의치 않은 경우에는 가까운 가정폭력상담소("가정폭력방지 및 피해자보호 등에 관한 법률 제5, 6조"에 따라 설치 · 운영되는 기관으로서 평일 오전 9시부터 오후 6시까지만 운영)를 소개시켜주기도 한다.

자세한 내용은 "한국여성인권진흥원" 홈페이지(www.stop.or.kr)를 참조하면 되겠다.

그 외에도 한국여성상담센터(02-953-2017)나 한국여성의 전화(02-2263-6464)를 통해서도 도움을 받을 수 있다.

진행하면 된다. 접근금지가처분이나 사전처분결정이 있었음에도 불구하고 이에 위반하면 과태료가 부과될 뿐만 아니라 이혼소송에서 많은 불이익을 당하기 때문에, 판사의 결정을 불이행한다는 것은 쉽지 않다. 그리고 그 폭행이 자녀에게까지 가해졌다면, 친권이 제한될 뿐만 아니라 양육권은 물론 면접교섭권까지 박탈시킬 수 있다.

그리고 폭행을 당하면 병원치료, 112에 신고하는 것과는 별도로 폭행당한 부위를 사진으로 찍어두는 것이 좋다. 그 사진을 증거로 제출하면 시각적인 효과로 인하여 이혼소송을 더 많이 유리하게 이끌어나갈 수 있고, 위자료 또한 더 많은 금액을 받아낼 수 있기 때문이다. 또한 직접적인 폭행에까지는 이르지 않고 집안 집기를 부수는 경우가 있는데, 이러한 경우에도 사진을 찍어두면 아주 유용한 증거가 된다.

폭행의 경우는 부정한 행위나 간통과는 다르게 제척기간의 제한이 없고, 실무상 단 한 차례의 폭행만으로도 이혼사유로 삼을 수 있기 때문에 가장 강력하고도 유효한 이혼사유라고 할 수 있다. 그 다음으로 강력한 이혼사유는 물론 부정행위이다.

폭행의 경우에도 배우자의 직업이 공무원이거나 준공무원, 직업군인, 교사, 대기업사원 등과 같이 윤리가 강조되는 직업이라면, 이를 효과적으로 이용하여 신분상 타격을 줄 수 있을 뿐만 아니라 소송에서 유리한 조건으로 합의를 도출해낼 수 있다. 다만 이 경우에는 명예훼손이나 불법행위가 성립할 여지가 있으므로 법률전문가와 면밀히 상의하여 진행할 필요가 있다.

참고로 가정폭력범죄에 대한 대처와 피해자의 보호를 위하여 "가특법"

이 제정되어 시행되고 있는데, 현재 가정폭력을 당하고 있는 경우라면 꼭 알고 있어야 할 내용을 중심으로 소개한다.

특히 상담을 하다 보면 아직도 가정폭력에 시달리면서도 한편으로는 보복이 두려워서 그리고 다른 한편으로는 이혼 후 경제적 능력이 없거나 자녀를 생각해서 참고 사는 사람들이 의외로 많다. 그리고 가정폭력에 시달린다고 하면 흔히 여성을 떠올리기 쉽지만 의외로 남성들도 많다.

가정폭력에 시달리는 사람들을 보면 보통 자존감이 없어져서 자신이 부족한 탓으로 폭력을 당하는 것이라고 생각하고 자신은 폭행을 당해도 마땅하다고 생각하면서 주위에 도움조차 청하지 않는 것이 특징이다. 따라서 이러한 경우에는 주위 사람들이 잘 살펴본 후 그런 징후가 보이면 도움의 손길을 먼저 내미는 것이 필요할 것 같다.

사실 가정폭력에 시달리는 사람들을 위한 시설 및 지원이 턱없이 부족한 것만은 사실이지만 그래도 가정폭력을 피해 볼 방도가 전혀 없는 것은 아니다. 전국 곳곳에 가정폭력에 못 이겨 집을 나온 여성들을 위한 가정폭력 관련상담소 및 보호시설이 마련되어 있고 그곳에서는 일자리를 마련해줄 뿐만 아니라 자녀들의 취학에도 도움을 준다. 또한 지자체에서는 생활을 위한 보조금도 지원해주고 있는데, 지자체마다 그 금액 및 기준은 다르기 때문에 지자체에 직접 문의하면 상세히 안내해 준다.

가정폭력에 관한 상담전화를 받으면 마음이 너무 아프다. 도움을 드리려고 손을 내밀어도 선뜻 손을 잡지 않는 분들이 많은데, 마음의 상처가 커서 그런 것 같다. 그리고 가정폭력에 시달리는 사람들을 위한 시설 및 지원이 여성에게만 치우쳐있는 부분도 많이 아쉬운 부분이다.

《가정폭력범죄의 처벌 등에 관한 특례법》
가정폭력이 있을 때 어떠한 대처방법이 있으며, 국가로부터 어떠한 도움을 받을 수 있는지를 중심으로 살펴본다.

「현장 출동한 사법경찰관리의 응급조치」
진행 중인 가정폭력에 대하여 신고를 하면, 현장 출동한 사법경찰관리는 가특법 제 5조에 의해서 다음과 같은 조치를 취하도록 되어 있다.
즉 사법경찰관리는
1. 폭력행위의 제지, 가정폭력행위자·피해자의 분리 및 범죄수사
2. 피해자가 동의한 경우 피해자를 가정폭력 관련 상담소 또는 보호시설로 인도
3. 긴급치료가 필요한 피해자를 의료기관으로 인도
4. 폭력행위 재발 시 피해자 또는 가정구성원의 주거 또는 점유하는 방실(房室)로부터의 퇴거 등 격리시키는 임시조치를 신청할 수 있음을 통보
등을 하여야 한다.

「사법경찰관의 긴급임시조치」
사법경찰관은 위와 같은 조치에도 불구하고 가정폭력범죄가 재발의 우려가 있고, 긴급을 요하여 법원의 임시조치결정을 받을 수 없을 때에는 직권 또는 피해자 등의 신청에 의하여 아래와 같은 내용의 긴급임시조치를 할 수 있다.
1. 피해자 또는 가정구성원의 주거 또는 점유하는 방실(房室)로부터의 퇴거 등 격리
2. 피해자 또는 가정구성원의 주거, 직장 등에서 100미터 이내의 접근 금지
3. 피해자 또는 가정구성원에 대한 전기통신을 이용한 접근금지

「검사에 의한 임시조치의 청구」
가정폭력사건의 경우 가정폭력행위자가 자기 또는 배우자의 직계존속인 경우에도 고소할 수 있는데, 고소가 있을 때, 검사는 가정폭력범죄가 재발의 우려가 있다고 인정되는 경우, 직권 또는 사법경찰관의 신청에 의하여 법원에 아래와 같은 내용의 임시조치를 청구할 수 있다.
1. 피해자 또는 가정구성원의 주거 또는 점유하는 방실(房室)로부터의 퇴거 등 격리
2. 피해자 또는 가정구성원의 주거, 직장 등에서 100미터 이내의 접근 금지
3. 피해자 또는 가정구성원에 대한 전기통신을 이용한 접근금지
가정폭력행위자가 위 임시조치를 위반함으로써 가정폭력범죄가 재발될 우려가

있다고 인정되는 경우에는 직권 또는 사법경찰관의 신청에 의하여 "국가경찰관서의 유치장 또는 구치소에의 유치"와 같은 임시조치도 청구할 수 있다.

「판사에 의한 임시조치」
사건이 가정보호사건으로 분류되어 가정법원에서 조사 및 심리한 중에 판사는 가정보호사건의 원활한 조사심리 또는 피해자보호를 위해서 필요하다고 인정하는 경우에는 아래와 같은 임시조치결정을 할 수 있다.
1. 피해자 또는 가정구성원의 주거 또는 점유하는 방실(房室)로부터의 퇴거 등 격리
2. 피해자 또는 가정구성원의 주거, 직장 등에서 100미터 이내의 접근금지
3. 피해자 또는 가정구성원에 대한 전기통신을 이용한 접근금지
4. 의료기관이나 그 밖의 요양소에의 위탁
5. 국가경찰관서의 유치장 또는 구치소에의 유치

「판사에 의한 보호처분」
판사는 심리의 결과 보호처분이 필요하다고 인정되는 경우에는 병과하여 다음 각호의 보호처분을 할 수 있다.
1. 가정폭력행위자가 피해자 또는 가정구성원에게 접근하는 행위의 제한
2. 가정폭력행위자가 피해자 또는 가정구성원에게 전기통신을 이용하여 접근하는 행위의 제한
3. 가정폭력행위자가 친권자인 경우 피해자에 대한 친권 행사의 제한
4. 사회봉사 · 수강명령
5. 보호관찰
6. 보호시설에의 감호위탁
7. 의료기관에의 치료위탁
8. 상담소등에의 상담위탁
위 보호처분 중 4호는 200시간의 범위 내에서, 그 외는 6개월의 범위 내에서 보호처분할 수 있으며, 보호처분이 진행도 는 동안 필요하다고 인정되는 경우에는 직권 또는 수탁기관의 장 등의 청구에 의하여 한 차례만 보호처분의 종류와 기간을 변경할 수 있다. 단 4호의 경우는 400시간의 범위 내에서, 그 외에는 1년의 범위 내에서 보호처분 해야 한다.

「피해자보호명령제도」
피해자도 법원에 피해자보호명령을 청구할 수 있는데, 피해자의 피해자보호명령 청구가 있으면, 법원은 피해자의 보호를 위하여 필요하다고 인정되는 때에는 결정으로 다음 각호를 병과하여 피해자보호명령을 할 수 있다.
1. 피해자 또는 가정구성원의 주거 또는 점유하는 방실로부터의 퇴거 등 격리
2. 피해자 또는 가정구성원의 주거, 직장 등에서 100미터 이내의 접근금지
3. 피해자 또는 가정구성원에 대한 전기통신을 이용한 접근금지
4. 친권자인 가정폭력행위자의 피해자에 대한 친권행사의 제한
위 피해자보호명령기간은 6개월을 초과할 수 없지만, 직권 또는 피해자 등의 청구에 따라 2개월 단위로 연장할 수 있으되, 2년을 초과할 수는 없다.

「피해자임시보호명령제도」
그리고 피해자의 피해자보호명령청구가 있는 경우, 판사는 피해자의 보호를 위해서 필요하다고 인정되는 경우에는 결정으로 종국적인 위 피해자보호명령결정을 하기까지 임시보호명령도 할 수 있다.

「위반에 대한 벌칙」
가정폭력행위자가,
① 임시조치를 이행하지 아니하는 경우에는 500만 원 이하의 과태료가 부과되고,
② 보호처분이나 임시보호명령, 피해자보호명령 등을 이행하지 아니한 때에는 2년 이하의 징역 또는 2천만 원 이하의 벌금 또는 구류에 처한다. 그리고 위반행위가 상습적일 때는 3년 이하의 징역이나 3천만 원 이하의 벌금에 처한다.

「가정폭력행위자가 피해자의 주소를 모르게 하는 방법」
가정폭력행위자가 피해자의 주민등록등·초본을 제한 없이 발급받을 수 있다면, 피해자의 주소지를 찾아내어 또다시 폭력을 행사할 수 있다.
그래서 주민등록법은 '가정폭력피해자는 가정폭력행위자가 본인과 주민등록지를 달리하는 경우 피해사실을 증명할 수 있는 자료를 첨부하고 대상자를 지정하여 시장, 군수 또는 구청장에게 본인과 세대원의 주민등록표의 열람 또는 교부의 제한을 신청할 수 있도록 하고 있다.

이때 피해사실을 증명할 수 있는 자료로는 가정폭력피해자보호시설의 장이 발

> 급한 가정폭력피해자보호시설입소확인서, 고소고발사건처분결과통지서, 사건처분결과증명서 등이 있다.

전국센터소개

지역/대표자	전화번호		주소
중앙	1366	735-7394	우) 04505 서울시 중구 서소문로 50 센트럴플레이스 3층
서울	02)1366	851-4870	우) 152-841 서울시 구로구 가마산로 272번지
부산	051)1366	508-2969	우) 609-360(전화팩스 겸용) 부산시 금정구 중앙대로 2238
대구	053)1366	430-6014	우) 702-816 대구광역시 중구 태평로 53-13 해밀센터 내
인천	032)1366	862-7368	우) 404-828 인천광역시 남구 경원대로 873 3층(인성빌딩)
광주	062)1366	613-7962	우) 502-829 광주시 서구 상무 자유로 76 광주여성발전센터 내
대전	042)1366	222-7042	우) 306-820 대전광역시 중구 선화로 81번길 26-5(2층)
울산	052)1366	246-6713	우)681-190 울산광역시 중구 중앙길 162 시티빌딩 3층
강원	033)1366	252-4041	우) 200-937 강원도 춘천시 스포츠타운길 528번지 DC마트 3층
경기	031)1366	442-2876	우) 430-832 경기도 안양시 만안구 장내로 113 수원가톨릭복지회관 3층
경기북부	031)1366	873-1397	우) 480-819 경기도 의정부시 둔야로 54-1
경북	054)1366	436-1366	우) 740-170 경북 김천시 평화12길 10(3층)

지역/대표자	전화번호		주소
경남	055)1366	299-7520	우) 641-871 경남 창원시 북면 동전로 179-18
전북	063)1366	227-2044	우) 560-860 전북 전주시 완산구 효자로 67-5
전남	061)1366	287-1364	우) 555-809 전남 무안군 삼향읍 어진누리길 30번지 전남여성플라자 5층
충북	043)1366	285-1366	우) 360-185 청주시 상당구 목련로 27 충북여성발전센터 내
충남	041)1366	571-7635	우) 330-110 충남 천안시 다가말2길 39 천안 YWCA회관 내
제주	064)1366	712-1366	우) 690-191 제주특별자치도 제주시 우정로6길 23

유책배우자도 이혼을 청구할 수 있나?

예외적이고 엄격하게 유책배우자의 이혼청구를 인용하고 있다

우리나라 법원은 혼인파탄의 책임이 있는 배우자 즉 유책배우자가 이혼을 청구하는 것을 인용해주고 있지 않다. 하지만 요즘 법원의 추세는 파탄주의로 가고 있기 때문에 유책배우자의 이혼청구도 예외적으로 인정해주고 있다.

즉, 대법원은 "유책배우자의 이혼청구를 허용하지 아니하는 것은 ① 혼인제도가 요구하는 도덕성에 배치되고, 신의성실의 원칙에 반하는 결과를 방지하려는 데에 있으므로, ② 혼인제도가 추구하는 이상과 신의성실의 원칙에 비추어 보더라도 그 책임이 반드시 이혼청구를 배척해야 할 정도로 남아 있지 아니한 경우에는 그러한 배우자의 이혼청구는 혼인과 가족제도를 형해화할 우려가 없고 사회의 도덕관·윤리관에도 반하지 아니한다고 할 것이므로 허용될 수 있다."고 하면서,

구체적으로 "① 상대방 배우자도 혼인을 계속할 의사가 없어 일방의 의

사에 의한 이혼 내지 축출이혼의 염려가 없는 경우, ② 이혼을 청구하는 배우자의 유책성을 상쇄할 정도로 상대방 배우자 및 자녀에 대한 보호와 배려가 이루어진 경우, ③ 세월의 경과에 따라 혼인파탄 당시 현저하였던 유책배우자의 유책성과 상대방 배우자가 받은 정신적 고통이 점차 약화되어 쌍방의 책임의 경중을 엄밀히 따지는 것이 더 이상 무의미할 정도가 된 경우 등과 같이 혼인생활의 파탄에 대한 유책성이 그 이혼청구를 배척해야 할 정도로 남아 있지 아니한 특별한 사정이 있는 경우에는 예외적으로 유책배우자의 이혼청구를 허용할 수 있다."고 한다(대법원 2015. 9. 15.선고 2013므568 전원합의체 판결 참조).

위 판례의 취지대로 구체적으로 판례가 유책배우자의 이혼청구가 가능하다고 판시하고 있는 이유를 보면 아래와 같다.

① 유책배우자가 이혼을 청구한 경우에 상대방도 속으로는 혼인을 계속할 의사가 없으면서 오직 오기나 보복적 감정 때문에 혼인을 계속할 것을 고집하고 있는 경우(대법원 1999. 10. 8.선고 90므1213 판결).

② 혼인생활의 계속을 강제하는 것이 일방배우자에게 참을 수 없는 고통이 된다고 보여질 때(대법원 2009. 12. 24.선고 2009므2130 판결)

③ 무책배우자의 유책행위가 유책배우자의 유책행위로 인한 혼인파탄과는 관계없이 저질러졌다거나 그 정도가 유책배우자의 유책사유에 비하여 현저하게 책임이 무거운 것이라는 등의 특별한 사정이 있는 경우(대법원 1990. 9. 25.선고 89므112판결).

'유책배우자가 이혼을 청구할 수 있는 경우'가 문제되는 경우는 실무상 거의 대부분 부정한 행위를 한 배우자 혹은 이미 다른 이성과 딴살림을 차린 배우자가 기존의 배우자와 이혼을 하고 새로운 이성과 혼인하기로 마음 먹은 경우가 대부분이다. 이러한 소송은 당사자가 직접 수행하기는 너무 어려운 소송에 해당될 뿐만 아니라, 변호사를 선임한다 해도 이러한 유형의 소송을 여러 번 수행해본 노련한 변호사를 선임하는 것이 반드시 필요하다. 아주 어려운 소송이기 때문이다.

이혼의 소를 제기하면 당장 생계가 막막해지는 경우
(부양료사전처분신청)

　이혼소송이 진행되면, 상대방 배우자로부터 생활비를 지급받지 못하게 되어 당장의 생계가 막막해지는 경우가 종종 있다.

　특히 폭행, 폭언 등의 이유로 집을 나온 경우 등 가출한 상태에서 이혼소송을 진행하는 경우에는 생활비가 없어서 생계가 막막해지는 경우가 많다. 법은 그런 경우를 대비해서 이혼소송이 끝날 때까지 상대방 배우자에게 생활비를 지급하도록 명령해 줄 것을 신청할 수 있도록 하고 있다. 물론 미성년 자녀까지 있는 경우에는 생활비와는 별도로 양육비까지 지급해 줄 것을 신청할 수 있음은 물론이다. 전자를 '부양료 사전처분신청', 후자를 '양육비 사전처분신청'이라고 하는데, 생활비는 대략 100~200만 원 내외로 인정되고 있고, 양육비는 대개 30~100만 원 선에서 인정되고 있다. 물론 경제 규모가 큰 가정이라면 그 이상도 가능함은 물론이다. 그리고 부동산을 소유하고 있더라도 당장 생활비로 쓸 현금이 없는 경우라면, 이러한 경우에도 당연히 부양료 및 양육비 사전처분을 신청할 수 있다. [작성례 6]

사전처분에 대한 결정은 집행력이 없으므로 결정문을 가지고 강제집행은 할 수는 없지만, 사전처분결정에 위반하면 1,000만 원 이하의 과태료가 부과될 뿐만 아니라 본안소송에서 많은 불이익이 따르게 되므로 결정에 불응하기는 쉽지 않다. 모든 사전처분이 동일하다.

이혼소장을
받았을 때의 대처방법

　이혼소장을 받게 되면 통상 당황하거나 분노의 감정 등으로 인하여, 아무런 대응을 하지 않거나, 욕설이나 폭력 등 물리적 행동 등으로 대응하는 경우가 종종 있다. 그러나 이혼소송에 대하여 아무런 대응을 하지 않는다고 해서 이혼소송이 없어지는 것이 아니라, 오히려 상대방이 원하는 대로 판결이 선고될 수 있으며, 물리적인 행동 등에 나서게 되는 경우에는 오히려 이혼소송에 결정적으로 불리한 증거가 되므로 절대적으로 자제해야 한다.

　따라서 배우자로부터 이혼소송을 당했을 때에는 감정적으로 대응하기보다는 아래 4가지 방법 중에 어느 방향으로 대처할지를 결정하면 된다.
　즉 배우자로부터 이혼소장을 받았을 때의 대처방법은 딱 4가지이다. 우선 결정해야 할 것은 '이혼을 할 것이냐' 아니면 '이혼을 안 하고 혼인관계를 유지할 것이냐'이다. 상대방의 이혼청구를 기각시키는 방법은 딱 2가지인데, 그 중 하나는 '배우자가 주장하는 이혼사유가 민법 840조에서 규정하고 있는 법정이혼사유에 해당하지 않는다.'고 주장하는 방법과 또 다른 하나는 '이혼을 청구하고 있는 배우자가 유책배우자이므로 이혼을 청구할 수 없는 지위에 있어 이혼청구가 기각되어야 한다'고 주장하는 방법이다. 그리고 이혼을 하는 것으로 결정했다면 이번에는 또다시 '배우자가 주장하는 이혼사유를 수긍할 것이냐' 아니면 '내가 잘못한 것이 아니라 배우자의 잘못으로 혼인이 파탄에 이르렀다고 주장하면서 반소를 제기해서 반대로 위자료를 받아 낼 것이냐' 중에 하나를 선택하면 된다.

즉 ① 배우자가 주장하는 이혼사유의 부존재를 주장하여 혼인을 유지하는 방법, ② 배우자가 유책배우자임을 주장하여 이혼청구를 기각시키는 방법, ③ 배우자가 주장하는 이혼사유를 수긍하되 다만 상대방이 청구하는 위자료를 감액하면서 재산분할이나 많이 받고 자녀에 대한 친권, 양육권, 양육비를 가지고 다투는 방법, ④ '내가 잘못한 것이 아니라 배우자의 잘못으로 인해서 혼인이 파탄에 이르렀다.'고 주장하면서 반소를 제기하여, 내가 위자료를 지급하는 것이 아니라 상대방으로부터 위자료를 받아내고, 재산분할 및 자녀에 대한 친권, 양육권, 양육비에 대한 유리한 판결을 받아내는 방법 등 4가지의 대처방법이 있다.

위 대처방법 중 ②, ③, ④의 경우는 통상의 이혼소송과 같이 나의 잘못을 부정하고 상대방의 잘못을 부각시켜 주장하면 그만이다. 그러나 위 ①의 경우는 조심해야 한다. 통상 위 ①의 경우로 소송을 진행하면서 상대방의 잘못을 감정적으로 지적하곤 하는데 그렇게 되면 지금까지 잘못한 것이 없고 혼인 또한 파탄에 이르지 않았다고 하더라도 소송 중에 파탄에 이르게 되는 경우가 거의 대부분이다. 따라서 이러한 경우에는 상대방의 잘못을 감정적으로 지적하지 말고 끝없이 상대방 배우자에 대한 애정을 드러내면서 가정을 유지하고 싶다는 부드러운 어조로 주장해야 한다. 이러한 변론을 잘하는 변호사가 유능한 이혼전문변호사라고 할 수 있고, 진정 이러한 것을 아는 변호사가 가사사건의 흐름을 큰 틀에서 이해하고 있는 이혼전문변호사라고 할 수 있다. 물론 상대방이 폭행했다거나 부정한 행위를 한 증거가 확실하다면 이러한 사유는 분명하게 밝혀야 되겠지만, 조심할 것은 상대방의 이러한 유책사유를 드러내는 경우에도 어조는 부드럽게 해야 한다는 점이다. 왜냐하면 혼인관계를 유지할 사람이라면 상대방의 유책사유 혹은 잘못을 격앙되게 드러내지는 않을 것이기 때문이다. 그리고 이러한 경우에는 본서 제9장 실제사례에 소개해놓은 "제 가정을 지켜주세요." 케이스를 반드시 읽고 참조하시길 권한다.[작성례 18 참조]

그리고 실제로는 혼인관계를 유지할 의사가 없으면서도, 배우자로 하여금 곤란한 처지에 몰리게 함으로써 판결로 가는 것보다 더 유리한 합의나 조정의 결과를 얻어내기 위해서 작전상 위 ① 또는 ②의 경우로 변론하는 경우도 종종 있다. 즉 상대방이 절대적으로 이혼하고 싶어하지만 우리 측에게 이렇다 할 만한 이혼사유가 없는 경우, 그러나 우리 측도 실제로는 그렇게 혼인관계를 유지할 의사는 없지만 판결로 가는 것보다 더 많은 재산을 확보하고 싶은 경우에는 위 ①, ②의 경우로 변호하게 된다. 그렇게 되면 이혼을 할 수 없는 방향으로 소송이 진행될 것이고, 이혼하고 싶어 안달이 난 배우자는 어떻게 해서든지 이혼하기 위해서 재산분할이나 양육권, 양육비, 위자료 등의 면에서 많이 양보하면서까지 이혼협상에 응하게 된다.

혼인무효 및 혼인취소

　이혼과 구별되는 것으로 혼인무효와 혼인취소가 있다. 혼인무효는 혼인관계증명서 등에 혼인이나 혼인해소의 경력이 전혀 남지 않고, 혼인취소의 경우에는 혼인경력은 남지만 혼인해소의 원인이 이혼이 아닌 혼인취소라고 기재되므로, 재혼하거나 재혼이 아니더라도 혼인관계 해소 이후의 이미지관리 면에서 더 유리할 수 있다. 따라서 이혼에 앞서 혼인무효나 취소사유가 있는지를 우선적으로 검토할 필요가 있다.

1. 혼인무효사유

1. 당사자간에 혼인의 합의가 없는 때
2. 당사자 사이에 8촌 이내의 혈족관계가 있는 때
3. 당사자간에 직계인척관계가 있거나 있었던 때
4. 당사자간에 양부모계의 직계혈족관계가 있었던 때

위 혼인무효사유 중 가장 문제가 되는 것은 제1항인데, 판례는 "혼인의 합의는 법률혼주의를 택하고 있는 우리나라 법제하에서는 법률상 유효한 혼인을 성립케 하는 합의를 말하는 것이다."라고 판시하고 있다(대법원 1983.09.27. 선고 83므22 판결). 즉 '양성 간의 정신적·육체적 관계를 맺을 의사'와 '혼인신고의 의사'가 필요하고, 전자나 후자만 있는 것으로는 혼인의 합의가 있다고 할 수 없다는 의미이다.

> 판례는 "외견상 부부로서 사실혼관계와 같은 관계를 유지하여 왔다 하더라도 혼인의사가 없는 타방 당사자 모르게 혼인신고를 하였다면 그 혼인은 원칙으로 무효이다."라고 판시한 바 있다(대법원 1978. 10. 31. 선고 78므37 판결).

따라서 예를 들면 동거하지 않겠다는 의사를 가진 혼인, 동성혼, 영주권 취득목적 등 어떠한 방편을 위해서 혼인신고만을 해 두는 경우, 정신적, 육체적 결합을 가질 의사가 없는 경우, 당사자의 일방 몰래 혼인 신고하는 경우 등은 혼인의 합의가 없는 때에 해당되어 그 혼인은 무효이다.

혼인신고 당시 당사자간에 진정한 혼인의사가 있었느냐의 입증 여부에 따라 혼인무효의 가부가 결정되는 것이다.

2. 혼인취소사유

1. 만 18세 미만인 사람의 혼인,
2. 부모 동의 없는 미성년자의 혼인,
3. 혼인무효에 해당하는 이외의 인척 및 양부모계의 친족이었던 자와의 혼인

4. 중혼금지 규정에 위반한 때
5. 혼인 당시 당사자 일방에 부부생활을 계속할 수 없는 악질 기타 중대한 사유 있음을 알지 못한 때
6. 사기 또는 강박으로 인하여 혼인의 의사표시를 한 때

실무상 가장 문제가 되는 것은 제5, 6항인데, 구체적으로 살펴보면,

[악질 등 중대한 사유]

구체적인 사정을 고려하여 결정되겠지만, 혼인 전에 당사자 일방이 그러한 사유가 있음을 알았더라면 혼인을 하지 않았을 것이라고 일반적으로 인정되는 경우를 말한다. 예를 들면, 성병, 불치의 정신병 등이 있으며, 그 사유가 있음을 안 날로부터 6월 이내에 취소를 청구해야 한다.

[사기 또는 강박]

사기란 혼인의사를 결정시킬 목적으로 혼인당사자의 일방 또는 쌍방에게 허위의 사실을 고지함으로써 이들을 착오에 빠뜨려 혼인의사를 결정하도록 하는 것을 말한다. 사기자는 혼인의 상대방일 수도 있고 제3자(중매인 등)일 수도 있다.

사기로 인하여 혼인이 취소되기 위해서는 사기로 인하여 생긴 착오가 일반적으로 사회생활 관계에 비추어 볼 때 혼인생활에 미치는 영향이 크고, 당사자가 그러한 사실을 알았더라면 혼인하지 않았을 것이라고 인정되는 경우이어야 한다.

강박이란 혼인의사를 결정시킬 독적으로 혼인당사자의 일방 또는 쌍방에게 해악을 고지하여 공포심을 가지게 함으로써 혼인의사를 결정하도록 하는 것을 말한다.

사기를 안 날 또는 강박을 면한 날로부터 3개월 이내에 취소를 청구하여야 한다.

3. 혼인무효 및 혼인취소의 효과

혼인무효판결이 확정되면 혼인이 처음부터 성립하지 않았던 것과 같은 효과가 발생한다.

따라서 결혼 이력이 남지 않는다. 혼인무효의 경우는 재산분할을 청구할 수는 없고, 부당이득반환만을 청구할 수 있다. 하지만 법률적 구성만 다를 뿐 큰 차이가 없다. 그리고 혼인이 무효가 된 경우 고의·과실 있는 상대방에 대하여 손해배상을 청구할 수 있다.

반면 혼인취소 판결이 확정되면 '그때부터' 장래에 향하여 혼인관계가 해소된다. 혼인관계증명서에는 혼인해소의 이유로 이혼이 아닌 혼인취소로 기재된다. 혼인이 취소가 된 경우 고의·과실 있는 상대방에게 손해배상을 청구할 수 있고, 혼인취소의 경우는 무효의 경우와는 달리 위자료와는 별개로 재산분할도 청구할 수 있다. 사기 또는 강박으로 인해서 혼인하게 된 자가 혼인취소 또는 이혼판결에 의하지 아니하고 협의이혼을 한 경우에도 손해배상을 청구할 수 있다[대법원 1977.1.25, 선고, 76다2223, 판결].[13]

---

[13] 【판결요지】 혼인의사결정에 당사자 일방 또는 제3자의 사기 또는 강박 등의 위법행위가 개입되어 그로 인해서 혼인을 하게 된 경우에 있어서는 상대방은 그것을 이유로 하고 혼인의 취소를 구한다던가 또는 사기 강박 등 위법행위에 관한 사항이 이혼사유에 해당되면 그 사유를 내세우고 재판에 의한 이혼을 구한다던가 혹은 그것이 원유가 되어 당사자 협의에 의하여 이혼한다던가 등 어떠한 방식을 취할 것인가는 오로지 당사자의 선택에 달려있다 할 것이고, 혼인해소가 사기 또는 강박 등의 위법행위에 원유한 이상 사기 강박으로 인해서 혼인을 하게 된 자가 그로 인해서 받은 재산상 또는 정신상의 손해배상청구를 하는데 있어서 반드시 어떠한 혼인해소방식에 구애되어 혼인취소 또는 이혼판결이 있어야만 된다고 하여야 할 이유는 없다.

4. 형사처벌

부부관계를 설정할 의사 없이 국내 취업을 위한 입국을 목적으로 형식상 혼인신고를 한 경우이거나 일방당사자 몰래 혼인신고를 한 경우 등에는 공정증서원본부실기재죄 및 동행사죄 그리고 위계에 의한 공무집행방해죄 등으로 처벌된다. 그리고 보통 형사고발이 되고 처벌이 되어야 비로소 가사사건에서도 무효판결을 내려준다. 이는 당사자끼리 짜고 혼인무효판결을 받아내는 것을 방지하기 위함이다.

내가
이혼전문
변호사다

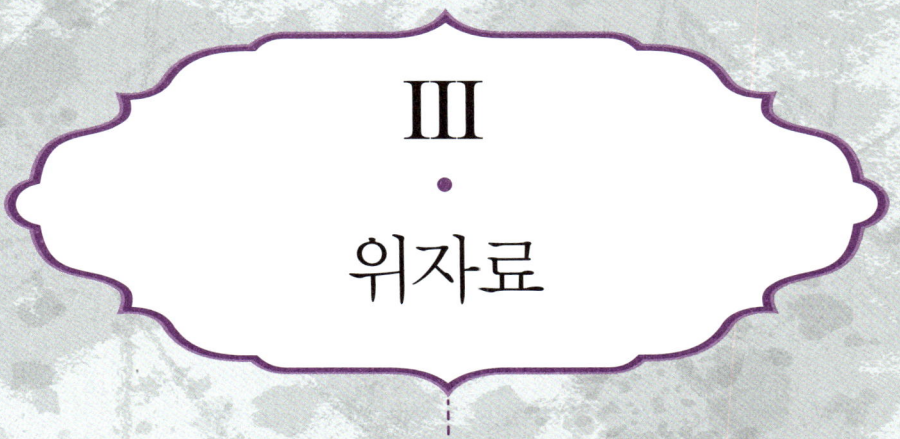

III
위자료

LAWYER

법률상담을 하다 보면 위자료에 대해 잘못 알고 있는 경우가 대부분이다. TV나 영화에서 이혼문제가 다루어지기만 하면 으레 위자료가 언급되다 보니 이혼 시 위자료가 문제된다는 사실만큼은 모두 잘 알고 있지만, 위자료에 대해서 정확히 알고 있는 사람은 드문 것 같다. 그리고 더 큰 문제는 자신이 잘못 알고 있다는 사실을 깨닫기까지 많은 설명을 필요로 한다는 점이다.

우선 잘못 알고 있는 유형 중 가장 많은 사례가 "이혼하면 의례히 여자가 남자로부터 위자료를 받을 수 있는 것으로 알고 있는 경우"이다.
하지만 그렇지 않다. 위자료는 혼인을 파탄에 이르게 한 유책배우자가 상대방배우자에게 지급해야 하는 정신적 손해에 대한 배상금을 지칭하는 것일 뿐이다. 그리고 여기서 유책배우자는 남자일 수도 있고 여자일 수도 있다.

그리고 두 번째로 많은 사례는 "위자료를 재산분할과 혼동하는 경우이다."
하지만 위자료와 재산분할은 전혀 별개이다.
위자료는 유책배우자의 잘못에 대한 책임을 묻는 것이지만, 재산분할은 부부가 혼인기간 내 공동으로 형성한 재산을 그 기여도에 따라 공평하게 나누는 문제이다. 그리고 위자료는 그 액수가 유책배우자의 유책 정도에 따라 통상 500만 원에서 5,000만 원 사이에서 정액화되어 있는 반면, 재산분할은 부부공동재산의 양에 따라 아주 적게는 수백만 원 많게는 수십억 원까지 이를 수 있고, 이 때 재산분할을 정하는데 있어 유책배우자인지 여부는 전혀 고려대상이 아니다. 유책배우자의 유책행위에 대한 책임은 전적으로 위자료로서만 평가된다.

세 번째로는 "위자료조로 많게는 몇 억 혹은 몇 십억까지 받을 수 있는 것으로 알고 있는 경우"이다. 이는 재산분할과 혼동해서 발생하는 문제이기도 하지만 그렇지 않은 경우도 있다. 법률 상담시 "위자료로 3,000만 원 정도를 받을 수 있겠다."라고 하면, 통상 "내가 혼인기간 내내 겪은 고통이 얼마인데 고작 그 돈이냐?"라고 하면서 억울해 하시곤 한다. 충분히 이해는 가지만 현재 대한민국에서 인정해주는 위자료는 매우 인색하다. 예컨대 사람이 잔인하게 살해당해도 그 위자료는 고작 5,000~8,000만 원 정도를 인정해주니 말이다. 하지만 예외적으로 재산분할에 관한 입증이 곤란하거나 자녀에 대한 입양문제가 관여된 경우에는 그러한 사정을 위자료 산정에 있어서 고려하기도 하며 위자료 액수를 1억 원까지 인정해주는 경우도 가끔 있다.

위자료의 의미 및 산정기준

위자료는 피해자가 받은 정신적 고통에 대하여 혼인을 파탄에 이르게 한 유책배우자 혹은 과실 있는 상대방으로부터 받는 손해배상을 의미한다. 이혼의 경우는 물론 약혼해제, 혼인취소, 혼인무효 등의 경우에도 인정된다. 사실혼의 경우에도 유책배우자에 대하여 위자료를 청구할 수 있음은 물론이다.

> 위자료 산정기준에 관하여 판례는
> "이혼 등의 불법행위로 인하여 상대방에게 입힌 정신적인 고통을 위자(慰藉)하기 위한 금액의 산정은 재산상의 손해와 달라서 반드시 이를 증거에 의하여 입증할 수 있는 성질의 것이 아니므로, 법원은 여러 가지 사정을 참작하여 직권에 의하여 그 액수를 결정할 수 있는 것인데,
> 즉, 책임 있는 배우자(유책배우자)에 대한 위자료 액수를 산정함에 있어서도 <u>유책행위에 이르게 된 경위와 정도, 혼인관계 파탄의 원인과 책임, 배우자의 연령과 재산상태 등 변론에 나타나는 모든 사정을 참작하여 법원이 직권으로 결정할 수밖에 없다</u>"고 판시하고 있다(대법원 2004. 7. 9. 선고 2003므2251, 2268 판결, 대법원 1987. 10. 28. 선고 87므55 판결).

결국 위자료의 산정은 법원이 직권으로 결정할 사항이지만, 실무상으로는 이혼의 사유, 유책의 정도 및 횟수, 우리 측 배우자의 과실유무와 정도, 동거 혹은 혼인기간, 재산 상태 및 생활의 정도, 자녀의 출산여부, 배우자의 연령 그리고 실제로 당사자가 당한 정신적인 고통의 크기 등이 위자료 산정에 있어서 가장 중요한 요소로 작용하고 있다.

따라서 ① 이혼사유가 부당한 대우 혹은 부정한 행위일수록 그리고 그 횟수가 여러 번 그리고 오랜 시간에 걸쳐 지속되었을수록, ② 유책배우자가 유책행위에 이르기까지 우리 측 배우자가 제공한 과실의 정도가 적을수록, ③ 혼인기간이 길수록, ④ 재산상태 혹은 생활의 정도가 부유할수록, ⑤ 자녀를 출산했을수록, ⑥ 자녀를 부양하는 양육자일수록, ⑦ 당사자가 실제로 당한 정신적인 고통의 크기가 클수록 ⑧ 상간자가 여러 명일수록[14] 위자료액수가 커지며, 대개 500만 원에서 5,000만 원 사이에서 위 사정을 고려하여 인정되고 있다. 물론 본인이 받은 정신적인 고통이 5,000만 원으로는 위자될 수 없는 정도이고 이러한 사정이 충분히 주장되고 입증된다면, 그 액수는 5,000만 원 이상으로도 인정될 수 있다.

위자료는 유책사유의 존재를 안 날로부터 3년, 유책사유가 있었던 날로부터 10년 이내에 청구하여야 하고, '재판상 이혼'뿐만 아니라 '협의이혼'의 경우에도 배우자에게 유책행위가 있다면 위자료를 청구할 수 있음은 물론이다.

부부 중 일방이 아닌 시부모, 장인, 장모, 간통의 상대방 등과 같이 제3자의 가해행위로 인하여 이혼에 이르게 되었다면 그 제3자를 상대로도 위자료청구를 할 수 있고, 배우자와 제3자의 공동책임으로 이혼에 이르게 되었다면 배우자와 제3자 모두를 상대로 위자료를 청구할 수 있다.

---

14 여러 명과 부정행위를 한 배우자에게 5,000만 원의 위자료지급을 명한 사례가 있다[부산가정법원 2015. 7. 2. 선고 2013드합2248(본소), 2013드합2255(반소) 판결 참조].

위자료 지급불이행 시 조치

이행명령신청 [작성례 7]

위자료를 지급하라는 판결이 있었음에도, 그 의무자가 이를 지급하지 않는다면, 법원에 이행명령을 신청한다 권리자로부터의 이행명령신청이 있으면 법원은 의무자에게 일정한 기간 내에 그 의무를 이행할 것을 명하고, 의무자가 법원의 이행명령에도 불구하고 이에 따르지 않으면, 법원은 직권 또는 권리자의 신청에 의하여 1천만 원 이하의 과태료를 부과한다.

감치명령신청 [작성례 8]

위 이행명령의 내용이 "금전의 정기적 지급을 명하는 것"이었다면, 그 불이행시 과태료부과의 대상이 될 뿐만이 아니라 감치의 대상도 된다. 즉 법원으로부터 금전의 정기적 지급을 명하는 이행명령이 있었음에도 불구하고 그 의무자가 정당한 이유 없이 3기 이상 정기금의 지급의무를 이행하지 않으면 감치명령을 신청해서 유책배우자를 감치시킬 수 있다.

이 경우 유의해야 할 점은, 감치명령을 신청할 수 있는 경우는 이행명령이 위자료 총액을 분할해서 지급하라는 내용 즉 '금전을 정기적으로 지급하라.'는 내용으로 이행명령이 된 경우에 한하므로 유책배우자의 불이행시 유책배우자를 감치시키고 싶다면 이행명령을 신청하면서 돈을 정기적으로 지급하도록 명령해달라고 신청해야 한다.[15]

권리자로부터의 감치명령신청이 있으면, 법원은 유책배우자에게 감치를 명함으로써 그 의무를 이행할 때까지 유책배우자를 30일의 범위 내에서 경찰서 유치장이나 교도소, 구치소 등에 유치하며, 법원은 감치하기 위해 법원직원, 교도관 또는 경찰관으로 하여금 즉시 유책배우자를 구속하게 할 수 있다.

따라서 법원으로부터 위자료를 정기적으로 지급하라는 내용의 이행명령이 있었음에도 불구하고 유책배우자가 정당한 이유 없이 불이행하는 경우에 1기 내지 2기의 불이행시 곧바로 과태료부과신청을 하여 유책배우자로 하여금 과태료를 부과받도록 한 이후, 곧이어 3기까지의 불이행이 있으면 다시 한 번 감치명령을 신청해서 유책배우자를 감치시킬 수 있는 것이다.

결국 법원의 이행명령 불이행에 대한 제재는 과태료의 제재와 감치의 제재가 있는 것인데, 과태료와 감치의 제재를 동시에 과하는 것은 허용되지 않으므로 불이행이 3기에 이르기 전에 과태료부과신청을 서둘러 해야 한다. 그래야 유책배우자가 과태료 제재를 받은 이후에 3기의 불이행시 또다시 감치명령

---

15 예컨대, "피신청인은 신청인에게 위자료 3,000만 원을 6회에 나누어 2014. 6.부터 2014. 11.까지 매월 500만 원씩을 매월 말일에 지급하라."

을 신청함으로써 유책배우자를 감치시킬 수 있기 때문이다. 유의할 점이다.

감치명령을 당하고도 계속해서 이행하지 않으면, 이행명령과 과태료부과 감치명령을 반복해서 신청함으로써 유책배우자를 압박하면 된다.

가사조사관에 의한 조사명령신청

위자료 채무자로서는 심문기일에 출석해야 하고, 불이행시 과태료가 부과되며 감치까지 당하게 되므로 엄청난 압박이 된다. 이에 더하여 위자료 채무자를 더 압박하고 싶다면 가사소송규칙 122조를 이용해볼 만하다.

즉 가사소송규칙 제122조는 "가정법원은 권리자의 신청이 있는 때에는, 이행명령을 하기 전이나 후에, 가사조사관으로 하여금 의무자의 재산상황과 의무이행의 실태에 관하여 조사하고, 의무이행을 권고하게 할 수 있다."라고 규정하고 있으므로, 위 규정에 의하여 가사조사관에 의한 조사명령을 신청하면, 위자료채무자는 가사조사관의 조사에 응하기까지 해야 하므로 더한 압박이 된다. 가능한 모든 수단을 동원해서 압박하다 보면 돈은 나오게 되어 있다.

강제집행

유책배우자 소유의 재산이 있다면, 위자료지급을 명하는 판결문을 가지고 유책배우자 소유의 재산에 대하여 강제집행할 수 있다. 그 재산에는 부동산, 채권, 유체동산 등을 포함한다.

내가
이혼전문
변호사다

IV

재산분할

재산분할 문제는 혼인기간 동안 부부가 공동으로 형성한 재산을 그 기여도에 따라 공평하게 나누는 문제이다.
부부공동재산 형성에 기여한 정도의 크기를 효과적으로 주장·입증하는 만큼 가져올 수 있다 보니 그 재산분할액수의 크기는 주장·입증의 능력에 따라 크게 좌우된다. 사실 여기서 소송 실력이 가름된다고 해도 과언이 아니다.

이혼하게 되면 협의이혼이든 재판상 이혼이든 재산분할 문제가 따르기 마련이다.
사실 이혼소송에서 가장 치열하게 다투어지는 문제가 바로 재산분할이다. 위자료야 유책배우자가 제아무리 많은 잘못을 했더라도 통상 인정되는 돈은 많아야 3,000~5,000여만 원이다 보니, 위자료에 대한 승소의 대가는 그리 크지 않다. 게다가 위자료는 유책사유에 따라 거의 정액화되어 있는 실정이기도 하다.

하지만 재산분할은 그 재산형성의 기여도, 특유재산인지여부, 재산분할의 대상이 되는 재산을 얼마만큼 찾아내는지 여부 등에 따라 적게는 수백만 원에서 많게는 수십, 수백억 원에 이르기까지 그 금액의 편차는 매우 크다. 통상 이혼소송을 수행하면서 금액의 편차가 큰 재산분할 문제는 놔두고 승소의 대가가 크지 않은 위자료 문제 즉 상대방의 유책행위만을 가지고 열심히 싸우곤 하는데 그런 경우를 보면 매우 안타깝다. 힘을 써야 할 곳에 써야 하는데 사소한 곳에 쓰고 있으니 말이다.

물론 사건마다 다르겠지만 재산액수가 좀 되는 경우에는 이혼소송에서 가장 힘써야 할 문제는 단연 재산분할 문제다. 따라서 이혼을 생각하고 있거나 혹은 이미 소송 중이라면 이러한 점을 정확히 알고 있을 필요가 있다. 의뢰인이 이러한 점을 모르면 변호사도 의뢰인의 요청에 따라 정작 중요한 재산분할 문제는 놔두고 '서로 누가 더 잘못했느냐'하는 문제만 가지고 시간을 소비할 수밖에 없으니 말이다.

따라서 다른 건 몰라도 본서를 통해서 이혼소송에서 재산분할 문제를 중심으로 다투어야 한다는 점만이라도 알게 되었다면 큰 수확이 아닐 수 없다.

재산분할의 의미

　혼인기간 중 부부가 공동으로 형성한 재산을 그 기여도에 따라 분할하는 방법으로 청산함과 아울러 능력 있는 당사자 일방이 이혼 후 생활능력이 부족한 배우자 일방을 부양할 수 있도록 하는 사회보장적 의미에서 인정되는 권리이다.

　여기서 부부가 공동으로 형성한 재산이라 함은 원칙적으로 혼인 중 "당사자 쌍방의 협력"으로 이룩한 재산을 말하는데, 당사자 쌍방의 협력에는 직업을 갖고 경제활동을 하여 소득을 얻는 등 직접적, 실질적, 적극적인 협력은 물론, 가사를 전담하는 등 내조 등에 의한 간접적인 협력도 포함된다.

　이혼의 경우에는 물론 사실혼관계 해소나 혼인취소 시에도 재산분할을 청구할 수 있다. 다만 혼인무효의 경우에는 혼인무효판결이 확정되면 혼인이 처음부터 성립하지 않았던 것과 같은 효과가 발생하므로, 법리상 재산분할은 청구할 수는 없고, 부당이득반환을 청구해야 한다.

재산분할의 대상이 되는 재산

부부 일방의 명의로 되어 있는 재산

재산분할은, 앞서 이미 설명한 바와 같이, 혼인기간 중 부부가 공동으로 형성한 재산을 당사자의 그 기여도에 따라 재산을 분할하는 것이므로, 그 명의가 누구로 되어 있든 실제로 부부가 공동으로 형성한 재산이라면 모두 재산분할의 대상이 된다. 따라서 그 소유명의가 부부 중 누구의 명의로 되어있는지는 중요하지 않다. 즉 부부 중 일방의 명의로만 되어 있더라도 혼인 중에 취득한 재산이면 통상 부부공동으로 형성한 재산으로 취급된다.

명의신탁된 재산

또한 그 소유명의가 제3자 명의로 되어 있더라도 실질적으로 부부가 공동으로 형성한 재산인 이상 재산분할의 대상이 된다(대법원 2009. 11. 12. 선고

2009므2840 판결). 다만 그 입증이 문제인데, 통상 그 부동산에 대한 세금을 제3자가 아닌 부부가 냈다거나, 담보대출에 대한 이자를 제3자가 아닌 부부가 지급한 내역 및 그 매수대금을 부부가 충당한 사실 등을 가지고 입증할 수 있다.

반대로 그 소유명의가 부부 일방 또는 쌍방의 명의로 되어 있더라도, 실질적으로는 제3자의 소유인 경우에는 재산분할의 대상이 되지 않는다. 다만 이와 같이 그 소유명의와 실질적 소유자가 다르게 되어 있는 경우, 부동산실권리자 명의등기에 관한 법률(일명 '부실법'이라 한다.)에서 금지하고 있는 명의신탁에 해당되어 과태료 및 벌금, 세금추징 등을 당할 수 있으므로, 그 주장에 있어서 신중을 기할 필요가 있다. 상대방이 명의만 자신명의로 되어있을 뿐 실질적으로는 제3자 소유라고 주장함으로써 재산분할 대상이 되는 재산에서 제외하려고 하면, 필자는 제3자에게 명의신탁 여부의 사실을 묻는 내용증명을 보내는 등의 방법으로 부실법 위반시 당하게 될 과태료, 벌금, 세금추징 등의 불이익을 고지한다. 그렇게 하면 많이 유리한 결과를 가져올 수 있다.

장래의 수입, 자격증

부부가 혼인한 후 부부 일방이 상대방을 물심양면으로 지원하여 상대방으로 하여금 전문의나 변호사 등 전문자격을 취득하게 하였는데, 자격취득 후 얼마 지나지 않아서 이혼을 하게 되는 경우가 있다.

그런 경우에는 앞으로 상대방에게 수입이 예상된다는 점을 주장하면, 법원은 그러한 사정을 고려하여 재산분할의 액수와 방법을 정한다. 다만 현재 재산분할대상이 되는 재산이 거의 없어 재산분할이 불가능한 경우에는 재산분할이 아니라 위자료 액수를 높게 책정하여 인정하는 경우도 있다.

혼인파탄 후 취득한 재산

혼인이 파탄되어 별거하는 중에 부부 일방이 재산을 취득하는 경우가 종종 있다. 원칙적으로 그 재산은 분할의 대상이 되지 않는데, 이는 부부가 공동의 노력으로 형성한 재산이라고 볼 수 없기 때문이다. 그러나 예컨대 별거 이후 처가 계속해서 남편의 부모님을 병구완하면서 봉양하고, 자녀들을 교육시켜 내조한 사안과 같이, 타방이 그 재산의 형성이나 유지에 간접적으로나마 기여했다고 평가된다면, 별거 후 취득한 재산도 분할의 대상이 될 수 있다. 실제로 위 예로 든 사안에서 판례는 별거 이후 남편이 취득한 재산에 대한 처의 기여도를 인정해서 재산분할의 대상으로 삼았다(서울가정법원 2000.07.06. 선고 98드96753 판결).

퇴직금, 향후 수령할 퇴직연금, 명예퇴직금, 국민연금 등도 재산분할이 되나?

퇴직금

퇴직금이 재산분할의 대상이 되는지가 문제인데,

판례는 약 19년 동안 ① 퇴직금을 이미 받았거나 퇴직일과 수령할 퇴직금이 확정된 경우에만 혼인기간 중에 제공한 근로의 대가에 해당하는 퇴직금 부분이 재산분할의 대상이 되고(대법원 1995. 3. 28. 선고 94므1584 판결 참조), ② 퇴직일과 퇴직금이 확정되지 않은 경우에는 그가 장차 퇴직금을 받을 개연성이 있다는 사정만으로 그 장래의 퇴직금을 청산의 대상이 되는 재산에 포함시킬 수 없고, 장래 퇴직금을 받을 개연성이 있다는 사정은 재산분할의 액수와 방법을 정하는 데 필요한 '기타 사정'으로 참작되면 족하다는 입장을 견지해왔다(대법원 1998. 6. 12. 선고 98므213 판결).

그러나 대법원은 2014. 7. 16. 전원합의체판결로 종전까지의 입장을 변경하였다.

즉 근로자퇴직급여보장법, 공무원연금법, 군인연금법, 사립학교교직원 연금법이 각 규정하고 있는 퇴직급여는 사회보장적 급여로서의 성격 외에 임금의 후불적 성격과 성실한 근무에 대한 공로보상적 성격도 지니는 것이 고(대법원 1995. 9. 29. 선고 95누7529 판결, 대법원 1995. 10. 12. 선고 94다36186 판결 등 참조), 이러한 퇴직급여를 수령하기 위하여는 일정기간 근무할 것이 요구되므로, 그와 같이 근무함에 있어 상대방 배우자의 협력이 기여한 것으로 인정된다면 그 퇴직급여 역시 부부 쌍방의 협력으로 이룩한 재산으로써 재산분할의 대상이 된다고 판시하였다(대법원 2014. 7. 16. 선고 2013므2250판결).

위 전원합의체판결은 워낙 파급효과가 큰 만큼 판결이유 전문을 Box 안에 소개한다.

> 퇴직급여채권은 퇴직이라는 급여의 사유가 발생함으로써 현실화되는 것이므로(대법원 1992. 09. 14. 선고 92다17754 판결, 대법원 2014. 04. 24. 선고 2013두26552 판결 등 참조), 이혼 시점에서는 어느 정도의 불확실성이나 변동가능성을 지닐 수밖에 없다. 그러나 그렇다고 하여 퇴직급여채권을 재산분할의 대상에서 제외하고 단지 장래의 그 수령가능성을 재산분할의 액수와 방법을 정하는데 필요한 기타 사정으로만 참작하는 것은 부부가 혼인 중 형성한 재산관계를 이혼에 즈음하여 청산, 분배하는 것을 본질로 하는 재산분할제도의 취지에 맞지 않고, 당사자 사이의 실질적 공평에도 반하여 부당하다. 이는 다음과 같은 점을 고려할 때 더욱 그러하다.
>
> (1) 현실에서는 정상적으로 퇴직급여를 수령하는 경우가 훨씬 많은데, 위와 같은 불확실성이나 변동가능성을 이유로 퇴직급여채권을 재산분할의 대상에서 완전히 제외할 경우 오히려 불공평한 결과를 초래할 가능성이 크다. 특히 이혼 전에 퇴직한 경우와 비교하여 보면 현저한 차이가 발생하여, 혼인생활의 파탄에도 불구하고 퇴직급여를 수령할 때까지 이혼시기를 미루도록 사실상 강제하는 결과를 초래할 수 있다.

(2) 퇴직급여채권을 재산분할의 대상에서 제외하고 기타 사정으로만 참작할 경우에는 실제 어느 정도로 참작할지 그 기준이 명확하지 않고, 분할할 다른 재산이 없는 경우에는 아예 재산분할을 할 수 없으므로 공평한 재산분할을 담보하기 어렵다.

(3) 재산분할의 대상으로 인정되고 있는 다른 재산도 정도의 차이가 있을 뿐 장래 그 경제적 가치가 변동할 수 있고, 특히 채권은 기본적으로 장래 이행되지 않을 가능성이 내포되어 있다.

(4) 근로자는 퇴직하기 전에도 근로자퇴직급여보장법 제8조 제2항의 요건을 갖추면 계속 근로기간에 대한 퇴직금을 미리 정산하여 지급받을 수 있고, 일반적으로 퇴직하기만 하면 그때부터 14일 이내에 퇴직급여를 받을 수 있다는 점에서 퇴직급여채권은 이행기의 정함이 없는 일반 채권과 실질적으로 큰 차이가 없고, 같은 법 제12조가 퇴직급여의 우선변제를 규정하고, 같은 법 제44조가 퇴직급여지급의무를 위반한 사용자의 형사처벌을 규정하고 있는 점을 고려하면 오히려 일반 채권보다 이행가능성이 크다고 볼 수도 있다.

위와 같은 재산분할제도의 취지 및 여러 사정들에 비추어 볼 때, 비록 이혼 당시 부부 일방이 아직 재직 중이어서 실제 퇴직급여를 수령하지 않았더라도 이혼소송의 사실심 변론종결시에 이미 잠재적으로 존재하여 그 경제적 가치의 현실적 평가가 가능한 재산인 퇴직급여채권은 재산분할의 대상에 포함시킬 수 있으며, 구체적으로는 이혼소송의 사실심 변론종결시를 기준으로 그 시점에서 퇴직할 경우 수령할 수 있을 것으로 예상되는 퇴직급여 상당액의 채권이 그 대상이 된다고 할 것이다.

명예퇴직금

그렇다면 명예퇴직을 하면서 퇴직금 이외에 별도로 받은 명예퇴직금도 재산분할의 대상이 될까? 이미 받은 퇴직금은 위에서 살펴본 바와 같이 재산분할의 대상이 됨에 의문이 없을 것이나, 명예퇴직금까지 재산분할의 대상으로 삼을 수 있을지가 의문이다. 결론적으로 말하자면, 재산분할의 대상으로 삼을 수 있다.

> 즉 이혼소송의 사실심 변론종결 당시에 부부 중 일방이 직장에서 일하다가 명예퇴직을 하고 통상의 퇴직금 이외에 별도로 명예퇴직금 명목으로 돈을 이미 수령하였다면, 명예퇴직금이 정년까지 계속 근로함으로써 받을 수 있는 수입의 상실이나 새로운 직업을 얻기 위한 비용지출 등에 대한 보상의 성격이 강하다고 하더라도, 일정기간 근속을 요건으로 하고 상대방 배우자의 협력이 근속 요건에 기여하였다면, 명예퇴직금 전부를 재산분할의 대상으로 삼을 수 있다.
>
> 다만 법원은 상대방 배우자가 근속요건에 기여한 정도, 이혼소송 사실심 변론종결일부터 정년까지의 잔여기간 등을 재산분할의 액수와 방법을 정하는 데 필요한 기타 사정으로 참작할 수도 있다(대법원 2011. 07. 14. 선고 2009므2628 판결).

국민연금

일반 직장인들에게 퇴직금과 국민연금이 있듯이, 공무원, 사립학교교직원, 별정우체국직원, 군인 등에게는 일반 직장인들의 퇴직금에 비견되는 퇴직수당과 일반 직장인들의 국민연금에 비견되는 공무원연금, 사학연금,

별정우체국연금, 군인연금 등이 있고, 이들 ① 국민연금과 ② 공무원연금, ③ 사학연금, ④ 별정우체국직원연금, ⑤ 군인연금 등을 총칭하여 5대 공적연금이라고도 한다.

이들 5대 공적연금들 중 ① 국민연금에 대해서는 국민연금법에서, ② 사학연금에 대해서는 사립학교교직원연금법에서, ③ 공무원연금에 대해서는 공무원연금법에서, ④ 별정우체국직원연금에 대해서는 별정우체국법에서, ⑤ 군인연금에 대해서는 군인연금법에서 각 규정하고 있는데,

각 연금법은 궁극적으로는 통일성을 이루는 방향으로 점차 개정되고는 있지만, 기본적으로는 각 법률마다 그 시기를 달리하여 그리고 개별적으로 개정되고 있기 때문에 각 연금제도마다 조금씩 그 제도·내용에 있어서 차이를 보이고 있다.

우선 기준이 되는 국민연금법에서 규정하고 있는 분할연금청구제도를 간략이 요약해보자면,

원칙적으로 "① 혼인기간이 5년 이상 되고, ② 혼인기간 중 연금을 납부한 기간도 5년 이상이 되는 경우에, ③ 이혼한 배우자가 노령연금 수급권자가 되고, 자신의 나이 또한 수급연령에 이른 날로부터 ④ 5년 이내에 국민연금관리공단에 분할연금의 지급을 신청하면 ⑤ 연금납부기간 중 혼인기간에 해당하는 연금액의 50%를 지급받는다."는 내용으로 요약될 수 있다.

본인도 자신의 국민연금을 일시금이 아닌 연금형태로 받기 위해서는 가

입기간이 10년 이상이어야 한다는 자격조건이 있듯이, 이혼 시 그 배우자가 국민연금에 대한 분할연금을 청구해서 받을 수 있기 위해서는 4가지 조건이 필요하다.

그 조건들을 차례대로 살펴보면,

우선 혼인기간 중 배우자의 재직기간이 5년 이상이 되어야 한다. 이때 기간을 계산할 때에는 별거와 가출 등의 사유로 인하여 실질적인 혼인관계가 존재하지 않았던 기간은 제외되는데, 제외되는 기간은 구체적으로 실종기간, 주민등록법상 거주불명으로 등록되었던 기간, 실질적인 혼인관계가 존재하지 않았다고 당사자들 간에 합의가 되었거나 재판 등에 의해 인정된 기간 등 4가지의 경우이다.

그리고 두 번째로는 배우자의 국민연금에 대해서 분할연금을 청구하기 위해서는 이혼이 된 상태여야 하고, 이혼이 안된 상태에서는 배우자의 국민연금에 대해서 분할해달라는 청구를 할 수 없다.

세 번째로는 이혼 후 배우자였던 사람이 일반수급이든 조기수급이든 일단 국민연금(노령연금)을 수령받고 있어야 한다.

국민연금을 받을 수 있는 나이는 아래와 같이 출생연도에 따라서 각각 다른데, 출생연도가
  1953년 이전이면 60세,
  1953년~56년생은 61세,

1957년~60년생은 62세,

1961년~64년생은 63세,

1965년~68년생은 64세,

1969년생 이후인 경우에는 65세부터 받는다.

그리고 일정한 경우에 본인의 희망에 다라 그보다 최대 5년 앞서 조기수급할 수 있는데, 하여튼 이혼 후 배우자였던 사람이 받을 국민연금 일부를 분할해서 받기 위해서는 배우자였던 사람이 일반수급이든 조기수급이든 국민연금을 이미 받고 있어야 한다.

마지막 네 번째로는 본인도 국민연금을 받을 수 있는 연령이 되어야 하므로, 위에서 언급한 대로 출생연도가

1953년 이전이면 60세,

1953년~56년생은 61세,

1957년~60년생은 62세,

1961년~64년생은 63세,

1965년~68년생은 64세,

1969년생 이후인 경우에는 65세가 되어야 분할연금을 받을 수 있다.

이때 주의할 점은 분할연금의 경우는 조기수급이 불가능하므로 본인이 아무리 희망해도 5년 앞당겨 조기수급청구를 할 수 없고, 위에서 언급한 국민연금 일반수급연령에 이르러야 한다.

분할연금은 위와 같은 4가지 분할연금수급 자격조건이 모두 갖추어진 때로부터 5년 안에 국민연금관리공단에 신청을 할 수 있다.

다만, 위 4가지 조건을 모두 갖추기 전이라도 선청구를 할 수 있는데, 선청구는 이혼한 날로부터 3년안에 할 수 있고, 선청구한 경우에도 물론 위에서 설시한 모든 요건이 충족한 때부터 분할연금을 받을 수 있다.

위 선청구기간과 후청구기간을 모두 놓친 경우에는 분할연금을 받을 수 없게 되므로, 청구기간을 반드시 준수해야 하는데, 그렇기 때문에 이혼과 동시에 선청구를 해 두는 것이 좋다.

분할연금을 청구할 때에는 본인의 ① 가족관계증명서, ② 혼인관계증명서, ③ 주민등록초본, ④ 주민등록등본 각 1부씩 그리고 신분증을 지참하면 된다.

분할연금을 신청하면 혼인기간 중에 적립된 국민연금의 50%를 연금형태로 받을 수 있는데, 여기서 50%는 부부간에 별도의 합의나 판결에 의해서 정해진 바가 없는 경우에 받는 비율이므로, 50%를 분할해주거나 분할받는 것이 억울한 경우에는 다른 비율로 부부간에 합의를 해보고 합의가 안되면 이혼소송이나 재산분할청구소송을 제기해서 그 비율을 바꿀 수 있다.

위와 같은 절차에 따라 분할연금을 받고 있는 중에 배우자였던 사람이 사망하는 등의 이유로 국민연금 지급이 정지되거나 소멸되는 경우에도 분할연금을 받는 것에는 영향을 미치지 않지만, 반대로 배우자였던 사람이 이혼 후 국민연금 수급권을 취득하기 전에 사망하면, 분할연금을 받을 수 없게 된다. 이 점 유의할 필요가 있다.

그리고 혼인기간이 5년이 안되거나 5년 이상이 되더라도 혼인기간중 가입기간이 5년 이하인 경우에는 분할연금을 청구할 수 없기 때문에 혼인기간동안 적립된 국민연금을 재산분할대상 재산으로 편입해서 재산분할 받아야 한다.

공무원연금 · 사학연금 · 별정우체국직원연금

사학연금법은 사학연금에 대해서 공무원연금법을 그대로 준용하고 있고, 별정우체국법은 연금에 대해서 공무원연금법과 동일한 내용으로 규정하고 있기 때문에, 이 세 가지 연금제도는 내용이 동일하다.

우선 공무원연금과 사학연금, 별정우체국연금(이하 이 셋을 통칭하여 편의상 "공무원연금 등"이라 한다.)은 일시금을 재산분할비율에 따라 분할받을 수도 있고, 분할연금청구제도를 통해서 재산분할받을 수도 있다.

공무원연금법 등에서 규정하고 있는 연금제도에 대해서 살펴보자면, 공무원 등으로 10년 이상을 재직한 경우에는 퇴직급여를 퇴직연금으로 받을 자격이 부여되는데, 퇴직할 시 퇴직급여를 퇴직연금으로 받을지 아니면 일시금으로 받을지, 또는 연금으로 받되 10년이 넘는 기간의 일부를 일시금으로 지급받을지를 선택할 수 있다.

따라서 공무원연금 등의 경우에는 ① 퇴직급여를 일시금으로 수령한다고 할 때 받을 수 있는 일시금의 액수가 언제나 특정 가능하므로, 공무원 등의 배우자는 이혼 시 공무원 등이 퇴직한다고 가정할 때 받을 수 있는 일시금 액수를 사실조회신청 등의 방법으로 조회한 다음, 그 금액 중에서 혼인기간에 해당하는 기간에 비례하는 금액을 재산분할 비율에 따라 그 분할을 청구할 수도 있고, ② 분할연금청구제도를 통해서 재산분할을 연금형태로 분할해서 받을 수도 있다.

다만 분할연금청구를 통해서 재산분할을 연금형태로 받기 위해서는 4가지 요건이 필요한데 즉,

우선 혼인기간 중 배우자의 재직기간이 5년 이상이 되어야 한다. 따라서 혼인기간이 5년이 채 안 되거나 5년 이상이 되더라도 혼인기간 중 배우자의 재직기간이 5년이 안 되는 경우에는 이혼 후 분할연금을 청구할 수 없다.

그리고 이때 기간을 계산할 때에는 별거나 가출 등의 이유로 실질적으로 혼인관계가 존재하지 않았던 기간은 제외되는데, 구체적으로 1) 실종기간, 2) 주민등록법상 거주불명으로 등록된 기간 3) 부부간의 합의나 재판 등으로 혼인관계가 존재하지 않았다고 인정된 기간을 말한다.

그리고 두 번째 요건으로 분할연금청구는 이혼을 한 후에만 청구할 수 있고, 그 이혼은 2016년 1월 1일 이후에 했어야 한다.

이혼상담을 하다 보면, 배우자가 퇴직 후 공무원연금 등을 받아 혼자 모두 쓴다면서 이를 분할해서 받을 방법이 없느냐고 묻는 분들이 간혹 있다. 이 경우 부양료청구소송을 해서 배우자가 받는 공무원연금 등의 일부를 부양료로 받는 방법이 있긴 하지만 별도로 분할연금을 청구할 수는 없다.

그리고 이혼은 분할연금청구제도가 생긴 2016년 1월 1일 이후에 했어야만 하고, 그 이전에 이혼한 경우에는 분할연금청구를 할 수 없다. 이는 국민연금법과 다르게 공무원연금법 등이 부칙에 해당 규정을 두고 있기 때문이다.

세 번째 요건으로는 공무원 등이었던 전배우자가 연금수급연령에 도달해서 실제로 연금을 받고 있어야 한다.

참고로 연금수급연령은

1) 2016년부터 2021년까지는 60세,

2) 2022년부터 2023년까지는 61세

3) 2024년부터 2026년까지는 62세

4) 2027년부터 2029년까지는 63세

5) 2030년부터 2032년까지는 64세

6) 2033년부터는 65세이고,

다만 연금수급연령에 이르기 최대 5년 전부터 본인의 신청에 의해서 일정부분 삭감된 조기퇴직연금을 수령할 수 있는데,

이때 삭감되는 비율은

1) 미달연수 1년 이내에는 퇴직연금 상당액의 95퍼센트

2) 미달연수 1년 초과 2년 이내에는 퇴직연금 상당액의 90퍼센트

3) 미달연수 2년 초과 3년 이내에는 퇴직연금 상당액의 85퍼센트

4) 미달연수 3년 초과 4년 이내에는 퇴직연금 상당액의 80퍼센트

5) 미달연수 4년 초과 5년 이내에는 퇴직연금 상당액의 75퍼센트

등이다.

결국 공무원 등이었던 전배우자가 일반수급이든 조기수급이든 실제로 연금을 받고 있어야 분할연금을 청구할 수 있는 것이다.

그리고 마지막 요건으로 반드시 본인도 연금수급연령이 되어야 한다.

따라서 위에서 언급한 대로 본인도

1) 2016년부터 2021년까지는 60세,
2) 2022년부터 2023년까지는 61세
3) 2024년부터 2026년까지는 62세
4) 2027년부터 2029년까지는 63세
5) 2030년부터 2032년까지는 64세
6) 2033년부터는 65세가

각각 되어야 비로소 분할연금을 청구해서 받을 수 있고, 다만 이때 주의할 점은 분할연금청구의 경우에는 반드시 일반수급연령에 도달하여야 하고 조기수급청구는 불가능하다는 점이다.

위와 같은 4가지 요건 모두가 충족되면, 그 충족된 날로부터 3년 내에 공무원관리공단 등에 분할연금을 청구할 수 있는데, 위와 같은 모든 요건이 충족되기까지 기간이 많이 남아있는 경우를 대비해서 최근에 선청구제도가 신설되었는데, 선청구는 이혼한 날로부터 3년 내에 청구할 수 있다. 선청구를 한 경우에도 연금을 실제로 받는 것은 위 4가지 요건 모두를 충족된 때로부터이다.

그리고 분할연금을 청구할 때에는 ① 혼인관계증명서, ② 가족관계증명서, ③ 주민등록등본, ④ 주민등록초본과 신분증을 지참하면 된다.

위와 같이 분할연금청구를 하게 되면 분할연금 수급요건 4가지를 모두 충족된 때로부터 사망 시까지 분할연금을 받게 되는데, 받게 되는 분할연금 액수는 혼인기간 중 전배우자의 재직기간에 해당하는 금액의 50%이다.

여기서 50%의 비율은 부부 당사자간의 합의나 재판 등을 통해서 정해진 비율이 없을 경우에만 적용되는 것이므로, 그 이상을 받아내고 싶다면 우선 합의를 해보고, 합의가 안되면 재판을 통해서 그 비율을 인정받을 수 있다. 실제로 50% 이상이 인정되는 경우도 매우 많다.

그리고 일단 연금을 분할해서 수급받고 있다면 공무원 등으로 재직했던 전배우자가 추후 형사처벌 등에 의해서 그 지급이 정지 또는 박탈되는 경우를 제외하고는 그 전배우자가 사망하여도 그 분할연금은 계속해서 받을 수 있다. 이 또한 많이 물어오는 질문이다.

그리고 많이 해오는 질문이 또 하나 있는데, 분할연금신청을 했는데 추후 전배우자가 연금을 일시금으로 받게 되면 어떻게 되느냐는 질문을 많이 해오는데, 이 경우에도 분할연금청구권자는 연금형태로 분할연금을 받을 수 있다.

또한 혼인기간이 5년이 채 안 되거나 혼인기간이 5년이 넘더라도 재직기간 중 혼인기간이 5년이 안 되는 경우에는 분할연금을 청구할 수 없으므로, 이 경우에는 혼인기간 동안 적립된 연금액을 별도의 재산분할청구를 통해서 받아내야 한다.

공무원 등의 경우 퇴직하면, 공무원연금 등과는 별도로 퇴직수당 또한 받게 되는데, 퇴직수당에 대해서는 분할연금청구가 안 되므로, 퇴직수당에 대해서는 별도로 재산분할을 받아야 한다.

따라서 이에 대해서 우선 부부간에 합의를 해보고, 합의가 안 되면 소송을 통해서라도 재산분할을 꼭 받아낼 일이다.

군인연금

군인연금에 대해서는 다른 공적연금들과는 다르게 분할연금청구제도를 인정하지 않고 있었는데, 군인연금법이 개정되면서 군인연금에 대해서도 2020년 6월 11일부터 드디어 분할연금을 청구할 수 있게 되었다.

5대공적연금 즉, 국민연금, 공무원연금, 사학연금, 별정우체국연금, 군인연금 중 군인연금을 제외한 모든 공적연금에 대해서 분할연금청구제도가 마련되어 있었지만 유독 군인연금에 대해서만 분할연금청구제도가 인정되지 않아 군인을 배우자로 둔 입장에서는 이혼 시 손해가 이만저만한 게 아니었다.

분할연금청구제도가 국민연금에 대해서는 2007년 7월 23일에 일찍이 마련되었고, 공무원연금과 사학연금, 별정우체국연금에 대해서는 2016년 1월 1일에 마련되었지만, 유독 군인연금에 대해서만 재향군인회 등의 강력한 반대와 국회에 대한 로비로 인하여 분할연금청구제도가 마련되지 않았다.

그러다가 극적으로 2019년에 군인연금에 대해서도 분할연금청구제도가 마련되어, 이젠 군인을 배우자로 둔 사람도 이혼 후 배우자가 받을 군인연금에 대해서 그 일부를 분할해서 생존하는 동안 연금을 받을 수 있게 되어 노후보장이 가능해진 것이다.

하지만 군인 본인도 퇴역 후 군인연금을 일시금이 아닌 연금형태로 받기 위해서는 복무기간이 원칙적으로 20년이 되어야 한다는 요건이 있듯이 분할연금 또한 이를 청구할 수 있기 위해서는 일정한 요건을 충족해야만 하는데, 우선 그 요건부터 알아본다.

분할연금을 청구하기 위해서는 모두 3가지 요건을 충족해야 하는데,

우선 혼인기간 중의 재직기간이 5년 이상이 되어야 한다. 따라서 혼인기간이 채 5년이 안 되거나 5년 이상이 되더라도 혼인기간 중 배우자가 군인으로서 재직한 기간이 5년이 안 되는 경우에는 분할연금을 청구할 수 없다.

이때 기간을 계산할 때에는 별거나 가출 등으로 인해서 혼인관계가 실질적으로 존재하지 않았다고 인정되는 기간은 제외되는데 구체적으로는 1) 실종기간, 2) 주민등록법상 거주불명으로 등록된 기간, 3) 당사자들간에 합의나 재판에 의해서 혼인관계가 실질적으로 존재하지 않았다고 인정된 기간 등을 말한다.

그리고 두 번째로는 반드시 이혼 후에만 분할연금을 청구할 수 있고, 그 이혼은 2020년 6월 11일 이후에 하였어야 한다.

상담을 하다 보면 아이들 때문에 이혼은 하고 싶지 않고 배우자가 받는 군인연금만 분할해서 받고 싶다는 분들이 간혹 계신데, 소득과 현금이 없다는 전제하에 부양료청구소송을 해서 배우자가 받는 군인연금 일부를 부양료로 받아내는 방법이 있긴 하지만, 이혼하지 않은 상태에서 군인연금을 분할해서 국군재정관리단으로부터 직접 분할연금을 받을 수는 없다.

그리고 군인연금법 부칙에 군인연금에 대한 분할연금청구제도가 시행된 2020년 6월 11일 이후에 이혼한 경우에만 분할연금청구가 가능하다고 규정되어 있기 때문에 이혼은 반드시 그 이후에 했어야 한다.

그리고 마지막으로 군인이었던 전배우자가 퇴역연금 즉 군인연금을 받고 있어야 한다.

위와 같은 요건을 모두 충족한 대에는 그 날로부터 5년 내에 국군재정관

리단에 분할연금을 청구할 수 있다. 다만, 그 요건을 모두 충족하기 전이더라도 이혼한 날로부터 5년 내에 선청구를 할 수 있는데, 선청구한 경우에도 실제로 분할연금을 받기 시작하는 때는 위와 같은 세 가지 요건을 모두 충족한 때로부터이다.

선청구기간도 놓치고 후청구기간도 놓치면 분할연금을 받지 못하게 되므로, 청구기간을 꼭 염두에 두어야 한다.

그리고 분할연금을 청구할 때에는 가족관계증명서와 혼인관계증명서 그리고 주민등록 등초본 각 1통 그리고 신분증을 지참하면 된다.

위와 같은 요건과 절차에 따라 분할연금을 신청하면 혼인기간에 비례하는 만큼의 분할연금을 생존하는 동안 받을 수 있는데, 그 액수를 산출하는 공식은

[군인이었던 전배우자가 받는 군인연금 × 혼인기간 중 재직기간/총 재직기간 × 50%]이다.

이혼 후 받을 수 있는 분할연금액수를 위와 같은 공식에 의해서 산출하면 되는데, 이 때 마지막 곱하기를 하는 50%는 부부간에 별도의 합의가 없거나 재판에 의해서 별도로 정해진 바가 없는 경우에만 50%이므로, 50% 이상을 받아내고 싶거나 주는 입장에서 그보다 적게 주고 싶은 경우에는 일단 부부간에 합의를 해보고 합의가 안 되면 소송을 통해서 그 비율을 정하면 된다.

소송으로 가면 재산분할 기여도에 따라 그 비율도 정해지기 때문에 50%로 정해지는 경우보다는 그보다 많게 혹은 적게 인정되는 경우가 더 많다.

그리고 혼인기간이 채 5년이 안 되거나 혼인기간이 5년 이상이더라도 혼인기간 중 재직기간이 5년이 안 되는 경우에는 분할연금을 청구할 수 없으므로, 이 경우에는 혼인기간 중에 적립된 군인연금에 대해서 재산분할 기여도만큼의 재산분할을 받아내야 한다.

재산분할받을 액수는 [이혼일자를 기준으로 군인연금을 일시금으로 받는다고 할 때의 액수 × 혼인기간 중 재직기간 / 총 재직기간 × 재산분할 기여도 비율]의 공식에 따라 계산하면 된다.

또한 상담을 하다 보면, 이혼후 군인이었던 전배우자가 군인연금을 받다가 사망하거나 직장이 생겨 연금수급이 정지되면 분할연금을 받을 수 없게 되느냐는 질문을 많이 하시는데, 일단 분할연금수급자격을 취득한 후에는 전배우자의 수급자격과 무관하게 계속해서 사망하는 날까지 분할연금을 받을 수 있다.

따라서 전배우자가 퇴역 후 군인연금을 받다가 ① 군인이나 공무원 또는 사립학교교직원으로 임용되거나, ② 선거에 의한 선출직 공무원에 취임하거나, ③ 공공기관 중 국가가 전액 출자·출연한 기관에 임직원으로 채용되거나, ④ 지방직영기업·지방공사 및 지방공단 중 지방자치단체가 전액 출자·출연한 기관에 임직원으로 채용되거나, ⑤ 지방자치단체가 전액 출자·출연한 기관에 임직원으로 채용되어 연금수급이 정지되거나 감액되더라도 분할연금을 받는데는 전혀 영향을 미치지 않는다.

다만 전배우자가 재직기간 업무와 관련된 범죄로 형사처벌을 받아 연금수급자격이 상실되거가 정지, 감액되는 경우에는 분할연금 또한 정지되거나 감액된다.

그리고 군인의 경우 퇴직 시 군인연금과는 별도로 퇴직수당을 받게 되는데, 이 퇴직수당에 대해서는 분할연금청구가 되지 않는다.

따라서 이 퇴직수당에 대해서는 별도로 재산분할을 해야 하므로, 일단 부부간에 퇴직수당에 대해서 어떻게 재산분할을 할지에 대해서 합의를 해보고 합의가 안 되면 이혼소송을 통해서라도 재산분할을 받아내야 할 일이다.

특유재산도 재산분할의 대상이 되나?

특유재산이라 함은 예컨대 혼인 전에 취득한 재산이거나 혼인 중에 취득한 재산이라도 부모 등으로부터 상속이나 증여를 받은 재산 또는 이러한 재산을 기초로 하여 형성된 재산과 같이 부부가 공동으로 형성한 재산이 아닌 재산을 말하는데, 그러한 특유재산은 원칙적으로 재산분할의 대상이 되지 않는다.

그러나 그러한 특유재산이라도 다른 한쪽 배우자가 '적극적으로' 그 특유재산의 유지에 협력하여 감소를 방지하였거나 증식에 협력한 경우에는 재산분할의 대상이 된다. 실무적으로는 혼인기간이 장기간 지속된 경우에는 특유재산을 대부분 재산분할의 대상이 되는 재산에 포함시키고 있는 실정이다.

그리고 특유재산이 재산분할대상이 되는 재산에 편입된다 하더라도 그 기여도에 따라 분할비율이 달라진다. 즉 기여도가 거의 없는 경우에는

1%, 기여도가 아주 큰 경우에는 50% 이상으로서 1~50% 이상까지 그 분할비율의 편차가 매우 크므로, 특유재산이 재산분할의 대상이 되는 재산으로 인정된다고 해서 더 이상의 싸움을 단념해서는 안되고 상대방배우자의 기여도를 줄이기 위해서 끝까지 싸워야 한다. 그래서 이혼소송에는 지구력과 투지력, 승부욕이 필요하다.

채무도 재산분할의 대상이 되나?

채무는 원칙적으로 개인채무로서 재산분할의 대상이 되지 않는다.

그러나 공동재산의 형성·유지에 수반하여 부담한 채무이거나 가사를 위하여 부담하게 된 채무라면 재산분할의 대상이 되고, 분할대상인 적극재산에서 채무가 공제되는 등의 방법으로 청산된다(대법원 2010. 4. 15. 선고 2009므4297 판결). 또한 그 채무로 인하여 취득한 특정 적극재산이 남아있지 않더라도 그 채무부담행위가 부부공동의 이익을 위한 것으로 인정될 때에는 혼인 중의 공동재산의 형성·유지에 수반하는 것으로 보아 재산분할의 대상이 된다(대법원 2006. 9. 14. 선고 2005다74900 판결).

따라서 은행으로부터 대출받은 돈으로 유흥업소 접대비로 소비한 외상 술값, 사업실패로 인한 자포자기 상태에서 탕진한 카지노 및 경마장 도박비용 등으로 진 채무를 변제하였다면, 그 은행대출채무는 부부가 공동으로 부담하여야 할 공동채무라고 보기 어려우므로, 재산분할의 대상이 되지 않는다(서울가정법원 2007. 1. 17. 선고 2005드합11046 판결).

더불어 2013년 6월에 나온 중요한 전원합의체판결을 소개한다.

본 판례는 분할대상이 되는 총재산가액에서 공동재산의 형성과 관련된 채무를 공제하고 남은 금액이 없는 경우 즉 채무초과상태인 경우, 종전에는 채무를 분할하자는 재산분할청구가 불가능하다고 판시해왔으나, 채무초과의 경우에도 채무를 분할하자는 재산분할청구가 가능하다고 판시한 사례이다.

> 소극재산의 총액이 적극재산의 총액을 초과하여 재산분할을 한 결과가 결국 채무의 분담을 정하는 것이 되는 경우에도 법원은 채무의 성질, 채권자와의 관계, 물적 담보의 존부 등 일체의 사정을 참작하여 이를 분담하게 하는 것이 적합하다고 인정되면 구체적인 분담의 방법 등을 정하여 재산분할청구를 받아들일 수 있다 할 것이다.
>
> 다만 재산분할청구 사건에 있어서는 혼인 중에 이룩한 재산관계의 청산뿐 아니라 이혼 이후 당사자들의 생활보장에 대한 배려 등 부양적 요소 등도 함께 고려할 대상이 되므로, 재산분할에 의하여 채무를 분담하게 되면 그로써 채무초과 상태가 되거나 기존의 채무초과 상태가 더욱 악화되는 것과 같은 경우에는 채무부담의 경위, 용처, 채무의 내용과 금액, 혼인생활의 과정, 당사자의 경제적 활동능력과 장래의 전망 등 제반 사정을 종합적으로 고려하여 채무를 분담하게 할지 여부 및 분담의 방법 등을 정할 것이고, 적극재산을 분할할 때처럼 재산형성에 대한 기여도 등을 중심으로 일률적인 비율을 정하여 당연히 분할 귀속되게 하여야 한다는 취지는 아니라는 점을 덧붙여 밝혀 둔다(대법원 2013. 6. 20. 선고 2010므4071 전원합의체 판결).

재산분할의 대상이 되는 재산 찾아내기

소송 전 배우자의 재산을 파악해 두면 좋다

일단 이혼을 결심했다면 배우자 명의의 재산을 파악해 두는 것이 필요하다. 부동산은 물론이고, 거래하는 은행, 주식을 투자하는 경우에는 증권사 그리고 보험에 가입한 경우에는 보험사 등을 파악해 두면 좋다. 이 경우 '계좌번호나 주식과 보험종류까지 알아둬야 하느냐?'하는 질문을 많이 받는데, 그럴 필요까지는 없다. 거래하는 은행, 증권사, 보험사 이름 정도만 파악해 둬도 충분하다. 물론 파악해 두지 않았을지라도 나중에 재산명시신청이나 재산조회신청, 사실조회신청, 문서제출명령 등을 통해서 알아낼 수는 있지만 일단 파악해 두면 소송을 신속하게 진행할 수 있는 장점이 있다.

재산명시신청 [작성례 9]

배우자의 재산이 파악되지 않았다면, 우선 재산명시신청을 통해서 배우자의 재산을 찾아내야 한다. 법원은 당사자의 재산명시신청이 있으면, 상대방 당사자에게 상당한 기간을 정하여서 재산상태를 구체적으로 밝힌 재산목록을 제출할 것을 명한다.

재산명시명령을 받고도 정당한 사유 없이 재산목록의 제출을 거부하거나 거짓 재산목록을 제출하면 1천만 원 이하의 과태료가 부과되므로, 재산명시명령에 거부한다거나 재산목록을 거짓으로 제출하기는 쉽지 않다.

재산조회신청 [작성례 10]

재산명시명령을 받고도 재산목록의 제출을 거부하거나 거짓 재산목록을 제출한 경우 또는 기타 재산명시절차에 따라 제출된 재산목록만으로는 재산분할 해결이 곤란한 경우에는 재산조회신청을 함으로써 배우자 명의의 재산을 조회할 수 있다.

재산조회명령을 받은 사람이 정당한 사유 없이 거짓자료를 제출하거나 자료제출을 거부하면 1천만 원 이하의 과태료가 부과되므로, 재산조회명령을 거스르기는 쉽지 않다.

재산조회신청은 1개의 신청으로 여러 기관을 한꺼번에 조회할 수 있다는 편리함과 자료제출 거부시 과태료를 부과함으로써 강제할 수 있다는 장점이 있는 반면에 시간과 금전적인 비용이 많이 든다는 단점이 있다. 따라서 개별적인 사실조회신청을 통해서 재산을 파악하는 것도 비용을 절약하는 한 방법이다.

사실조회신청 및 금융거래정보 제출명령신청

 부동산의 경우는 법원행정처나 국토해양부에 사실조회신청을 함으로써 배우자 명의의 부동산을 찾아낼 수 있고, 은행의 경우는 거래의 개연성이 있는 은행 몇 개에 대하여 사실조회신청을 하면 소급해서 10년 동안의 입출금거래내역을 받아볼 수 있다. 그리고 입출금거래내역을 검토해보면 예금잔액을 알 수 있을 뿐만 아니라, 보험료, 적금, 증권통장이나 배우자 명의의 다른 계좌로 이체한 내역을 추적할 수 있는데, 그렇게 함으로써 감자 캘 때 감자 줄기를 잡아당기면 감자가 줄줄이 따라 나오듯이 상대방배우자의 재산을 연쇄적으로 찾아낼 수 있다.

 하지만 개인에 대한 채권을 가지고 있는 경우에는 그런 방식으로 알아내는 것이 쉽지 않은 경우가 많다. 따라서 개인에 대한 채권은 이혼소송 제기 이전에 차용증을 복사해두거나 채권채무관계를 인정하는 진술을 녹음해 두는 방법으로 그 증거를 확보해 두는 것이 필요하다.

재산분할청구권 보전을 위한 사해행위취소권, 강제집행면탈죄

드물게는 이혼을 미리 계획하고 분할할 재산을 빼돌리기 위해서 재산분할이 될 재산을 매각하거나 증여해 버리는 경우가 있다. 과거에는 이러한 경우에 속수무책이었으나, 2007. 12. 21. 민법 제839조의 3을 신설해서 배우자가 이혼소송 전후에 재산분할이 될 재산을 매각하거나 증여 등의 방법으로 빼돌린 경우에 그 매매나 증여 행위를 취소하고 다시 그 소유권을 찾아올 수 있게 하였다.

그러나 이 경우 그 재산을 매수하거나 증여 등을 받은 사람이 악의[16] 즉 그 매매계약 등에 의하여 재산분할청구권행사를 해한다는 사실을 알고 있어야 하며, 취소원인을 안 날로부터 1년, 법률행위 있은 날로부터 5년 이내에 청구하여야 한다.

또한 간혹 이혼을 요구하는 배우자 일방으로부터 재산분할청구권에 근

---

16 민법에서 '악의'라 함은 '나쁜 뜻'을 의미하는 것이 아니고 '어떤 사실을 알고 있는 것'을 의미한다.

거한 가압류 등 강제집행을 받을 우려가 있는 상태에서 다른 일방의 배우자가 이를 면탈할 목적으로 허위의 채무를 부담하고 소유권이전청구권 보전가등기를 경료하거나 허위로 소유권이전등기를 경료해 두는 경우가 있는데, 이는 강제집행면탈죄가 성립하므로 형사고소할 수 있다(대법원 2008. 6. 26. 선고 2008도3184 판결).

재산분할의 비율을 정하는 기준

일반적인 기준

법에서 재산분할 비율을 정하는 기준을 명시적으로 규정하고 있지는 않다.

판례도 "법원으로서는 당사자의 청구에 의하여 그 재산의 형성에 기여한 정도, 당사자 쌍방의 협력으로 이룩한 재산의 액수 등 당사자 쌍방의 일체의 사정을 참작하여 재산분할의 방법이나 그 비율 또는 액수를 정하여야 하는 것이다(대법원 2009. 7. 23. 선고 2009므1533 판결, 대법원 2009. 6. 9. 자 2008스111 결정)."라고 판시하면서도, "법원이 재산분할의 방법이나 그 비율 또는 액수를 정함에 있어서 참작되는 모든 사정을 개별적·구체적으로 일일이 특정하여 설시하여야 하는 것은 아니다(대법원 1998. 2. 13. 선고 97므1486 판결)."라고 판시하고 있다.

따라서 법원이 재산분할의 방법이나 그 비율, 액수를 정함에 있어 참작한 사정을 일일이 특정하여 설시하지 않고 정할 수 있는 것이므로, 법원이 재산분할의 방법이나 그 비율, 액수를 정하는 것은 '형평의 원칙에 현저하게 반하지 않는 한' 전적으로 법원의 재량에 일임되어 있다고 해도 과언이 아니다.

구체적인·기준

하지만 법원은 통상 부부가 맞벌이를 하는 경우에는 50:50으로, 처가 전업주부로서 가사를 전담한 경우에는 33% 정도를 인정하고 있다. 그러나 그 비율이 정확하게 정해져 있는 것이 아니고, 구체적인 사안마다 얼마든지 다르게 정해질 수 있다.

즉 부부가 맞벌이를 한 경우에도 ①부부 각자의 소득이 각 얼마인지, ②가사를 공동으로 분담하였는지 아니면 일방이 전담하였는지 여부, ③부부의 소득은 얼마 되지 않으나 일방의 재태크에 의하여 재산이 크게 불어났는지 여부, ④육아를 누가 전담하였는지 여부, ⑤부부 중 일방이 그의 전적인 책임으로 재산 일부를 탕진한 적이 있는지 여부 등의 사유에 따라서 50:50의 비율은 크게 달라질 수 있다.

또한 전업주부로서 가사를 전담한 경우에도 ①전업주부가 살림을 성실하게 했는지 ②육아를 누가 전담했는지, ③남편의 사회활동에 어느 정도 뒷바라지하였는지 여부 등에 의해서 일반적으로 인정되고 있는 33%의 비율은 크게 달라질 수 있다.

1994년도에 나온 대법원 판결을 보면, "재산분할대상인 건물의 형성에 관한 처의 기여행위가 가사를 전담하는 뒷바라지에 불과하고 별다른 경제적 활동은 없었던 사안에서, 재산분할로 부에 대하여 처에게 그 건물의 2분의 1 지분 소유권이전등기를 명한 것은 과다한 것으로서 형평의 원칙에 현저하게 반한다."고 판시하고 있는데(대법원 1994. 12. 2. 선고 94므1072 판결), 그렇다면 가사만을 전담한 가정주부에게 재산분할비율을 50%까지 인정하는 것은 형평의 원칙에 현저하게 반한다는 취지로 읽힐 수 있다. 소송을 수행하는데 참고할 만한 판례다.

이혼하기 전에 각서를 받아둔 경우

예컨대 혼인기간 중 남편이 외도를 하거나 폭행 등의 잘못을 했을 경우, 아내들은 남편의 잘못을 용서해주면서 남편이 "앞으로 다시 이와 같은 잘못을 하면 아내의 이혼요구에 응하고 재산을 모두 아내의 명의로 해주겠다. 혹은 재산분할을 포기하겠다."는 내용의 각서를 받아 두는 경우를 종종 볼 수 있다. 그러한 경우에 남편이 또다시 같은 잘못을 한 경우 아내들이 이 각서에 근거해서 재산분할을 청구하는 경우가 있는데, 그러한 각서는 남편이 혼인생활을 유지하고자 작성해준 것으로 이혼을 전제로 재산분할에 관하여 협의했다고 볼 수 없기 때문에 재산분할약정으로서의 효력은 없다. 아주 흔히 경험하는 케이스다.

재산분할 결정방식

재산분할 결정방식에 관하여, 대부분의 법원판결은

① 당사자 쌍방이 가진 재산과 그 가액을 확정한 뒤 적극재산에서 소극재산을 공제한 재산가액 즉 순재산을 구하고,
② 여기에 재산분할의 비율을 정한 다음,
③ 그 비율에 따라 청구인에게 정당하게 배분되어야 할 재산가액과 청구인이 보유하고 있는 순재산을 비교하여 모자라는 부분을 상대방으로부터 금전적으로 지급받도록 하는 방식을 취하고 있다.

예를 들어 본다.

가. 재산분할의 대상이 되는 재산

구분		내용	가액	증거
원고	적극재산	제일은행에 대한 적금채권	5,000만 원	갑제5호증
	소극재산	위 적금을 담보로 대출받은 대출채무	2,000만 원	
		원고 순재산	3,000만 원	
피고	적극재산	경기도 광주시 장지동 000 벽산블루밍0단지 000-000	3억 1,300만 원	갑제6,7호증
		스포티지 R 자동차	2,100만 원	갑제8호증
		적극재산 합계	3억 3,400만 원	
	소극재산	경기도 광주시 장지동 000 벽산블루밍0단지 000-000를 목적으로 한 담보대출	1억 8,000만 원	갑제6호증
		스포티지 R 자동차 할부금	1,000만 원	
		마이너스 통장대출	1,600만 원	
		스포티지 R 자동차 구매시 친정으로부터 빌린 돈	1,000만 원	갑제9호증
		소극재산 합계	2억 1,600만 원	
		피고 순재산	1억 1,800만 원	
		원·피고 순재산 합계	8,800만 원	

나. 재산형성경위 및 기여도

'경기도 성남시 수정구 태평동에 있는 빌라를 신혼집으로 5,500만 원에 전세 얻어 장만하였다. 신혼집 장만할 때 2,000만 원은 시댁에서 보태주었고, 2,000만 원은 피고가 모아 두었던 돈으로, 나머지 1,500만 원은 마이너스 대출을 받아서 얻었으며, 대출금은 원·피고가 결혼 후 함께 맞벌이하며 갚았다.'

'피고의 연봉은 ㅇ제약㈜ 관리부에 다니는 회사원으로서 약 2,700만 원 정도였고, 원고의 월급여는 제ㅇ컴㈜에 다니는 회사원으로서 약 120만 원 정도였다. 2006. 5.경 피고는 진급하였고, 원고 또한 반도체 회사로 이직하면서 연봉 1,760만 원 정도를 받게 되어 수입이 점점 늘어나게 되었다. 그래서 2006. 6.경에 8,000만 원 정도를 대출받아 용인에 있는 25평 아파트(당시 시세 1억 3500만 원)를 사서 이사하였다.'

— 중략 —

'따라서 위 원·피고명의의 재산 도두는 비록 명의는 단독명의로 되어 있기는 하나, 원·피고 공동노력으로 형성한 재산으로서 재산분할의 대상이 되는 재산이라고 해야 할 것이고, 원고가 재산형성에 기여한 기여도는 50%라고 해야 할 것이다.'

다. 재산분배의 방법

'따라서 원·피고명의의 적극재산 및 소극재산을 현 명의자에게 그대로 귀속하는 것으로 확정하고(다만 원고의 부모님이 피고명의 스포티지 승용차를 구매하도록 하기 위해 피고에게 대여해준 1,000만 원의 채무는 원고가 피고로부터 면책적으로 인수 받는 대신, 아래와 같이, 그 금액을 피고가 재산분할조로 원고에게 지급하는 것으로 함), 피고가 원고에게 금54,000,000원을 지급하는 방법으로 재산분할 한다.'

피고가 원고에게 지급해야 할 돈의 계산

5,400만 원[=1,000만 원 + 4,400만 원{=8,800만 원(원·피고 순재산합계 9,800만 원 - 1,000만 원) × 원고의 기여도 50%}]

재산분할의 기준시점

재산분할을 함에 있어 재산의 가액이 시시때때로 변동하는 경우 어느 시점의 가액을 기준으로 분할할 것이며, 또 언제 취득한 재산까지를 재산분할의 대상으로 삼을 것이냐의 문제이다.

판례는 재판상 이혼을 전제로 한 재산분할에 있어서 분할의 대상이 되는 재산과 그 액수 산정의 기준시기는 원칙적으로 이혼소송의 사실심 변론종결시를 기준으로 하고(혼인취소의 경우에도 마찬가지임), 협의이혼을 전제로 한 재산분할에 있어서는 협의이혼이 성립한 날(이혼신고를 한 날)이라고 하고 있다(대법원 2010. 4. 15. 선고 2009므4297 판결, 대법원 2006. 9. 14. 선고 2005다74900 판결).

그러나 이혼 이전에 부부가 별거하는 경우와 같이, 변론종결시 또는 협의이혼이 성립한 날 이전에 혼인관계가 실질적으로 파탄났다면, 그 파탄시점(별거를 하고 있다면 그 별거시점)을 기준으로 한다(대법원 2013. 11. 28. 선고 2013

므1455,1462 판결 참조)[17]. 이는 부부가 별거하는 등 혼인관계가 실질적으로 파탄 난 이후 이혼을 계획하면서 재산을 가지고 있는 측이 재산분할에 대한 판결을 유리하게 받아낼 요량으로 재산을 빼돌리는 일이 많기 때문에, 이를 방지 또는 무용화시키기 위해서 법원이 취하고 있는 태도로 보인다.

다만 이 경우 별거 당시 재산분할 대상인 재산의 가액산정의 기준시점은 별거 당시가 아니고, 재판이혼의 경우에는 사실심 변론종결일을 기준으로, 협의이혼의 경우에는 이혼신고를 한 날을 기준으로 한다(서울가정법원 2006. 11. 16.선고 2005드합6952 판결).

---

[17] 재산분할 제도는 이혼 등의 경우에 부부가 혼인 중 공동으로 형성한 재산을 청산·분배하는 것을 주된 목적으로 하는 것으로서, 부부 쌍방의 협력으로 이룩한 적극재산 및 그 형성에 수반하여 부담하거나 부부 공동생활관계에서 필요한 비용 등을 조달하는 과정에서 부담한 채무를 분할하여 각자에게 귀속될 몫을 정하기 위한 것이므로(참조), 부부 일방에 의하여 생긴 적극재산이나 채무로서 상대방은 그 형성이나 유지 또는 부담과 무관한 경우에는 이를 재산분할 대상인 재산에 포함할 것이 아니다. 그러므로 재판상 이혼에 따른 재산분할에 있어 분할의 대상이 되는 재산과 그 액수는 이혼소송의 사실심 변론종결일을 기준으로 하여 정하는 것이 원칙이지만(참조), 혼인관계가 파탄된 이후 변론종결일 사이에 생긴 재산관계의 변동이 부부 중 일방에 의한 후발적 사정에 의한 것으로서 혼인 중 공동으로 형성한 재산관계와 무관하다는 등 특별한 사정이 있는 경우에는 그 변동된 재산은 재산분할 대상에서 제외하여야 할 것이다.

가압류, 가처분의 필요성

위자료나 재산분할 그리고 양육비에 관한 판결을 받았다 하더라도, 상대방배우자가 이미 재산을 소비하였거나 빼돌렸다면, 집행의 단계에서 집행불능 상태가 되어버려 돈을 받을 수 없게 되는 경우가 발생할 수 있다. 따라서 이러한 경우를 막기 위해서 이혼소송을 제기하기 전에 미리 재산을 확보해 둘 필요가 있는데, 이것이 가압류나 가처분 등 보전절차이다.

가압류는 돈으로 받을 경우에 하는 것이고, 가처분은 부동산의 소유권을 가져오기를 원하는 경우에 한다.

이미 이혼을 했는데도 재산분할을 청구할 수 있나?
(재산분할청구권 행사기간)

이혼한 날로부터 2년 이내에 청구할 수 있다

재산분할은 이혼한 날부터 2년 이내에 청구하기만 하면 된다. 따라서 이미 이혼했더라도 2년이 경과하지 않았다면 2년 이내에 재판상 청구를 하면 된다(민법 제839조의2 제3항 참조). 이혼한 날이란 협의이혼의 경우는 이혼신고를 한 날을, 재판상 이혼의 경우에는 이혼판결이 확정된 날을 각 의미한다.

재산분할 대상인 재산에 포함할 것이 아니다.

그러므로 재판상 이혼에 따른 재산분할에 있어 분할의 대상이 되는 재산과 그 액수는 이혼소송의 사실심 변론종결일을 기준으로 하여 정하는 것이 원칙이지만(참조)[참조할 판례 확인], 혼인관계가 파탄된 이후 변론종결일 사이에 생긴 재산관계의 변동이 부부 중 일방에 의한 후발적 사정에 의한 것으로서 혼인 중 공동으로 형성한 재산관계와 무관하다는 등 특별한 사정이 있는 경우에는 그 변동된 재산은 재산분할 대상에서 제외하여야 할 것이다.

재산분할 후 추가로 재산이 발견된 경우

협의이혼이든 재판상 이혼이든 이혼하면서 재산분할을 하긴 하였으나, 이혼 후 추가로 배우자의 재산이 발견된 경우, 그 추가로 발견된 재산에 대해서는 재산분할이 이루어지지 않았으므로, 이혼 성립일로부터 2년이 경과하지 않았다면 추가로 재산분할을 청구할 수 있다.

재산분할에 관한 합의의 효력

협의이혼과정에서 재산분할에 관한 합의의 효력을 묻는 상담이 많이 있다.

협의이혼과정에서 재산분할에 관하여 합의한 경우, 이혼소송과정에서 양 당사자간에 재산분할에 관하여 합의를 한 경우 또는 이혼을 한 이후에 재산분할에 관한 합의를 한 경우에는 그 합의대로 효력이 발생한다. 따라서 합의서 작성 이후에 양당사자는 합의서 내용과 다른 내용을 주장할 수는 없다.

다만, 예컨대 아직 이혼하지 않은 당사자가 장차 협의이혼하기로 하면서 재산분할에 관한 합의를 하는 경우, 그 재산분할에 관한 합의는, 특별한 사정이 없는 한, 장차 당사자 사이에 협의이혼이 이루어지는 것을 조건으로 하여 조건부 의사표시가 행하여지는 것이므로 그 협의 후 당사자가 약정한 대로 협의이혼이 이루어진 경우에 한하여 그 합의의 효력이 발생한다.

따라서 어떠한 원인으로든지 협의상 이혼이 이루어지지 아니하고 혼인관계를 다시 존속하였거나 또는 당사자 일방이 제기한 이혼청구의 소에 의하여 재판상 이혼(화해 또는 조정에 의한 이혼을 포함한다.)이 이루어진 경우에는, 협의이혼을 전제로 한 재산분할에 관한 합의는 조건의 불성취로 인하여 효력이 발생하지 않는다(대법원 2003. 8. 19. 선고 2001다14061 판결).

재산분할의무불이행 시 조치

전술한 위자료의 경우와 동일하다. 즉,

이행명령신청 [작성례 7]

재산분할을 지급하라는 판결이 있었음에도, 의무자가 이를 지급하지 않는다면, 법원에 이행명령을 신청하면 된다.

권리자로부터 이행명령신청이 있으면 법원은 의무자에게 일정한 기간 내에 그 의무를 이행할 것을 명하고, 의무자가 이행명령에 불응하면, 직권 또는 권리자의 신청에 의하여 1천만 원 이하의 과태료를 부과한다.

감치명령신청 [작성례 8]

위 이행명령의 내용이 "금전의 정기적 지급을 명하는 것"이었다면, 그 불이행 시 과태료부과의 대상이 될 뿐만이 아니라 감치의 대상도 된다. 즉 법원으로부터 금전의 정기적 지급을 명하는 이행명령이 있었음에도 불구하고 그 의무자가 정당한 이유 없이 3기 이상 정기금의 지급의무를 이행하지 않으면 감치명령을 신청해서 의무자를 감치시킬 수 있다.

이 경우 유의해야 할 점은, 감치명령을 신청할 수 있는 경우는 이행명령의 내용이 재산분할금액을 분할해서 지급하라는 내용 즉 '금전을 정기적으로 지급하라.'는 내용으로 이행명령이 된 경우에 한하므로 의무자의 불이행시 의무자를 감치시키고 싶다면 이행명령을 신청하면서 돈을 정기적으로 지급하도록 명령해달라고 신청해야 한다.[18]

권리자로부터의 감치명령신청이 있으면, 법원은 감치를 명함으로써 그 의무를 이행할 때까지 의무자를 30일의 범위 내에서 경찰서 유치장이나 교도소, 구치소에 유치하며, 법원은 감치하기 위해 법원직원, 교도관 또는 경찰관으로 하여금 즉시 의무자를 구속하게 할 수 있다.

따라서 법원으로부터 재산분할금을 정기적으로 지급하라는 내용의 이행명령이 있었음에도 불구하고 의무자가 정당한 이유 없이 불이행하는 경우에 1기 내지 2기의 불이행이 있으면 곧바로 과태료부과신청을 하여 의무자로 하여금 과태료를 부과 받도록 한 후 이어서 3기까지 불이행이 있으면 다시 한 번 감치명령을 신청해서 의무자를 감치시킬 수 있는 것이다.

---

18 예컨대, "피신청인은 신청인에게 재산분할금 3,000만 원을 6회에 나누어 2014. 6.부터 2014. 11.까지 매월 500만 원씩을 매월 말일에 지급하라."

결국 법원의 이행명령 불이행에 대한 제재는 과태료의 제재와 감치의 제재가 있는 것인데, 과태료와 감치의 제재를 동시에 과하는 것은 허용되지 않으므로 불이행이 3기에 이르기 전에 과태료부과신청을 서둘러 해야 한다. 그래야 의무자가 과태료 제재를 받은 후에 3기의 불이행시 또다시 감치명령을 신청함으로써 의무자를 감치시킬 수 있기 때문이다.

감치를 당하고도 계속해서 이행하지 않으면, 이행명령과 과태료부과 감치명령을 반복해서 신청함으로써 의무자를 압박하면 된다.

가사조사관에 의한 조사명령신청

의무자로서는 심문기일에 출석해야 하고, 불이행 시 과태료가 부과되고 감치까지 당하게 되므로 엄청난 압박이 된다. 이에 더하여 의무자를 더 압박하고 싶다면 가사소송규칙 122조를 이용해볼 만하다.

즉 가사소송규칙 제122조는 "가정법원은 권리자의 신청이 있는 때에는, 이행명령을 하기 전이나 후에, 가사조사관으로 하여금 의무자의 재산상황과 의무이행의 실태에 관하여 조사하고, 의무이행을 권고하게 할 수 있다."라고 규정하고 있으므로, 위 규정에 의하여 가사조사관에 의한 조사명령을 신청하면, 의무자는 가사조사관의 조사에 응하기까지 해야 하므로 더한 압박이 된다. 가능한 모든 수단을 동원해서 괴롭히다 보면 돈은 나오게 되어 있다.

강제집행

의무자에게 재산이 있다면, 재산분할을 명하는 판결문을 가지고 의무자 소유의 재산에 대하여 강제집행할 수 있음은 물론이다. 그 재산에는 부동산, 채권, 유체동산 등을 포함한다.

내가
이혼전문
변호사다

V. 친권 및 양육권

부부가 이혼하게 되면 자녀는 불가피하게 이혼 당사자들 중 어느 한쪽의 부(父) 또는 모(母)와 생활해야 한다. 그런데 그 자녀가 미성년인 경우에 부모 중 누구와 함께 살 것이며 누구의 보호를 받을 것이냐의 문제가 바로 친권과 양육권의 문제이고, 이는 자녀의 성장과 복지에 직접적인 영향을 미치는 중요한 문제이다.

법은 자녀가 성년인 경우에는 그 자녀를 누가 보호하고 양육할 것인가 하는 문제에 관해서는 전혀 관여하지 않는다. 이혼당사자와 그 성년인 자녀의 자유로운 선택에 맡기겠다는 취지이다.

다만 그 자녀가 만 19세가 되지 아니한 미성년인 경우에는 그 양육권 문제에 관하여 국가가 적극적으로 개입하게 된다. 미성년인 자녀는 아직 사회적 보호가 필요한 데다가 그 의사형성과 의사표시에 있어서 불완전하며 누군가의 보호와 양육책임이 절실하기 때문이다. 그래서 재판상 이혼하는 경우는 물론이고 협의이혼하는 경우에도 미성년인 자녀에 대한 양육권 문제가 정해져야 이혼할 수 있도록 하고 있을 뿐만 아니라, 이혼 후에도 미성년인 자녀의 양육문제에 관련해서는 국가가 적극적으로 개입하여 자녀의 성장과 복지를 추구한다.

따라서 이번에는 미성년인 자녀가 있는 경우에 자녀에 대한 친권자와 양육자 그리고 양육비가 어떻게 정해지는지에 관해서 살펴보기로 한다.

친권과 양육권의 의미

친권이란?

친권이란 부모가 미성년인 자에 대하여 가지는 신분상, 재산상 권리와 의무의 총체로서, ① 자의 신분에 관한 것으로는 보호, 교양, 거소지정, 징계, 자의 인도청구, 자의 친권대행 등이 있고, ② 자의 재산에 관한 것으로는 재산관리권, 재산상 행위의 대리권, 동의 및 허가권, 취소권 등이 있다.

좀 어려울 수 있다. 하지만 실생활에서 우리가 경험할 수 있는 것을 통해서 이해해 두면 쉽다.

즉 이혼 후 미성년인 자녀가 전학(초등학교인 경우는 제외)을 하거나 유학을 가는 경우, 여권을 발급받는 경우, 수술할 경우, 아이의 재산관리, 주민등록상 주소지 이전 시 친권자의 동의 내지는 신청이 있어야 하는데, 이러한 경우에 누가 그 동의 내지는 신청을 할 것이냐의 문제가 곧 친권의 문제이다.

양육권이란?

양육권은 친권의 내용 중 자녀의 신분에 관한 사항으로 자녀에 대한 보호, 교양, 거소지정, 징계, 자의 인도청구권 등을 내용으로 하는 권리이다. 따라서 양육권은 친권에 포함되는 개념이라 할 수 있다.

친권자와 양육자의 지정

이혼하는 경우 협의이혼을 하든, 재판상 이혼을 하든 미성년인 자녀에 대한 친권자 및 양육자를 정해야 하고, 정하지 않으면 절대 이혼할 수 없다. 미성년인 자녀의 성장 및 복지를 위해서다.

협의이혼하는 경우에는 우선 당사자들의 협의에 의하여 친권자 및 양육자를 정해야 한다. 그 협의에는 ① 양육자의 결정, ② 양육비용의 부담, ③ 면접교섭권의 행사 여부 및 그 방법이 포함되어야 한다.

다만 부모의 협의가 자의 복리에 반하는 경우에는 가정법원은 보정을 명하거나 직권으로 그 자녀의 의사, 연령과 부모의 재산상황, 그 밖의 사정을 참작하여 양육에 필요한 사항을 정한다. 이는, 전술한 바와 같이, 미성년인 자녀의 양육에 관한 문제는 자녀의 성장과 복지를 위하여 국가가 적극적으로 개입하여야 하는 문제이기 때문에 친권이든 양육권이든 그리고 양육비의 문제이든 법원은 당사자의 합의에 구속되지 않는다는 의미이다. 즉 언제든지 국가는 당사자의 합의에 개입하여 합의를 변경할 수 있다. 그리고 협의가 되지 않을 경우 친권자 등 지정심판을 청구하여 친권자를 지정해야 한다.

재판상 이혼의 경우에는 소송진행 중 가정법원이 직권으로 친권자를 정하게 되는데, 친권자와 양육자가 분리될 경우 양육자가 많은 불편을 호소하기 때문에 특별한 경우가 아니면 친권자와 양육자를 일치시키는 것이 실무의 태도이다. 대개 양육자를 친권자로 지정한다.

다만 특별한 사정이 있는 경우에는 친권자와 양육자가 분리되어 지정되는 경우가 있는데, 그러할 경우 친권의 효력은 양육권을 제외한 부분 즉 자의 재산, 교육(전학, 외국연수 등)에 관해서만 미치게 된다. 또한 양육권에 관한 사항에 있어서 친권과 양육권간에 충돌이 있는 경우 양육권이 우선한다.

친권자 및 양육자를 정하는 기준

이론적인 기준

이혼을 하는 경우 자녀의 양육권에 관심이 없거나 부득이 양보해야 하는 경우가 간혹 있지만 대부분은 자녀에 대한 양육권 확보를 매우 중요하게 생각한다. 그리고 심지어는 양육권 때문에 협의이혼에 이르지 못하고 이혼소송을 하는 경우가 적지 않다. 따라서 이혼을 생각하고 있다면 법원이 어떤 기준으로 친권자 및 양육자를 결정하는지에 관하여 잘 알고 준비해야 한다.

법원은 미성년인 자녀의 친권자와 양육자를 정함에 있어서 우선 '미성년인 자녀의 성장과 복지에 가장 도움이 되고 적합한지를 기준'으로 정한다. 즉 '부 또는 모 중에 어느 쪽의 양육환경이 더 좋은지를 비교형량'하여 정하는 것이다. 그런 기준을 가지고 상식적으로 판단해보면 어느 누구나 답을 얻을 수 있다.

예를 들면, ① 누가 더 자녀와의 친밀도가 있는지, ② 현재 누가 양육하고 있는지(이는 누가 자녀에 대한 양육의 의지가 있는지 및 자녀의 양육환경을 변경하는 것은 적당치 않다는 전제하에서의 판단이다.) ③ 아이의 나이, ④ 부모의 도덕적 인격적인 결격사유는 없는지, ⑤ 경제적 능력 등이 될 것인데, 실무상 자녀의 나이가 어린 경우에는 누가 현재 양육하고 있는지 여부가 가장 중요하고, 나이가 13세 이상[19]인 경우에는 자녀의 의사가 많이 중요하다.

또한 친권자 및 양육자는 자녀의 성장과 복지를 위해서 결정되는 것이므로 당사자의 합의가 있는 경우에도 법원은 참작만 할 뿐이지 구속되는 것은 아니다.

솔로몬이 제시하는 기준

위와 같이 원론적으로 설명하면 어떻게 해야 할지 갈팡질팡한다. 대부분의 사람들은 명확한 답을 원한다. 그래서 그동안의 경험을 바탕으로 간단명료하게 정리해본다.

첫 번째로 이혼소송하기 전에 아이의 양육을 확보하라고 조언하고 싶다. 진정으로 아이의 양육권 확보가 무엇보다 중요하다면 아이를 데리고 집을 나와 아이의 양육을 현실적으로 확보하는 것이 그 무엇보다 중요하다.

두 번째로는 자녀의 복지에 적합한 양육환경을 조성하라고 조언하고 싶다. 이혼하게 되면 대부분 부부 중 일방이 혼자 자녀를 양육해야 하는 상황

---

19 전에는 15세 이상이었으나 2013년 6월 5일 13세 이상으로 개정되었다.

이 된다. 하지만 이혼 후 부부 일방이 혼자서 아이를 양육하기란 쉽지 않다. 따라서 부모님이나 형제의 도움을 받을 수 있는 여건을 만드는 것이 중요하다. 기타 주거 조건, 수입, 당사자의 심신의 건강 및 조화로운 성격 등도 중요하다.

세 번째로는 자녀가 13세 이상인 경우에는 자녀에게 인기관리를 잘하라고 조언하고 싶다. 13세 이상의 자녀인 경우에는 자녀의 의사가 크게 반영되기 때문이다.

그리고 자주 받는 질문이 있다. 즉 "내가 바람 피우다 걸려서 이혼을 당하는 입장인데, 자녀의 친권자 및 양육자로 지정될 수 있나요?"라는 질문이다. 대답은 "물론"이다. 다시 원론으로 돌아가서 설명하자면, 자녀의 친권자 및 양육자는 오로지 자녀의 성장과 복지라는 측면만을 고려해서 결정하는 것이므로, 당사자가 유책배우자인지 여부는 고려대상이 아니다. 유책배우자의 유책행위에 대한 평가는 오로지 위자료의 몫이다. 다만 유책배우자의 유책행위가 폭행이나 도박 등 자녀의 성장과 복지에 방해가 되는 요소라고 평가된다면 양육자로 지정되는 데 영향은 미치겠지만 그렇다고 해서 포기할 건 아니다.

관련 판례

위 내용을 확인하고자 관련 판례를 살펴본다(대법원 2010. 5. 13. 선고 2009므1458 판결).

[1] 자의 양육을 포함한 친권은 부모의 권리이자 의무로서 미성년인 자의 복지에 직접적인 영향을 미치므로 부모가 이혼하는 경우에 부모 중 누구를 미성년인 자의 친권을 행사할 자 및 양육자로 지정할 것인가를 정함에 있어서는, <u>미성년인 자의 성별과 연령, 그에 대한 부모의 애정과 양육의사의 유무는 물론, 양육에 필요한 경제적 능력의 유무, 부 또는 모와 미성년 자 사이의 친밀도, 미성년인 자의 의사</u> 등의 모든 요소를 종합적으로 고려하여 미성년인 자의 성장과 복지에 가장 도움이 되고 적합한 방향으로 판단하여야 한다.

[2] 수 년간 별거해 온 '갑'과 '을'의 이혼에 있어, 별거 이후 갑(부)이 양육해 온 9세 남짓의 여아인 '병'에 대한 현재의 양육상태를 변경하여 '을'(모)을 친권자 및 양육자로 지정한 원심에 대하여, 현재의 양육상태에 변경을 가하여 '을'(모)을 '병'에 대한 친권자 및 양육자로 지정하는 것이 정당화되기 위하여는 그러한 변경이 현재의 양육상태를 유지하는 경우보다 '병'의 건전한 성장과 복지에 더 도움이 된다는 점이 "명백"하여야 함에도, 단지 어린 여아의 양육에는 어머니가 아버지보다 더 적합할 것이라는 일반적 고려만으로는 위와 같은 "양육상태 변경의 정당성"을 인정하기에 충분하지 아니하다.

사정변경에 의한 친권자 및 양육자의 변경

이미 앞서 수 차례 설명한 바와 같이, 양육권 문제는 오로지 자녀의 성장과 복지의 측면에서 정해지는 것이다. 따라서 판결에 의해서 정해졌든 합의에 의해서 정해졌든 간에, 추후 자녀의 성장과 복지에 필요한 양육자(이하 친권자 포함) 혹은 비양육자의 양육환경이 변경되어 양육자를 변경하는 것이 상당하다고 판단되면, 양육자를 변경하여 줄 것을 신청함으로써, 자녀에 대한 양육자를 변경할 수 있다. [작성례 11]

또한 신청에 대한 심판확정 시까지 오랜 시간이 소요되므로, 사건본인의 보호와 양육이 시급하고 이를 위해서 사건본인을 청구인에게 임시로 인도함이 필요한 때에는 양육자임시지정 사정처분과 함께 유아인도 사전처분을 신청함으로써 심판 또는 판결 확정 시까지 자녀를 인도받아 양육함으로써 해결할 수 있다. [작성례 12]

그리고 이른바 최진실법으로 지칭되는 민법개정으로 인하여 2013. 7.

1.부터는 이혼할 때 결정된 친권자가 사망할 경우에는 생존한 다른 쪽 부모가 당연히 친권자가 되는 것이 아니다. 즉 생존한 부모, 미성년자, 미성년자의 친족의 청구에 따라 가정법원이 친권자로 적합한지 심사하여 친권자로 지정해야 친권자가 된다. 친권자로 지정될 자가 없으면 미성년자를 위한 미성년후견인을 선임하게 된다.

양육기간

양육기간에 관하여 특별히 정하지 않은 경우에는 양육기간은 자녀가 성년(만 19세)에 달할 때까지이다. 그러나 가정법원은 필요한 경우 자녀가 성년에 달하기까지의 기간 중 적당한 기간을 정하여 양육자를 변경하는 처분을 할 수도 있다.

양육비산정기준

1. 양육비산정기준은?

이혼 시에는 미성년자녀에 대한 친권자와 양육자도 정해져야 하지만 양육비 또한 정해져야 한다. 그렇다면 양육비는 어떠한 기준에 의해서 정해질까?

사실 이에 대해서 법적으로 구속력 있는 기준이 있는 것은 아니다. 그래서 법원마다 그리고 판사님마다 그 정하는 금액의 차이가 많이 나는 것이 사실이다.

그런 이유로 서울가정법원이 양육비를 산정하는 기준을 만들어보자는 취지에서 그 기준표를 만들어 공표한 후 서울가정법원 내에서 적용해왔는데, 서울가정법원내에서 2007년부터 지금까지 약 15년 동안 꾸준히 적용하여 사용하다 보니, 이제는 전국 각지 가정법원에서도 이를 적극적으로 참작하여 양육비를 정하고 있는 실정이다.

따라서 서울가정법원에서 공표한 양육비산정기준표를 기준으로 적정한 양육비를 산정하는 법을 소개해본다.

양육비산정기준표

아래 표는 서울가정법원이 2021년 개정·공표하여 2022년 3월 1일부터 적용하고 있는 개정된 양육비산정기준표이다.

(단위 : 만 원)

자녀의 만 나이	부모합산소득(세전)									
	0~199	200~299	300~399	400~499	500~599	600~699	700~799	800~899	900~999	1,000~1,199	1,200 이상
	평균 양육비 (양육비구간)	평균 양육비 (양육비구간)	평균 양육비 (양육비구간)	평균 양육비 (양육비구간)	평균 양육비 (양육비구간)	평균 양육비 (양육비구간)	평균 양육비 (양육비구간)	평균 양육비 (양육비구간)	평균 양육비 (양육비구간)	평균 양육비 (양육비구간)	평균 양육비 (양육비구간)
0~2세	62.12 (26.4~68.6)	75.2 (68.7~84.8)	94.5 (84.9~102.1)	109.8 (102.2~117.1)	124.5 (117.2~132.3)	140.1 (132.4~149.1)	158.2 (149.2~168.5)	178.9 (168.6~189.3)	199.7 (189.4~204.6)	209.5 (204.7~215.1)	220.7 (215.2 이상)
3~5세	63.1 (26.8~69.5)	75.9 (69.6~85.4)	94.9 (85.5~103.1)	111.3 (103.2~118.9)	126.6 (119.0~134.4)	142.2 (134.5~151.0)	159.8 (151.1~170.2)	180.7 (170.3~191.2)	201.7 (191.3~206.6)	211.6 (206.7~218.0)	224.5 (218.1 이상)
6~8세	64.8 (27.2~70.7)	76.7 (70.8~86.3)	95.9 (86.4~104.9)	114.0 (105.0~121.6)	129.2 (121.7~138.5)	147.9 (138.6~154.6)	161.4 (154.7~173.2)	185.0 (173.3~195.7)	206.5 (195.8~210.1)	213.7 (210.2~222.4)	231.2 (222.5 이상)
9~11세	66.7 (28.1~72.4)	78.2 (72.5~88.5)	98.8 (88.6~107.5)	116.3 (107.6~124.0)	131.8 (124.1~140.6)	149.4 (140.7~156.2)	163.0 (156.3~175.8)	188.7 (175.9~201.2)	213.7 (201.3~215.8)	218.0 (215.9~229.2)	240.5 (229.3 이상)
12~14세	67.9 (29.5~73.4)	79.0 (73.5~89.5)	99.8 (89.6~113.9)	128.0 (114.0~135.1)	142.3 (135.2~151.0)	159.8 (151.1~165.4)	171.1 (165.5~184.7)	198.4 (184.8~207.1)	215.9 (207.2~219.1)	222.3 (219.2~234.9)	247.6 (235.0 이상)
15~18세	703.0 (31.9~83.0)	95.7 (83.1~109.2)	122.7 (109.3~131.4)	140.2 (131.5~150.3)	160.4 (150.4~169.9)	179.4 (170.0~187.9)	196.4 (188.0~206.3)	216.3 (206.4~220.4)	224.6 (220.5~239.3)	254.0 (239.4~271.1)	288.3 (271.2 이상)

참고로 이번 2021년에 개정된 양육비산정기준표는 개정 전의 기준표에 비해서 양육비액수가 증액되었고, 부모의 합산 소득구간 중 고소득층 구간과 자녀의 나이구간이 보다 세분화된 점이 특징이다.

개정된 양육비산정기준표를 설명해 보자면, 기준표의 가로축은 부부의 합산소득을 구간별로 구분해 놓았는데, 여기서 소득이란 근로소득 또는 영업소득 그리고 부동산 임대수입, 이자수입 등 모든 수입을 합산한 순수입 총액을 말하며, 일반적으로 세전소득을 적용한다. 그리고 정부보조금이나 연금 등을 수령하는 경우에는 그 금액도 포함된다.

기준표의 세로축은 자녀의 나이 구간이다.

기준표의 세로축과 가로축이 만나는 구간에서 윗부분에 기재된 금액은 우리나라에서 약 50%가량을 차지하고 있는 양육자녀 2명인 가구(부모까지 4명 가구)에서 자녀 1명당 필요로 하는 평균양육비를 가리키고, 아랫부분에 기재된 금액은 그 자녀대 그 부부의 합산소득 가정에서 양육비로 정할 수 있는 최하한 금액과 최고 금액을 가리키며, 윗부분 평균양육비를 일률적으로 표준양육비로 산정하기보다는 부모 합산소득의 액수와 자녀의 나이에 따라 최하한 금액과 최고 금액사이에서 적절한 금액을 표준양육비로 정하는 것이 더 바람직하다.

예를 들어 부모 합산소득이 구간의 양극단에 해당하는 경우에는 평균양육비를 적용하는 것보다 당해 구간의 최하한 값 또는 최상한 값을 표준양육비로 정하는 것이 좋다.

그리고 이번 2021년에 개정된 양육비산정기준표에서는 자녀의 나이와 부부합산소득에 해당하는 표준양육비 산정의 편의를 위해서 부부합산소득 구간에 따라 표준양육비가 부부합산소득에서 차지해야 하는 비율을 표시한 비율표를 별도로 제시하고 있다.

(단위 : 만 원, %)

자녀의 만 나이	부모합산소득(세전)										
	0~199	200~299	300~399	400~499	500~599	600~699	700~799	800~899	900~999	1,000~1,199	1,200 이상
	평균 양육비 (양육비구간)	평균 양육비 (양육비구간)	평균 양육비 (양육비구간)	평균 양육비 (양육비구간)	평균 양육비 (양육비구간)	평균 양육비 (양육비구간)	평균 양육비 (양육비구간)	평균 양육비 (양육비구간)	평균 양육비 (양육비구간)	평균 양육비 (양육비구간)	평균 양육비 (양육비구간)
0~2세	41.4	30.1	27.0	24.4	22.6	21.6	21.3	21.0	21.0	19.0	17.0
3~5세	42.0	30.4	27.1	24.7	23.0	21.9	21.3	21.3	21.2	19.2	17.3
6~8세	43.2	30.7	27.4	25.3	23.5	22.8	21.5	21.8	21.7	19.4	17.8
9~11세	44.5	31.3	28.2	25.8	24.0	23.0	21.7	22.2	22.5	19.8	18.5
12~14세	45.3	31.6	28.5	28.4	25.3	24.6	22.8	23.3	22.7	20.2	19.1
15~18세	46.9	38.3	35.0	31.2	29.2	27.6	26.2	25.4	23.6	23.1	22.2

따라서 부부합산소득이 320만 원이고 자녀의 나이가 4세인 경우 비율표에 따라 표준양육비를 산정해보면 867,200원(320만 원 × 27.1%)이 표준양육비가 된다.

그렇게 정해진 표준양육비를 가감없이 그대로 양육비로 정하는 것은 아니고, 양육비 구간 내에서 다음과 같은 몇 가지 가감요소들을 고려해서 구체적인 양육비를 결정해야 하는데, 즉,

① 거주지역이 도시인 경우는 표준양육비에서 7.9%를 가산하고, 농어촌인 경우는 16.5%를 감산한다.

② 양육비산정기준표는 양육자녀가 2인인 가구의 자녀 1인당 평균양육비를 기준으로 삼은 것이므로, 양육자녀가 1인인 경우는 표준양육비에서 6.53%를 가산하고, 3명 이상인 경우는 21.7%를 감산한다.

③ 자녀에게 중증 질환 또는 장애, 특이체질 등으로 인한 고액의 치료비가 필요한 경우에는 가산해야 하는데, 그 가산비율이 딱 정해진 바는 없으므로 실제 필요한 치료비 액수를 고려해서 적절한 금액을 가산하거나 감산하는 수밖에 없다.

④ 부부가 이혼 전에 통상적인 교육비를 초과하는 고액의 교육비를 지출하기로 합의한 경우 및 합의가 없는 경우에도 그 교육이 자녀의 적성과 재능 등에 비추어 볼 때 자녀의 복리를 위하여 합리적인 범위에서 필요한 교육에 해당한다고 인정되는 경우에는 표준양육비에 일정 금액을 가산해야 하는데, 이때 가산비율이 정해진 것은 아니므로 그 필요성 및 교육비 금액을 고려하여 적절한 금액을 가산한다.

⑤ 기준표는 부부의 소득에 따라 양육비가 정해지는 방식이지만, 양육비를 정할 때 부부의 재산상황을 고려하지 않을 수 없다. 따라서 부부의 재산상황을 고려할 때 양육비산정기준표상의 표준양육비가 불합리

하다고 판단되는 경우에는 이를 적절하게 가산하거나 감산해야 하는데, 그 감산 또는 가산하는 비율이 정확히 정해져 있는 것은 아니다.
⑥ 비양육자가 회생절차를 진행 중이거나 회생계획인가결정을 받은 상황이라면 양육비를 감산하고, 회생절차가 종료된 시기부터는 앞서 감산된 부분만큼을 가산해야 하는데, 이때 가산 및 감산비율이 정확하게 정해진 것은 아니기 때문에 변제금액, 소득, 변제금을 공제한 금액, 변제기간 등을 고려해서 적절한 금액을 가산하고 감산해야 한다.
⑦ 소득과 재산이 전혀 없는 무자력자인 부모라 하더라도 최소한의 양육비만큼은 반드시 지급해야 하는데, 그 금액은 부부합산소득 0~199만 원에 해당하는 양육비구간에서 최하한으로 표시된 금액이다. 그리고 참고로 이를 최저양육비라고 한다.

적용사례

자녀가 2명인 경우에 양육비산정기준표를 적용하여 양육비를 산정하는 예를 들어보자면,
① 가족관계 : 부부와 슬하에 만 15세인 딸 1명과 만 8세인 아들 1명이 있는 가족관계
② 소득 : 처는 월평균 180만 원, 남편은 월평균 270만 원
③ 자녀들의 양육자 : 처

<계산>
① 15세인 딸의 표준양육비 : 1,402,000원
   (자녀나이 15~18세 및 부모합산소득 400~499만 원의 교차구간)
② 8세인 아들의 표준 양육비 : 1,140,000원

(자녀나이 6~8세 및 부모합산소득 400~499만 원의 교차구간)

③ 자녀들에 대한 표준양육비 총액 : 2,542,000원(=1,402,000원 + 1,140,000원)

④ 가산, 감산 요소가 있다면 결정된 표준양육비에 이를 고려하여 양육비 총액을 확정하되, 가감산 요소가 없다면 표준양육비 총액은 2,542,000원이 된다.

⑤ 비양육자인 남편의 양육비 분담비율 : 60%{=[270만 원 /(180만 원 +270만 원) × 100]}

⑥ 따라서 이혼 후 남편이 처에게 지급할 양육비는 1,525,200원 (=2,542,000원 × 60%)이다.

유의사항

양육비산정기준표는 서울가정법원이 서울가정법원 내부에서만 적용하고자 만든 내부 자료에 불과하다. 따라서 당사자가 양육비에 관하여 협의를 할 때나 법원이 양육비 금액을 결정할 때 중요한 참고자료가 될 수는 있으나 법적 구속력이 있는 것은 아니다.

또한 양육비산정기준표에는 구체적 양육상황의 특수성이 반영되어 있지 않으므로, 법원에서 구체적 상황을 고려하여 양육비산정기준표와 상이한 양육비를 결정할 수 있고, 실제로 위 기준표 그대로 판결되는 경우는 그리 많지 않다.

특히 과거 양육비의 지급을 구하는 경우, 이미 양육비에 관한 판결이나 심판이 있었던 경우, 양육비를 감안하여 재산분할이나 위자료에 관하여 합의를 하는 경우 등에는 더구나 양육비산정기준표가 그대로 적용되기 어려운 면이 있다.

2. 양육비산정기준표의 유래 및 적용실태

양육비상담을 하다 보면 으레 나오는 말이 "양육비산정기준표"이다. 대부분의 이혼전문변호사사무실에서 양육비를 상담하면서 거론하는 것이 바로 양육비산정기준표이지만 이것은 절대적인 것이 아니다. 즉 이것은 국회에서 통과된 법률 기타 법규로서 존재하는 것이 아니라 그저 서울가정법원이 기준을 제시한 표에 불과하다. 이를 정확히 이해하기 위해서는 만들어진 유래를 알 필요가 있겠다.

민법 등 그 어느 법률에서도 양육비를 정하는 기준을 규정하고 있지 않을 뿐만 아니라 그에 대한 판례가 있는 것도 아니다. 그렇다보니 양육비 인정에 있어서 법원마다 그리고 판사님마다 그 금액의 편차가 너무도 큰 것이 문제이다.

그래서 서울가정법원은 2007년도에 판사님들로 구성된 양육비연구모임을[20] 통해 양육비산정기준표를 작성하여 법원내 가사재판의 참고자료로 활용해 온 것이 그 시초이다.

그러나 수 년이 경과하면서 물가상승, 사교육비 증가 등에 따라 양육비 액수를 재산정할 필요성과 국민참여적인 새로운 기준산정의 필요성이 대두되자, 당시 김용한 서울가정법원장은 2012년 1월 4일 법관과 외부전문가들로 이루어진 양육비위원회를 구성한 다음, 같은 해 4월 12일 양육비산정기준표 제정에 있어 국민의 뜻을 반영하기 위하여 양육비시민배심법정을 개최하였다. 이 때 시민배심원들은 회사원, 주부, 교사, 개인사업자, 상담사 등 다양한 계층의 의견을 대변하는 분들로 구성되었었는데, 이에 더하

---

20 당시 배인구 부장판사님, 송인우 판사님, 이광우 판사님, 이은정 판사님, 김혜란 판사님 등이 참여하셨다.

여 로스쿨 대학원생 22명 또한 그림자 배심원단이라는 이름으로 참여시킨 바 있다.

2012년 4월 12일 개최된 제1회 양육비위원회 시민배심법정 당시 상황

이 자리에서 주로 논의된 것은 '고정자산을 부모의 소득에 포함시킬지 여부와 양육비에 사교육비를 포함시킬지 여부 및 포함시킨다면 그 범위 그리고 소득이 없는 부모에게도 양육비를 부담시킬지 여부 및 그 범위에 대해서 장장 5시간 동안 논의와 평결이 있었고, 그로부터 약 1달 후인 2012년 5월 31일 처음으로 대외적인 양육비산정기준표를 제정하여 공표하기에 이르렀다.

양육비시민배심법정 개최 후 기념촬영

위 기준표가 제정·공표된 이후 실제 재판에서 양육비산정의 통일성과 예측가능성에 일부 기여한 측면이 있긴 하나, 그 표의 적용이 거의 서울가정법원 내에 국한되는 측면과 사회의 급속한 변화에 맞추어 현실성 있는 양육비의 산정기준을 위한 개정의 필요성이 대두되었다.

실제로 2012년 6월부터 2013년 2월까지 전국 5개지역(서울, 대전, 대구, 부산, 광주) 가정법원에서 양육비청구가 인용된 판결문 910건을 분석한 결과를 보면, 산정기준표를 고려했다고 언급한 사례는 전체의 4%인 38건에 불과했고, 지역별로 살펴보면 서울 의 지역의 활용도가 상대적으로 저조한 것으로 나타났다. 즉 활용사례 38건 중 31건이 서울가정법원의 판결문이었고, 대전이 4건, 대구가 2건, 부산이 1건이었다. 이는 기준표가 서울가정법원에서 내부적으로 만든 기준에 불과하다는 한계점을 극명하게 보여주는 것이기도 했다.

그리고 "양육비산정기준표에 다라 계산한 분담금"과 "판결을 통해 실제로 정해진 양육비 액수"와의 간극도 컸다. 즉 자녀 1~3명에 대한 양육비 결정례 65건을 분석한 결과 기준표 수준으로 금액이 책정된 사례는 12%(8건)에 불과하였고, 기준표보다 적게 책정된 사례는 51%(33건)에 달했다.

그러자 서울가정법원 최재형 법원장은 2014년 5월 9일 양육비산정기준표 개정에 관한 공청회를 개최한 후, 같은 해 5월 30일 "2012. 공표된 기준표"에 물가상승률 등 새로운 통계자료를 반영하고, 자녀의 수와 나이, 부모의 합산소득, 거주지역 등 구체적 사안에 따라 적절한 양육비 액수를 정할 수 있는 등 개별 요소를 고려하도록 하여 종전보다 현실화된 양육비산정기준표를 개정 · 공표하게 되었다.

양육비산정기준표 개정에 관한 공청회 당시 모습

그러다가 2017년 10월 20일 서울가정법원 성백현 법원장은 서울가정법원 대회의실에서 국민과 각계의 다양한 의견수렴 과정을 통하여 양육비산정기준표의 적용성을 점검하는 한편 새로운 통계자료를 반영하여 이번 2017년 11월 17일 현재의 양육비산정기준표를 공표하였다.

이번 기준표는 "자녀에게 이혼 전과 동일한 수준의 양육환경을 유지하여 주는 것이 바람직"하다는 전제하에 ① 소득구간을 더욱 세분화하고, ② 자녀의 나이 구간을 18세까지 한정하였으며, ③ 양육비를 상향조정하는 내용"으로 수정된 것이 특징이다.

2017년 양육비산정기준도 개정 공청회 및 공표 당시 모습

2017년 개정된 양육비산정기준표가 발표되면서 현재까지 전국적으로 그 적용사례가 점차 증가하고 있는 것은 사실이지만 아직도 만족할만한 수준은 못 될 뿐만 아니라 기준표상의 금액과 실제로 판결을 통해 실제로 정해지는 금액의 편차 또한 아직도 존재하는 것만은 사실이다.

따라서 기준표를 법률로 제정하는 등의 방법으로 기준표가 전국 모든 법원에서 적용되도록 함으로서 그 통일성과 예측가능성을 확보하는 것이 앞으로의 과제인 셈이다.

3. 양육비산정을 위한 재산명시신청 및 재산조회신청

양육비산정을 위해서는 양당사자의 재산이나 소득이 먼저 파악되어야 한다. 재산과 소득이 파악되지 않는다면 양육비산정을 위한 기준이 없기 때문에 한쪽 당사자가 불이익을 입을 뿐만 아니라 무엇보다도 미성년인 자녀의 복지향상에 충분치 않을 수 있기 때문이다.

따라서 양육비산정을 위해서 양육비채무자의 재산과 소득 파악이 필요한데, 이럴 때 이용할 수 있는 것이 재산명시신청제도이다. 즉 법원에 재산명시신청을 하면, 법원은 상당한 기간을 정하여서 양육비채무자에게 재산상태를 구체적으로 밝힌 재산목록을 제출하도록 명한다. 양육비채무자가 명령을 받고도 정당한 사유 없이 재산목록제출을 거부하거나 거짓 재산목록을 제출하면 1천만 원 이하의 과태료가 부과된다. [작성례 9]

그러나 재산명시절차에 따라 제출된 재산목록만으로는 재산이 파악되지 않는 등 양육비의 해결이 곤란한 경우에는 그 후속조치로 재산조회신청을 함으로써 배우자 명의의 재산을 조회할 수 있다. 즉 재산조회신청은 재산명시신청을 한 이후에 보충적으로만 할 수 있다.

재산조회신청이 있으면, 법원은 해당 기관에 재산조회에 대한 회신을 명하는데, 재산조회명령을 받은 사람이 정당한 사유 없이 재산목록제출을 거부하거나 거짓 재산목록을 제출하면 1천만 원 이하의 과태료가 부과되므로, 재산조회명령을 거스르기는 쉽지 않다. [작성례 10]

사정변경에 의한 양육비의 변경

　미성년인 자녀의 양육에 관한 문제는 오로지 자녀의 성장과 복지의 측면을 고려해서 정해지기 때문에, 양육비가 판결에 의해서 정해졌든 합의에 의해서 정해졌든 간에, 추후 기존에 정해졌던 양육비의 액수가 상당하지 않다고 여겨질 만큼 사정변경이 있다면, 양육자는 비양육자를 상대로(혹은 비양육자가 양육자를 상대로) 법원에 양육비의 변경을 신청함으로써, 이미 정해진 양육비를 변경할 수 있다. [작성례 13]

양육비를 확보하는 방법

소송을 열심히 해서 양육비채무자로부터 받을 양육비를 많이 인정받았다 하더라도, 그 양육비를 실제로 받을 수 없다면 모든 게 허사다. 따라서 양육비채권을 확보하는 것이 무엇보다 중요한데, 이번에는 양육비를 의무자로부터 받아내는 방법을 알아본다.

기존에도 양육비를 추심할 수 있는 많은 법적장치가 있어 왔다.
하지만 그 어떠한 방법을 동원하더라도 기존의 법적 제도를 통해서는 양육비를 받아낼 수 없는 경우가 존재하였고, 그래서 이번에 법을 보완하는 방식으로 양육비를 지급하지 않는 경우에 형사처벌까지 받을 수 있게 하는 등 양육비를 강제로 추심할 수 있는 법적 제도를 강화하였다.
즉 "양육비 이행확보 및 지원에 관한 법률"을 개정함으로써 양육비 미지급시 강제로 받아내는 기존 방법들에 더해 ① 운전면허정지, ② 출국금지, ③ 신상공개뿐만 아니라 ④ 형사처벌까지 가능하도록 하였다.

법률 개정에 의해 추가된 양육비를 받아내는 방법에 기존의 방법을 더해 양육비 미지급 시 받아내는 방법들을 설명해본다.

양육비직접지급명령신청

우선 양육비 채무자가 급여소득자인 경우에는 "양육비직접지급명령신청제도"가 가장 효과적이고 적절하다.

양육비직접지급명령신청에 의해 법원의 직접지급명령이 있으면 양육비 채무자를 고용하고 있는 고용주는 급여일에 급여 중 양육비를 우선 양육비 채권자에게 지급하여야 하기 때문에, 양육비를 받아내는 방법이 매우 손쉬운 방법이다.

다만, 쉽게 이직할 수 있는 직장이라면 그때마다 직접지급명령신청을 해야 한다는 번거로움이 있기 때문에 이 방법은 양육비 채무자가 대기업 직원이거나 공무원, 군인 등과 같이 이직이 어려운 직업일수록 그 효과가 크다.

강제집행 또는 추심 전부명령신청

양육비 채무자 명의의 재산이 있는 경우에는 강제집행법 여러 규정에 따라 그 재산을 압류 및 강제경매 등 강제집행 등을 통해서 양육비를 받아내는 방법이 있다.

우리가 실무를 해보면, 이 방법에 의해 미지급된 양육비를 받아내는 경우도 많다.

재산명시신청 및 재산조회신청

위와 같이 강제집행법에 따라 양육비채무자 명의의 재산에 대해서 강제집행을 하고자 하지만 그 재산현황을 알 수 없는 경우에는 재산명시신청과 재산조회신청을 해서 상대방의 재산상황을 파악할 필요가 있다.

재산명시신청을 하면 법원의 재산명시결정에 따라 양육비 채무자는 그 소유하고 있는 재산목록을 법원에 제출하여야 하고, 재산조회신청을 하면 법원이 각 금융기관 등에 채무자명의 재산이 있는지를 조회하게 되기 때문에 상대방의 재산을 파악할 수 있게 된다.

그리고 재산상황이 파악되면 채무자명의의 재산에 대해서 위에서 살펴본 바와 같은 방법으로 압류 등의 강제집행을 하면 된다.

담보제공명령신청과 일시금지급명령신청

양육비를 미지급하는 경우에 담보제공명령신청과 일시금지급명령신청을 할 수 있다.

즉 양육비를 지급하지 않는 경우에 법원에 담보제공명령신청을 해서 양육비채무자로 하여금 향후 양육비이행을 담보할 담보를 제공받을 수 있는데, 법원의 담보제공명령이 있으면 양육비채무자는 부동산 등을 담보물로 제공할 수도 있지만 통상은 보증보험증권회사로부터 이행보증증권을 발급받아 제출하게 되는데, 그 후에도 양육비를 지급하지 않으면 양육비채권자는 증권회사에 양육비를 청구해서 받아낼 수 있고, 증권회사는 양육비채무자에 대해서 구상하게 된다.

그리고 법원의 담보제공명령에 불응하는 경우에는 과태료부과신청과 동시에 양육비일시금지급명령신청을 할 수 있는데, 과태료는 1,000만 원 이하의 금액이 부과되며, 법원의 일시금지급명령이 내려지면 양육비 채권자는 양육비를 일시금으로 받아낼 수 있다.

채무불이행자명부등록신청

민사집행법의 규정에 따라 양육비를 미지급하는 자를 채무불이행자명부에 등록해달라는 신청을 해서 양육비 채무자로 하여금 사회생활이 불가능하게 할 수도 있다.

양육비를 지급하지 않아 채무불이행자명부에 그 이름이 등록되면, 은행거래를 하지 못하는 등의 여러 불이익이 가해지는데, 특히 개인사업자인 경우에는 은행거래를 할 수 없게 되기 때문에 사업에 회복할 수 없는 피해를 입게 되므로 그 피해는 이루 말할 수 없다.

그리고 급여소득자인 경우에도 과거와는 다르게 요즈음은 현금으로 급여를 지급하는 경우가 극히 드물기 때문에 사업자가 아닌 급여소득자인 경우에도 회복하기 어려운 피해를 입게 되므로 양육비를 받아내는 방법으로는 매우 유용한 방법이다.

이행명령신청과 감치명령신청

마지막 방법으로 양육비를 미지급하는 경우에 법원에 이행명령신청하는 방법이 있다.

당사자의 신청에 의해서 법원의 이행명령이 있었음에도 불구하고 이행하지 않으면, 채권자의 신청이나 법원의 직권에 의해서 1,000만 원이하의 과태료과 부과되며, 채권자의 신청이나 법원의 직권에 의해 30일 이내의 기간동안 교도소나 구치소, 유치장에 감치된다.

출국금지, 운전면허정지, 신상공개

위와 같은 방법들은 양육비를 받아낼 수 있는 지금까지의 방법들인데, 그 방법들로는 해결할 수 없는 경우가 발생하자 법률을 보강하여 양육비를 지급하지 않는 자를 출국금지시키거나 운전면허정지, 신상공개까지도 시킬 수 있도록 하였다.

즉 위와 같이 법원의 감치명령까지 있었음에도 양육비를 지급하지 않으면 여성가족부장관은 양육비심의위원회의 심의, 의결을 거쳐 그 출국금지나 운전면허정지를 법무부장관이나 지방경찰청장에게 요청하여 출국을 금지시키거나 운전면허를 정지시킬 수 있다.

뿐만 아니라 법원의 감치명령이 있었음에도 그 이행이 없는 경우에는 여성가족부장관은 양육비심의위원회의 심의, 의결을 거쳐 그 불이행자의 신상을 양육비이행관리원의 홈페이지 등에 공개할 수 있다.

형사고소

이번에 개정된 "양육비 이행확보 및 지원에 관한 법률"에서는 법원의 감치명령결정이 있었음에도 그 결정일로부터 1년이 경과하도록 그 이행을 하지 않으면 고소나 고발에 의해서 1년 이하의 징역이나 1,000만 원 이하의 벌금에 처할 수 있는 강력한 규정을 두었다.

따라서 이제는 양육비를 지급하지 않는 경우에 최대 징역 1년의 징역까지 살 수 있게 된 것이다.

양육비이행관리원

위와 같이 양육비 미지급 시 양육비를 받아내는 방법은 차고도 넘친다. 하지만 그 절차가 워낙 복잡하기 때문에 개인이 그 절차를 거치기는 매우 어려운 면이 있다.

그래서 법은 그 절차를 대신 대리해 줄 수 있는 기관인 "양육비이행관리원"이라는 기관을 여성가족부 산하에 두어 양육비를 대신 받아주고 있다.

이행관리원에 양육비추심을 의뢰할 때에는 방문해서 신청할 수도 있고 인터넷으로도 신청할 수도 있는데, 네이버나 다음에서 "양육비이행관리원"이라고 검색하면 인터넷 신청할 수 있는 사이트가 뜬다.

사실 양육비를 받아내는 방법을 잘 이해하고 숙지하고만 있다면 번거롭기는 하지만 양육비를 받아내는 방법은 얼마든지 있다고 생각하면 되겠다.

과거 양육비 청구

이혼상담을 하다 보면, "협의이혼한 지 10년도 넘었는데 전배우자한테 과거 양육비를 청구해서 받을 수 있느냐? 소멸시효가 완성되지는 않았느냐?"는 질문을 많이 받는다.

결론부터 말하자면, 자에 대한 양육비의 지급을 구할 권리는 당사자의 협의 또는 가정법원의 심판에 의하여 <u>구체적으로 청구권의 내용 및 범위가 확정되기 전</u>에는 비록 이혼한 지 10년 이상이 경과하였더라도, 양육비채권은 소멸시효에 의하여 소멸되지 않는다.

따라서 예컨대 협의이혼한 지 10년 이상이 경과하였지만 양육비 액수에 대하여 구체적으로 당사자간에 협의가 없었다면, 지금이라도 과거의 양육비 모두를 일시에 청구할 수 있다.

다만 법원은 이 경우 비양육자로하여금 한번에 큰 금액을 지급하도록 하

는 것이 부담될 수 있으므로 적당한 선에서 감액해주고 있다.[21]

그리고 2024년 7월 18일 '자녀의 과거양육비 청구는 미성년자녀가 성인이 된 날로부터 10년이 경과하면 소멸시효가 완성되어 더 이상 과거양육비를 청구할 수 없다.'는 대법원 전원합의체 판결이 선고되었으므로, 앞으로는 자녀가 성인이 된 날로부터 10년이 경과하면 과거양육비를 청구할 수 없다는 점을 반드시 체크해야 한다.

---

21 관련 대법원 판례 하나 소개한다. (대법원 1994. 5. 13. 자 92스21 전원합의체 결정)
 [1] 어떠한 사정으로 인하여 부모 중 어느 한쪽만이 자녀를 양육하게 된 경우에, 그와 같은 일방에 의한 양육이 그 양육자의 일방적이고 이기적인 목적이나 동기에서 비롯한 것이라거나 자녀의 이익을 위하여 도움이 되지 아니하거나 그 양육비를 상대방에게 부담시키는 것이 오히려 형평에 어긋나게 되는 등 특별한 사정이 있는 경우를 제외하고는, 양육하는 일방은 상대방에 대하여 현재 및 장래에 있어서의 양육비 중 적정 금액의 분담을 청구할 수 있음은 물론이고, 부모의 자녀양육의무는 특별한 사정이 없는 한 자녀의 출생과 동시에 발생하는 것이므로 과거의 양육비에 대하여 상대방이 분담함이 상당하다고 인정되는 경우에는 그 비용의 상환을 청구할 수 있다.
 [2] 한쪽의 양육자가 양육비를 청구하기 이전의 과거의 양육비 모두를 상대방에게 부담시키게 되면 상대방은 예상하지 못하였던 양육비를 일시에 부담하게 되어 지나치게 가혹하며 신의성실의 원칙이나 형평의 원칙에 어긋날 수도 있으므로, 이와 같은 경우에는 반드시 이행청구 이후의 양육비와 같은 기준에서 정할 필요는 없고, 부모 중 한쪽이 자녀를 양육하게 된 경우와 그에 소요된 비용의 액수, 그 상대방이 부양의무를 인식한 것인지 여부와 그 시기, 그것이 양육에 소요된 통상의 생활비인지 아니면 이례적이고 불가피하게 소요된 다액의 특별한 비용(치료비 등)인지 여부와 당사자들의 재산 상황이나 경제적 능력과 부담의 형평성 등 여러 사정을 고려하여 적절하다고 인정되는 분담의 범위를 정할 수 있다.
 [3] 혼외자가 인지된 경우 그 생부와 생모 사이에서 자(子)에 대한 양육비의 지급을 구할 권리는 당사자의 협의 또는 가정법원의 심판에 의하여 구체적인 청구권의 내용과 범위가 확정되기 전에는 '상대방에 대하여 양육비의 분담액을 구할 권리를 가진다.'라는 추상적인 청구권에 불과하고 당사자의 협의나 가정법원이 당해 양육비의 범위 등을 재량적·형성적으로 정하는 심판에 의하여 비로소 구체적인 액수만큼의 지급청구권이 발생한다고 보아야 하며, 이는 장래의 양육비 청구권뿐만 아니라 과거의 양육비 청구권의 경우에도 마찬가지라 할 것이다. 그러므로 당사자의 협의 또는 가정법원의 심판에 의하여 구체적인 청구권의 내용과 범위가 확정되기 전에는 권리를 행사할 수 있는 상태에 있다고 볼 수 없으므로, 그에 대한 소멸시효는 진행하지 않는다(서울가정법원 2008. 5. 16. 선고 2008르543 판결).

양육자의 자녀인도청구

유아인도청구 및 이행명령신청

이혼 후 면접교섭권자가 미성년자인 자녀를 데려가서 양육자에게 다시 보내주지 않는다거나 또는 양육자지정 또는 변경을 청구하여 승소한 경우에, 양육자는 법원에 자녀를 보내달라는 내용의 유아인도청구를 할 수 있다.

유아인도청구가 있으면 법원은 특별한 사정이 없으면 미리 당사자를 심문하여 그 의무를 이행하도록 권고한 후 일정한 기간 내에 그 의무를 이행할 것을 명한다. 법원으로부터 유아를 인도하라는 명령이 있었음에도, 피신청인이 이행하지 않으면, 신청인의 과태료부과신청에 따라 1,000만 원 이하의 과태료가 부과된다.

감치명령신청

과태료가 부과되었음에도 피신청인이 30일 이내에 유아인도의무를 이행하지 않으면, 신청인은 해당 법원에 감치명령을 신청할 수 있다. 권리자의 신청이 있으면 법원은 30일 내의 범위에서 그 의무가 이행되기까지 의무자에 대한 감치를 명한다.

간접강제신청

또한 유아인도심판결정이 확정되었음에도 불구하고 그 이행이 없으면, 법원에 간접강제신청을 할 수 있다. 간접강제를 신청하면, 법원은 기한을 정하여 그 의무이행을 명하고, 그 기한까지 의무를 이행하지 않으면 1일마다 이행강제금을 지급하라는 내용의 결정을 함으로써 간접강제 한다.

유아인도 사전처분신청

그리고 자녀를 신속히 인도받아야 할 이유가 있는 경우라면 심판이 확정되기 전이라도 자녀를 데려올 수 있도록 해당 사건을 담당하고 있는 법원에 유아인도 사전처분을 신청함으로써 해결할 수 있다.

양육자임시지정사전처분신청 및 양육비사전처분신청

　이혼소송 중 자녀를 누가 양육할 것인지에 관하여 다툼이 있거나 양육자로 지정되는 데 유리한 지위를 차지하기를 원하는 경우에는 이혼소장 제출 후 재판부가 배정이 되면, 해당 재판부에 양육자를 우리 측으로 임시 지정해달라는 내용의 신청을 할 수 있는데, 이를 양육자임시지정 사전처분신청이라고 한다. 통상 양육자임시지정 사전처분을 신청할 때에는 판결이 선고될 때까지 상대방 배우자로 하여금 임시로 지정된 양육자에게 양육비를 지급하도록 해 달라는 내용의 양육비지급 사전처분신청도 동시에 한다.

　양육자임시지정 사전처분을 신청해서 임시양육자로 지정되면 통상 판결시에 임시양육자를 양육자로 지정하므로, 양육권 확보에 있어서 유리한 지위를 차지하는 결과가 된다.

이혼 후 자녀의 성·본변경

대개의 경우 이혼 후 재혼하게 되는데, 재혼을 하면 재혼가정에서 자라는 자녀들은 새아버지와 성이 다르다는 이유로 학교 또는 이웃에서 친구들로부터 조롱을 받는 등 많은 고통을 받는다. 그러한 문제를 해결하기 위해서 민법은 성·본변경허가신청제도와 친양자제도를 두었다.

대부분 이혼한 여성이 재혼하는 경우에 문제가 되므로, 여성의 경우를 중심으로 설명한다.

성·본변경허가신청제도

자의 복리를 위하여 자의 성과 본을 변경할 필요가 있을 때에는 부 또는 모 그리고 자 본인은 법원에 성·본변경허가신청을 할 수 있다. 이 경우 새 아버지의 성을 따를 수 있으며, 친부의 동의는 필요 없지만 실무상 친부의 의사를 묻는다. 하지만 법원이 친부의 의사에 구속되는 것은 아니다.

친양자제도

그리고 민법의 친양자제도를 이용해서 재혼한 남편이 자녀를 친양자로 입양하는 방법도 있다. 친양자제도는 재혼한 부부의 혼인 중의 자녀로 보는 제도이기 때문에 친양자는 재혼한 남편의 성과 본을 따를 뿐만 아니라 가족관계등록부상에도 재혼한 남편의 친자식처럼 기재된다. 그리고 재혼한 남편과 자녀 사이에 친양자관계가 형성되건 전 남편과 자녀 사이의 친자관계가 종료되므로 반드시 전 남편의 동의 또는 승낙을 받도록 되어 있다.

많은 전 남편이 동의 또는 승낙을 해주지 않으려고 하겠지만, 가정법원은 ① 전 남편이 자신에게 책임이 있는 사유로 3년 이상 자녀에 대한 부양의무를 이행하지 아니하거나 면접교섭을 하지 아니한 경우, ② 전 남편이 자녀를 학대 또는 유기하거나 그 밖에 자녀의 복리를 현저히 해친 경우 등의 사유가 있는 때에는 전 남편의 동의 또는 승낙이 없어도 친양자청구를 인용하고 있다.

내가
이혼전문
변호사다

VI

면접교섭권

이혼한 이후에 미성년인 자녀를 현실적으로 양육하지 않은 비양육자가 자녀와 만나거나 하는 등 접촉할 수 있게 해 줄 것을 양육자에게 요구할 수 있는 권리가 바로 면접교섭권이다.

막상 이혼하고 나면, 양육자는 통상 자녀가 전배우자와 만나거나 접촉하는 것을 꺼린다. 생활의 리듬이 깨질 수 있고 새로운 배우자와의 친분관계가 흔들릴 수 있으며 사생활이나 가정사가 전배우자에게 전달될 수 있다는 우려 때문인 것으로 보인다.
하지만 비양육자와 자녀는 함께 생활만 하지 않을 뿐 혈육관계가 단절된 것은 아니므로, 한편으로는 자녀의 성장과 복지를 위해서 다른 한편으로는 비양육자의 권리의 측면에서 보호하고 있는 권리이다.

그렇다면,
면접교섭권은 보통 어떤 내용으로 인정되는지,
양육자가 면접교섭에 응해주지 않을 때 이행을 확보하는 방법에는 무엇이 있는지,
이혼소송 계속 중에도 면접교섭권을 행사할 수 있는지 여부 및
면접교섭권이 제한 내지는 배제되는 경우
등에 관하여 자세히 살펴본다.

면접교섭권의 의미

　양육자는 비양육자에 대하여 양육비청구권을 가지는 반면, 비양육자는 양육자에 대하여 면접교섭권을 가진다. 면접교섭권은 현실적으로 자녀를 양육하고 있지 않은 비양육자가 그 자녀와 직접 만나거나, 서신을 교환하거나, 휴가 중 일정기간 또는 주말 및 방학 때 함께 보내거나 하는 등 자녀와 접촉할 수 있는 권리를 말한다.

　민법은 '자녀를 직접 양육하지 아니하는 부모의 한쪽과 자녀는 상호 면접교섭할 수 있는 권리를 가진다'고 규정함으로써 부모뿐만 아니라 자녀에게도 면접교섭권을 인정하고 있다(민법 837조2 1항). 따라서 자녀가 부모를 상대로 면접교섭권을 신청할 수도 있다(2007. 12. 21. 신설).
　또한 이혼한 부모가 재혼해서 자녀를 친양자로 입양하는 경우에는 친생부모의 면접교섭권이 더 이상 인정되지 않는다. 친양자는 재혼한 부부의 혼인 중의 출생자로 보아 입양 전의 친족관계가 종료되기 때문이다. 이 또한 많이 받는 질문이다.

민법은 위와 같이 면접교섭권을 규정하고 있지만, 실무적으로 면접교섭을 강제하지는 않는다. 즉 면접교섭권도 미성년인 자녀의 양육과 관련된 문제이긴 하지만, 자녀의 복지와 직접적인 영향이 없기 때문에 양육권, 친권, 양육비처럼 국가가 적극적으로 개입하지는 않겠다는 의미로 보인다. 즉 비양육자가 사건본인에 대한 면접교섭을 청구하지 않으면, 법원은 그에 대하여 심리하지도 판단하지도 강제하지도 않는다.

비양육자가 면접교섭권을 주장하는 경우, 대부분 아래와 같은 내용으로 인정된다.

원고(신청인)는 사건본인이 성년이 될 때까지 아래와 같이 면접교섭할 수 있다.

가. 일시
① 매월 둘째, 넷째 토요일 10:00부터 다음 날 17:00까지
② 여름방학과 겨울방학 기간 중 각 7일간씩
③ 설 연휴기간 중 2박 3일
④ 전화, 이메일, 편지, 선물 등은 일시의 제한 없이 자유로이 교환

나. 장소
사건본인의 거주지

다. 인도방법
면접교섭의 개시시각에 사건본인의 주거지로 사건본인을 데리러 갔다가 종료시각에 다시 같은 장소로 사건본인을 데려다 준다.

면접교섭권의 제한 또는 배제

'자녀의 복리'를 위하여 필요한 때에는 법원에 비양육자의 면접교섭을 제한하거나 배제할 것을 청구할 수 있다.

즉 ① 비양육자에게 현저한 비행 등 친권상실사유가 있거나 유책사유가 '자녀의 복리'에 영향을 미치는 경우, ② 비양육자가 면접교섭과정에서 양육자에 대하여 근거 없는 비방을 하거나 정당한 사유 없이 면접교섭조건을 변경하는 경우, ③ 비양육자가 자녀를 탈취할 우려가 있는 경우, ④ 자녀가 원하지 않는 경우 등의 사유가 있는 때에는 법원에 면접교섭의 제한·배제 신청을 해서 비양육자의 면접교섭권을 제한 또는 배제할 수 있다.

면접교섭권의 제한 또는 배제의 방법으로는, ① 일정한 시기, 기간 동안만으로 면접교섭을 제한하거나(시간적 제한), ② 장소를 양육자의 주거, 거소 등으로 제한하거나(장소적 제한), ③ 서신왕래 및 전화통화만을 허용하고 직접적인 면접교섭은 금지하는 방식(방법적 제한) 등이 있다.

면접교섭의 사전처분

　면접교섭의 허락을 구하는 면접교섭심판 중이거나 이혼소송 중에 양육자가 비양육자에게 아이를 보여주지 않는 경우, 판결이나 심판 전이라도 법원에 면접교섭 사전처분을 신청하여 소송기간 중 정기적으로 아이를 면접교섭할 수 있다.

　실무에서는 심문기일을 지정하여 당사자들을 심문한 후 특별한 사정이 없는 이상 이러한 신청을 인용하는 경우가 많다. 이혼소송이 진행되는 동안 자녀와 비양육자와의 관계가 단절 없이 유지될 수 있도록 배려할 필요가 있기 때문이다.
　실무적으로, 비양육자가 양육비 지급을 이행하지 않고 있으면서도 면접교섭을 원하는 경우, 법원은 직권으로 양육비 지급을 명하면서 면접교섭을 허용하는 사전처분을 하고 있다.

이행확보수단

이행명령신청

심판 등에 따라 면접교섭할 권리를 인정받았음에도 불구하고 허용의무를 이행하여야 할 자가 정당한 이유 없이 그 의무를 이행하지 아니하는 경우가 있다. 그럴 경우에는 법원에 이행명령을 신청할 수 있다. 법원은 이행명령신청이 있으면 의무자로 하여금 일정한 기간 내에 그 의무를 이행할 것을 명한다. 이행명령이 있음에도 불구하고 그 이행을 하지 않는 경우에는 법원은 1,000만 원 이하의 과태료를 부과한다.

다만, 가사소송법 68조 1항에 따른 감치를 명할 수 있는 의무위반 사항 중에는 면접교섭 허용의무가 제외되어 있으므로, 감치명령은 신청할 수 없다. 하지만 법원의 이행명령에도 불구하고 의무자의 그 이행이 없으면, 권리자는 계속해서 이행명령을 신청할 수 있다.

간접강제신청 [작성례 17]

또한 면접교섭권자는 이행명령과는 별도로 법원에 간접강제신청도 할 수 있다. 다만, 간접강제의 보충성의 원칙에 따라 최후의 방법으로만 가능하고, 이 경우에도 면접교섭의 일시, 장소, 방법, 대체일의 설정방법 등을 자세하게 규정한 구체적인 면접교섭의 조항만이 간접강제가 가능하다. 따라서 단순히 '비양육자가 1년 또는 1개월에 여러 번 면접교섭할 수 있다.'라는 취지만을 추상적으로 규정한 조항은 결국 집행권원의 불특정을 이유로 간접강제 신청이 각하될 수밖에 없음에 유의해야 한다.

VII

약혼 및 사실혼

과거에는 약혼단계에서의 소송이 극히 드물었다.
혼인을 약속했다가 파혼된 것을 흉으로 여기던 사회적 인식 때문일 수도 있겠고 권리의식이 부족한 탓도 있었을 것이다.

하지만 요즘은 상대방의 잘못으로 약혼이 파기되었거나 별다른 이유 없이 상대방이 혼인에 응하지 않는 경우에 소송을 통해서 그 손해를 배상받는 사람들이 많아졌다.
일단 상대방과 결혼을 약속하게 되면, 결혼준비에 많은 비용을 소비하고, 상대방과의 육체적 접촉을 허용하는 등 결혼에 대한 많은 기대와 신뢰이익을 갖는다.
그런데 상대방의 귀책사유로 인하여 혼인에 이르지 못하게 되었다면 경제적 손해뿐만이 아니라 정신적 고통 또한 이만저만이 아니다.

사실혼도 마찬가지다.
요즈음은 혼인신고 없이 결혼식만 거행하거나 아니면 결혼식도 거행하지 않은 채 혼인의사를 가지고 동거하는 부부가 많아졌다. 결혼에 대한 사회적 인식의 변화 때문이 아닌가 싶다.
위와 같이 우리가 흔히 혼인의사를 가지고 동거라고 하는 것을 법률적으로는 사실혼이라고 하는데, 이러한 사실혼도 혼인신고만 없었다 뿐이지 법률혼과 다를 바 없다. 그렇기 때문에 법은 이러한 사실혼에 관해서도 혼인신고를 전제로 하여 보호되는 몇 가지를 빼고는 법률혼과 동일하게 보호하고 있다.

그런데 상대방 배우자의 유책사유로 사실혼이 파기되었거나 별다른 이유 없이 상대방이 사실혼관계를 파기한 경우에는 경제적 손해뿐만이 아니라 정신적 고통 또한 크다.
그렇다면 그러한 경우에 법에 의하여 어떠한 보호를 받을 수 있는지 알아본다.

약혼

반드시 약혼식을 거행해야 법적으로 보호받을 수 있나?

약혼이란 당사자 사이에 장래 혼인하기로 하는 합의를 말한다. 이와 같이 약혼은 양 당사자간의 합의만으로 성립하는 것이므로 약혼식을 거행하였는지 여부는 불문한다. 양 당사자 사이에 장래에 혼인하기로 하는 합의가 일단 성립되면, 약혼해제사유가 존재하지 않는 한 일방적으로 약혼을 파기할 수 없다.

약혼부당파기자에게 어디까지 책임을 물을 수 있나?

따라서 약혼해제사유가 없음에도 불구하고 일방당사자가 이유 없이 혼인을 성립시킬 의무를 이행하지 않거나 고의과실에 의하여 약혼해제사유를 발생시켰을 경우에는 책임 있는 당사자에 대하여 위자료청구는 물론 혼인 준비 비용 등의 재산상 손해까지 그 배상책임을 물을 수 있다.

혼인을 전제로 교부한 예물 예단비 또한 그 반환을 청구할 수 있다. 그러나 과실 있는 당사자로부터 교부받은 예물 예단비 등은 그에게 반환하지 않아도 된다(대법원 1976. 12. 28. 선고 76므41 판결).

어찌 보면 이혼에 있어서 유책배우자의 책임보다도 약혼에 있어서 과실 있는 당사자가 받는 타격이 더 크다. 왜냐하면 이혼에 있어서 유책배우자의 유책행위로 인한 책임은 위자료지급으로 끝나지만, 약혼에 있어서 과실 있는 당사자는 위자료지급은 물론이고 재산상 손해까지 배상해야 하기 때문이다. 어디 그뿐인가. 자신이 상대방으로부터 받은 예물예단은 고스란히 반환하여야 하면서도 자신이 교부한 예물예단은 반환받을 수 없으니 그 책임이 이혼에 있어서보다 더 크다고 볼 수 있다. 그러니 이성과의 결혼 약속은 신중히 해야 할 일이다.

하지만 당사자 쌍방의 합의하에 약혼을 해제하는 경우에는 서로 교환했던 예물 예단을 양측 모두 서로 반환해야 한다.

약혼 해제 사유

① 약혼 후 자격정지 이상의 형을 선고받은 경우
② 약혼 후 성년후견개시나 한정후견개시의 심판을 받은 경우
③ 성병, 불치의 정신병, 그 밖의 불치의 병질(病疾)이 있는 경우
④ 약혼 후 다른 사람과 약혼이나 혼인을 한 경우

⑤ 약혼 후 다른 사람과 간음(姦淫)한 경우
⑥ 약혼 후 1년 이상 생사(生死)가 불명한 경우
⑦ 정당한 이유 없이 혼인을 거절하거나 그 시기를 늦추는 경우
⑧ 그 밖에 중대한 사유가 있는 경우

위 '그 밖에 중대한 사유가 있는 경우'에 관계된 판례를 소개하면, 판례는 학력과 직장에서의 직종, 직급 등을 속인 것이 약혼 후에 밝혀진 사안에서 이러한 사유가 약혼해제사유인 '기타 중대한 사유가 있는 때'에 해당한다고 판시하였다(대법원 1995.12.08. 선고 94므1676 판결).[22]

---

22 판결요지

1. 약혼은 혼인할 것을 목적으로 하는 혼인의 예약이므로 당사자 일방은 자신의 학력, 경력 및 직업과 같은 혼인의사를 결정하는 데 있어 중대한 영향을 미치는 사항에 관하여 이를 상대방에게 사실대로 고지할 신의성실의 원칙상의 의무가 있다.
2. 종전에 서로 알지 못하던 갑과 을이 중매를 통하여 불과 10일간의 교제를 거쳐 약혼을 하게 되는 경우에는 서로 상대방의 인품이나 능력에 대하여 충분히 알 수 없기 때문에 학력이나 경력, 직업 등이 상대방에 대한 평가의 중요한 자료가 된다고 할 것인데 갑이 학력과 직장에서의 직종·직급 등을 속인 것이 약혼 후에 밝혀진 경우에는 갑의 말을 신뢰하고 이에 기초하여 혼인의 의사를 결정하였던 을의 입장에서 보면 갑의 이러한 신의성실의 원칙에 위반한 행위로 인하여 갑에 대한 믿음이 깨어져 갑과의 사이에 애정과 신뢰에 바탕을 둔 인격적 결합을 기대할 수 없어 갑과의 약혼을 유지하여 혼인을 하는 것이 사회생활관계상 합리적이라고 할 수 없으므로 민법 제804조 제8호 소정의 '기타 중대한 사유가 있는 때'에 해당하여 갑에 대한 약혼의 해제는 적법하다.
3. '[2]'항의 경우 약혼관계가 해소됨으로 인하여 을이 상당한 정신적 고통을 받았을 것임은 경험상 명백하므로 갑은 을에게 위자료를 지급할 의무가 있다.
4. '[2]'항의 경우 을로서도 갑의 학력이나 직급 등을 시간을 갖고 정확히 확인하여 보지 아니한 채 경솔히 약혼을 한 잘못이 있다고 할 것이지만, 이를 가리켜 을에게 중대한 과실이 있다고 할 수 없고 약혼의 해제에 대한 귀책사유가 갑에게 있는 이상 이러한 을의 잘못은 갑의 을에 대한 위자료 액수를 산정함에 있어 참작할 사정에 불과하다.

사실혼

사실혼이란?

실질적인 부부로서의 공동생활을 하고 있지만, 혼인신고를 하지 않은 남녀관계를 사실혼 관계라고 한다. 즉 사실혼은 혼인신고를 하지 않았다는 점에서 법률혼과 차이가 있을 뿐 혼인의사를 가지고 공동생활을 하고 있는 점에 있어서는 동일하다.

사실혼 배우자는 법률혼과 비교해서 어느 정도까지 보호받을 수 있나?

사실혼은 가족관계등록부에 공시되지 않기 때문에 성년의제, 배우자상속권, 친생자추정 등은 인정되지 않으나, 혼인에 준하는 관계로서 보호되므로, 부부간의 동거, 부양(부양료 청구 가능), 협조, 정조의무, 일상가사채무의 연대책임 등 부부공동생활을 전제로 하는 일반적인 혼인의 효과는 인정된다.

따라서 부양의무를 다하지 아니하는 경우 부양료를 청구할 수 있고, 정조의무를 위반해서 부정행위를 하는 경우 사실혼관계의 해소요구와 더불어 위자료를 청구할 수 있다. 또한 사실혼관계가 해소되었을 때는 재산분할도 청구 가능하며, 제3자의 불법행위에 의하여 상대방배우자에 대한 생명침해의 경우 배우자의 지위에서의 위자료청구권 등도 인정된다.

이미 언급한 바와 같이, 사실혼 기간 중에 두 사람이 협력하여 모은 재산에 대한 재산분할청구가 가능하지만 사실혼관계가 한쪽 당사자의 사망으로 종료된 경우에는 그 상대방에게 재산분할청구권이 인정되지 않음에 유의해야 한다(대법원 2005두15595 판결). 이 경우 사망한 당사자의 법정상속권자가 재산을 상속받게 되고, 사실혼배우자는 상속권을 주장할 수 없다.

그러나 연금법이나 보험관계법령에서는 사실혼 배우자를 법률상의 배우자와 같이 취급하고 있는데, 구체적으로, 근로기준법 시행령 제8조는 유족보상의 순위를 정하면서 근로자의 배우자에 '사실혼관계에 있던 자'를 포함시키고 있다. 그리고 공무원연금법, 군인연금법, 사립학교교직원연금법, 선원법 시행령, 산업재해보상보험법 등도 유족인 배우자의 범위에 '사실상 혼인관계에 있던 자'를 포함시키고 있다. 또한 주택임대차보호법 제9조는 임차인의 사망 시 '사실상의 혼인관계에 있던 자'에게 임차권의 승계와 관련하여 일정한 보호를 하고 있다.

사실혼 부당파기 자에 대하여 어떤 책임을 물을 수 있나?

사실혼의 경우에는 혼인신고를 하지 않았기 때문에 법률혼과 달리 공법적 절차 없이 언제든지 합의하에 또는 상대방에게 통보만 하고서 헤어지면 된다. 그러나 상대방이 정당한 이유 없이 사실혼관계를 파기하면, 사실혼관계 부당파기로 인한 정신적 손해(위자료)는 물론 재산적 손해까지 배상해야 한다. 여기서 재산적 손해에는 그 사실혼관계의 성립유지와 인과관계 있는 모든 손해를 포함하는데, 결혼비용은 물론 결혼에 소요된 금액 모두를 포함한다. 판례의 견해이다(대법원 1989.02.14. 선고 88므146 판결).

한편 배우자의 부모 등 제3자에 의하여 사실혼이 파탄된 경우에는 그 제3자에 대하여도 위자료를 청구할 수 있다.

사실혼관계가 단기간 내에 종결된 경우 유책배우자에게 어떤 책임을 물을 수 있나?

사실혼관계가 단기간 내에 종결된 경우 즉 ① 의미 있는 혼인생활을 했다고 할 수 없을 만큼 단기간에 결혼생활이 파탄 나거나 ② 사회적으로 부부공동체 생활을 했다고 보기 어려울 정도로 단기간에 결혼생활이 끝난 경우에는 위자료나 재산분할만을 청구할 사안이 아니다.

즉 ① 위자료나 재산분할은 물론이고 ② 예물 예단의 반환, ③ 혼인비용 상당의 손해배상, ④ 가재도구 등 혼수의 반환, ⑤ 주택구입명목으로 지급한 돈 및 주택의 인테리어비용으로 지급한 돈 전액의 반환 등 또한 청구할 수 있다.

얼마의 기간을 단기간으로 볼 것인지가 문제인데, 1개월과 5개월을 단기간으로 본 사례가 있고, 1년 만에 파경에 이른 사안에서 1년의 혼인생활이 짧다고 볼 수 없다고 판시한 사안이 있다. 그러한 판례의 입장을 참고하여 구체적인 경우에 따라서 Case by case로 판단해야 할 것으로 보인다.

> **판례에 나타난 사실혼관계가 단기간 내에 종결된 경우의 청구범위의 정리**
>
> **위자료 및 재산분할청구**
> 사실혼관계가 단기간에 종결된 경우 혼인파탄에 고의·과실이 있는 유책배우자에게 혼인파탄으로 인한 위자료를 청구할 수 있음은 물론이다. 그리고 혼인관계가 단기간 내에 종결되었으므로 재산분할이 문제될 여지는 거의 없을 것이나, 만약 부부공동의 노력으로 형성한 재산이 있다면 재산분할청구가 가능함은 물론이다.[23]
>
> **예물·예단의 반환청구**
> 혼인의 전후에 수수된 혼인예물·예단은 혼인의 성립을 증명하고 혼인이 성립한 경우 당사자 내지 양가의 정리를 두텁게 할 목적으로 수수되는 것으로서 혼인이 불성립되면 돌려받는 조건으로 주고받는 것이다. 그런데 혼인생활을 했다고 할 수 없을 만큼 단기간에 결혼생활이 파탄나거나 사회적으로 부부공동체 생활을 했다고 보기 어려울 정도로 단기간에 결혼생활이 끝난 경우에는 혼인이 불성립된 경우에 준한다. 따라서 단기간 내에 혼인이 파탄 난 경우에는 혼인이 불성립된 경우에 준하여, 상대방에게 준, 혼인예물·예단을 반환할 것을 상대방에게 청구할 수 있다. 하지만 혼인파탄에

---

23 예컨대, 결혼하면서 부부가 공동으로 경매를 통해서 시가보다 싸게 부동산을 마련했다면 시가에서 경매가를 공제한 이익에 대해서는 재산분할해야 하는 문제가 발생한다.

과실이 있는 유책배우자는 형평의 원칙상 그가 제공한 혼인예물·예단의 반환을 청구할 권리가 없다(서울가정법원 2010. 12. 16. 선고 2010드합2787 판결).

혼인비용 상당의 손해배상청구
혼례식 내지 결혼식은 특별한 사정이 없는 한 혼인할 것을 전제로 남녀의 결합이 결혼으로서 사회적으로 공인되기 위한 관습적인 의식이므로, 당사자가 거식 후 부부공동체로서 실태를 갖추어 공동생활을 하는 것이라고 사회적으로 인정될 수 없는 단시일 내에 사실혼에 이르지 못하고 그 관계가 해소되어 그 결혼식이 무의미하게 되어 그에 소요된 비용도 무용의 지출이라고 보여지는 경우에는 그 비용을 지출한 당사자는 유책당사자에게 그 배상을 구할 수 있다(대법원 1984. 9. 25선고 84므77 판결).

혼수 반환청구
혼인생활이 단기간 내에 파탄된 경우에, 혼인생활에 사용하기 위하여 혼인 전후에 한쪽 배우자가 자신의 비용으로 구입한 가재도구 등을 상대방 배우자가 점유하고 있다고 하더라도 이는 여전히 그 한쪽 배우자의 소유에 속한다고 할 것이어서, 소유권에 기하여 그 반환을 구하거나 원상회복으로 그 반환을 청구할 수 있다.
이 경우 주의할 것은 손해배상을 청구해서는 안되고, 반드시 소유권에 기하거나 원상회복을 원인으로 해서 그 반환을 청구해야 한다(대법원 2003. 11. 14. 선고 2000므1257,1264 판결).

주택구입 명목으로 지급한 돈 및 주택의 인테리어비용으로 지급한 돈의 반환청구
그리고 한쪽 배우자가 혼인 후 동거할 주택구입비 명목으로 상대방 배우자에게 돈을 교부한 경우에도 혼인관계가 단기간에 파탄되었다면 형평의 원칙상 위 돈은 원상회복으로서 특별한 사정이 없는 한 전액 반환되어야 한다. 나아가 이러한 법리는 한쪽 배우자가 상대방 배우자에게 주택구입 명목으로 돈을 교부한 경우뿐만 아니라 주택의 인테리어비용으로 돈을 교부하거나 직접 인테리어비용을 지출한 경우에도 그대로 적용된다고 보는 것이 형평의 원칙에 부합한다.
(대법원 2003. 11. 14. 선고 2000므1257 판결, 대법원 1989. 02. 14. 선고 88므146 판결, 서울가정법원 2010. 12. 16. 선고 2010드합2787 판결)

중혼적 사실혼

배우자가 있음에도 불구하고 또 다른 이성과 사실혼관계를 유지하는 것을 중혼적 사실혼이라 한다. 즉 사실혼관계에 있는 당사자들 중 적어도 일방이 이미 법률혼관계에 있다는 것이 일반 사실혼관계와 차이가 있다.

중혼적 사실혼관계를 유지하는 것은 부정행위로서 이혼사유가 된다. 또한 사실혼관계가 어느 정도 법적 보호를 받는 것과는 다르게, 중혼적 사실혼관계는 그 어떠한 법적 보호도 받을 수 없다. 따라서 중혼적 사실혼관계에 있는 자는 상속은 물론 재산분할이나 위자료 등 그 어떠한 것도 청구할 수 없다.

사실혼관계에 있는 일방당사자가 단독으로 혼인신고를 할 수 있는 방법

'가족관계의 등록 등에 관한 법률' 제72조는 '사실혼관계존재확인의 재판이 확정된 경우에는 소를 제기한 사람은 혼인신고를 하여야 한다.'라고 규정하고 있다. 따라서 일정한 경우 사실혼관계에 있는 당사자의 일방적 신고에 의하여 사실혼이 법률혼으로 격상될 수 있는 길이 있다.

즉 사실혼관계에 있는 일방당사자는 상대방을 상대로 관할 가정법원에 '사실혼관계존재확인의 소'를 제기하여 판결을 받은 후, 그 판결문을 가지고 단독으로 혼인신고를 할 수 있으며, 그럼으로써 사실혼을 법률혼으로 격상시킬 수 있는 것이다.

또한 혼인신고특례법 2, 3조는 사실혼관계에 있는 당사자의 한쪽이 전쟁 또는 사변에 있어서 전투에 참가하거나 전투수행을 위한 공무수행 중에 사망한 경우에는 생존한 다른 한쪽이 사망한 당사자의 마지막 주소지가 있는 곳의 가정법원의 확인을 얻어 단독으로 혼인신고를 할 수 있다고 규정하고 있다.

VIII

이혼소송절차

일단 이혼을 결심하게 되면 이혼소송절차가 어떻게 진행되는지 그리고 그 기간은 어느 정도 소요되는지를 많이 궁금해 한다.

우선 이혼소송이 진행되는 기간은 약 7~8개월 남짓이다. 물론 이혼기각을 구하는 소송이거나 혼인관계회복을 구하는 소송의 경우에는 약 1년에서 많게는 2년까지도 소요되는 경우가 있기는 하지만 그러한 경우는 흔치 않다.

이혼소송은 다른 소송과 달리 그 절차가 굉장히 가변적이다. 사안에 따라서 답변서만 오고 간 후에 변론기일을 잡기도 하고 준비서면까지 오고 간 후에 변론기일을 잡기도 한다.

또 가사조사절차와 조정절차가 진행되지 않을 수도 있고, 진행된다 하더라도 어느 시점에 진행될지 장담할 수 없다. 이렇듯 이혼소송은 법원의 소송지휘 스타일에 따라 그리고 소송 내용이나 성격에 따라 그 절차가 많이 다르다.
그래서 통상적인 진행절차를 소개한다.

원고의 소장 제출

관할법원

소장은 관할 가정법원에 제출해야 하는데, 관할법원은,
① 부부가 같은 가정법원의 관할구역 내에 주소가 있는 경우에는 그 가정법원,
② 부부가 각각 다른 가정법원의 관할구역 내에 주소가 있는 경우에는 부부가 마지막으로 같은 주소지를 가졌던 가정법원의 관할구역 내에 부부 중 어느 한쪽의 주소가 있을 때에는 그 가정법원.
③ 위 어느 경우에도 해당되지 않는 경우에는 상대방의 주소지를 관할하는 가정법원이다.

즉,
① 부부가 모두 서울에 거주하는 경우에는 서울을 관할하는 서울가정법원에 소장을 제출하면 되고,

② 현재 남편은 서울에, 처는 수원에 각 거주하는 경우에, 부부가 마지막으로 주민등록상 같은 주소지를 가졌던 곳이 서울이면 서울가정법원에, 만약 수원이면 수원지방법원(가사과)에 소장을 제출하면 된다.
③ 그리고 위 ②의 경우에 부부가 마지막으로 주민등록상 같은 주소지를 가졌던 곳이 서울도 수원도 아닌 경우에는 상대방이 거주하는 주소지를 관할하는 가정법원에 소장을 제출해야 한다.

소장이 제출되면, 법원은 소장을 심사한 후에 사건이 접수된 순서에 따라 소장부본을 상대방(피고)에게 송달하게 된다. 이와 같이 소장이 피고에게 송달되는 데에는 소장이 접수된 날로부터 통상 10~20일 정도 소요된다. 해당 재판부에 사건이 많으냐 적으냐에 따라 그 소요시간에 차이가 있다.

배우자가 외국인일 때

만약 이혼소송의 한쪽이 외국인이고 다른 한쪽이 대한민국 국민이라면, 우리나라 법원에 이혼의 소를 제기할 수 있다. 외국인이 국내에 거소를 가지고 있는 때에는 그 거소를 관할하는 가정법원이, 아직 국내에 입국하지 않은 때에는 서울가정법원이 관할법원이 되며, 후자의 경우에는 소장을 번역, 공증받아 3부를 추가로 제출해야 한다.

피고의 답변서 제출

　소장을 받은 피고는 소장부본을 받은 날로부터 30일 이내에 원고가 보낸 소장 내용에 대하여 반박하는 내용을 담은 답변서를 법원에 제출해야 한다.

　답변서가 법원에 제출되면, 법원은 그 부본을 원고에게 송달하는데, 통상 답변서가 제출된 날로부터 약 10일 정도가 소요된다.

변론준비기일 또는 변론기일의 지정

피고로부터 답변서가 제출되면 법원은 위와 같이 답변서부본을 원고에게 송달하면서 통상 변론기일이나 변론준비기일을 지정하여 당사자들에게 통보한다.

변론기일은 통상 우리가 알고 있는 법정에서 판사를 앞에 두고 원·피고 사이에 서로 자기의 주장을 관철시키기 위해서 변론하는 과정이고, 변론준비기일은 사건의 성질상 입증해야 할 사실관계가 많고 논점이 다양한 경우, 판사가 원·피고를 판사실 등으로 불러놓고 앞으로 사실조회신청이나 증인신문을 어떻게 진행할 것인지 등 소송절차에 관하여 준비하는 절차이다. 변론준비기일에 변론준비절차가 완료되면 바로 변론기일이 지정된다.

변론기일이나 변론준비기일을 지정하는 대신 바로 조정절차에 회부하거나 조정기일을 지정하는 경우도 많다. 조정회부 이후 조정이 성립되지 않으면 그때서야 변론기일 혹은 변론준비기일을 지정한다. 참고로 가사소송법이 이혼사건의 경우(정확히는 가사소송법상 나류, 다류, 마류사건) 조정전치주의를 택하고 있기 때문에 조정에 회부하여도 조정이 성립할 여지가 전혀 없는 등 극히 예외적인 경우를 제외하고는 반드시 적어도 1회 이상은 조정절차를 거치도록 되어 있다.

가사조사절차

이혼소송의 경우 통상 사실관계가 복잡한 반면, 증거가 없는 경우가 많고, 그 사실관계를 모두 판사가 정리하는 것이 비효율적이므로, 통상 재판부는 가사조사관을 임명하여 가사조사절차를 진행하기도 한다.

가사조사절차가 진행되면, 가사조사관은 원·피고를 함께 부르거나 한 사람씩 불러놓고 면담하는 형식으로, 혼인이 파탄에 이미 이르렀는지 아니면 다시 회복가능한지 여부, 이혼사유는 무엇인지, 누가 유책배우자인지, 특별한 이혼사유가 없다면 당사자에게 혼인관계를 회복할 의사가 있는지, 재산의 현황, 재산형성과정, 양육권 및 양육비를 산정하기 위한 기초사실관계 등을 조사하게 된다. 그리고 조사절차를 마치면 가사조사관은 위 사항들을 정리한 가사조사보고서를 작성하여 판사에게 제출한다.

그 외 가사조사절차과정에서 부부상담이 필요한 경우에는 부부상담절차, 심리상담이 필요한 경우에는 심리상담 혹은 심리치료절차 등이 진행되기도 하는데, 이러한 절차는 그리 흔한 절차는 아니다.

조정절차

  가사소송법은 재판상 이혼사건에 있어서 조정전치주의를 취하고 있기 때문에, 재판부는 판결을 선고하기 이전에 반드시 조정기일을 지정하거나 조정에 회부하는 결정으로 조정절차를 거친다. 다만 판사님이 판단하기에 그 사건을 조정에 회부하더라도 조정이 성립될 수 없다고 인정되는 경우에는 조정에 회부하지 아니할 수 있다. 당사자의 합의에 의한 사건해결을 기대할 수 없는 경우에 굳이 조정에 회부하는 것은 불필요한 절차의 반복에 지나지 않기 때문이다.

반소의 제기

이혼소송을 당한 피고가 본소(원고가 애초에 제기한 이혼소송을 본소라고 한다.) 계속 중에 원고에 대하여 제기하는 것이 반소이다. 즉 반소는 유책배우자가 피고 자신이 아닌 원고라고 주장하면서 이혼 및 위자료를 구하는 경우 또는 유책배우자가 누구든 간에 이혼시 재산분할을 받아야 하는 경우, 양육권과 양육비를 청구해야 하는 경우, 면접교섭권을 청구해야 하는 경우 등에 제기하는데, 항소심(2심)에 대한 변론기일이 종결되기까지 제기할 수 있다. 다만 항소심에서 반소를 제기하는 경우에는 상대방의 동의나 이의 없는 응소가 필요한데, 상대방이 동의 등을 하지 않으면 반소를 제기할 수 없는 경우가 발생할 수 있다(창원지방법원 2001.4.13. 선고2000르43판결 참조). 따라서 웬만하면 1심에서 반소를 제기하는 것이 안전하며 항소심에서 반소제기가 인정되지 않는 경우에는 별도의 소를 제기하여 다툴 일이다. 반소가 제기되면 법원은 원고가 제기한 본소와 피고가 제기한 반소를 함께 심리하고 판단한다.

변론기일의 속행과 준비서면 제출

　변론기일은 보통 2~5회 속행되어 열리며, 변론기일이 속행될 때는 다음 변론기일을 통상 4주 후에 연다. 그런 후 심리가 완료되었다고 판단되면 판사는 변론을 종결하고, 변론을 종결한 날로부터 통상 4주 후에 선고기일을 지정하여 판결을 선고한다. 소장이 제출된 날로부터 판결이 선고되기까지는 약 8개월에서 길게는 1년 정도가 소요된다.

　이때 당사자는 상대방의 주장에 대하여 반박할 내용이 있으면 언제든지 반박하는 내용을 담은 서면을 재판부에 제출할 수 있는데, 이러한 서면을 준비서면이라고 부른다. 준비서면이라는 명칭은 변론기일에 변론을 준비하는 서면이라는 의미에서 붙여진 이름이다.

　그리고 드물게는 피고로부터 답변서가 제출되었을 때, 법원이 바로 변론기일이나 변론준비기일을 지정하지 않고 답변서부본을 원고에게 송달하면서 피고의 답변서 내용에 대해서 반박하는 내용을 담은 준비서면을 제출하라는 내용의 준비명령을 명하는 경우가 있다. 이러한 경우는 피고의 답변서 내용에 대한 원고의 항변을 들어 본 후에 변론기일을 열 필요가 있는 경우이다. 즉 법원은 답변서부본을 원고에게 송달하면서 제출기한(이를 '준비명령기간'이라 함)을 정하여 피고의 답변서 내용에 대하여 반박하는 내용의 준비서면을 제출하라는 '준비명령'을 하게 되는데, 통상 준비명령기간을 15~20일 정도 준다. 그럴 경우 원고는 준비명령기간 내에 피고의 답변서의 내용에 대하여 반박하는 내용을 담은 준비서면을 법원에 제출해야 하는데, 원고의 준비서면이 제출되면, 법원은 그 부본을 또다시 피고에게 송달하면서 원고와 마찬가지로 준비명령기간을 정하여서 원고의 준비서면에 대하여 반박하는 내용의 준비서면을 제출하라는 준비명령을 하게 되고 이와 같이 쌍방의 준비서면이 제출된 이후에 변론기일 또는 변론준비기일을 지정한다.

이혼신고

　이혼판결이 확정되거나 조정, 화해권고결정이 확정되면, 이혼신고 여부와는 관계없이 이혼은 이미 된 것이다. 다만 가족관계등록부를 정리해야 하는데, 등록부를 정리하기 위해서는 판결문등본(또는 화해권고결정문)과 확정증명원(조정조서인 경우에는 송달증명)을 가지고 등록기준지나 주소지 여부를 불문하고 전국 어느 곳이나 시, 구, 읍, 면사무소의 가족관계등록계에 이혼신고를 하면 된다. 신고는 판결 등 확정일로부터 1개월 이내에 해야 하며 1개월 이내에 신고하지 않으면 5만 원의 과태료가 부과된다.

　미성년인 자녀가 있는 경우에는 이혼신고 시에 친권자지정 신고를 하여야 하며, 임신 중인 자녀는 이혼신고 시가 아니라 그 자녀의 출생신고 시에 판결정본 및 그 확정증명서를 첨부하여 친권자지정 신고를 해야 한다.

내가
이혼전문
변호사다

IX
실제사례

LAWYER

같은 이혼소송이라도 이 세상에 똑같은 소송은 단 한 건도 없다.
소송을 단 한 번만이라도 수행해 본 경험이 있다면 누구나 공감하겠지만, 소송을 수행하다 보면 언제나 예상치 못한 난관에 봉착하게 되고 일반적인 법리나 판례로는 해결하기 어려운 문제점에 부딪히게 된다.

그래서 이혼소송에서 승소하기 위해서는 법리와 판례를 잘 아는 것도 중요하지만 일단 소송을 어떻게 수행해 나가야 할지 큰 그림을 그릴 수 있어야 하고 그 다음으로는 큰 그림을 그려나가는 과정에서 봉착하게 되는 난관과 문제점을 잘 극복해 나갈 수 있어야 한다.

난관과 어려움을 지혜롭고 슬기롭게 극복해 나갈 때 필요한 것이 바로 많은 경험과 노하우 그리고 지구력과 승부욕이다.
산전수전 다 겪어본 사람은 난관에 봉착했을 때 당황하지 않고 잘 대처해나갈 수 있겠지만, 경험과 노하우가 적은 사람은 그것이 난관인지조차도 인식하지 못하고 그저 불가항력이라고 자위하면서 포기하고 만다.

경험이 없어도 지구력과 승부욕이라도 있으면 그나마 다행이다. 지구력과 승부욕이라도 있으면 어려운 난관에 봉착하더라도 이를 헤쳐나가기 위해서 좌충우돌 동분서주하면서 그 해결책을 찾아내겠지만 지구력과 승부욕도 없다면 쉽게 지치고 결국 포기하게 된다. 그리고 적당히 판결을 받으려고 한다.

그래서 소송이 어떻게 수행되는지를 조금이라도 알고 시작하는 것이 반드시 필요하다.
이 책을 읽는 독자분들이 이혼소송을 진행하는 데 있어 조금이나마 도움이 되었으면 하는 바람으로 몇 개의 실제 사례를 소개한다.

제 가정을 지켜주세요

　사무실로 50대 초반의 중년 남성이 소장을 들고 찾아오셨는데, 부인 측으로부터 받은 소장이었다. 그 중년 남성은 어려서 부모님을 여의고 오갈 데가 없게 되자, 여동생과 함께 당시 이웃에 살고 있던 친척 집에 얹혀살게 되었다고 한다. 그런데 그 친척 집도 다 쓰러져 가는 집에 자식들까지 많아서 얹혀 살기란 여간 힘든 게 아니었다고 한다.

　그 중년 남성은 어린 시절을 그렇게 온갖 고생을 다하면서 살다가 그 환경을 빨리 벗어나고 싶은 마음에 성년이 되자마자 이웃에 살던 지금의 부인과 결혼해서 가정을 꾸렸다고 한다. 그런데 어린 시절을 어렵게 보내다 보니 돈이 없으면 가족들이 고생할 수밖에 없다는 강박관념에 사로잡혀 내 몸이 부서지더라도 돈을 벌어 가족들을 넉넉하게 먹여살려야 한다는 신념을 가지게 되었고, 그저 돈을 벌기 위해 일만 하면서 살아오신 분이셨다.
　그분은 막노동판에서 일하면서도 담배는 물론이고 그 흔한 술 한 모금조차도 입에 댄 적이 없다고 하였고 가정을 위해 무더운 중동까지 가서 막노동 일꾼으로 몇 년 동안이나 일하는가 하면 국내에서도 인건비만 많이 준다면 온갖 허드렛일까지도 마다하지 않고 해오셨다고 한다.

여기까지 들으면 참으로 성실하고 훌륭한 가장에 대한 이야기로 들린다.

하지만 어린시절을 너무 어렵게 사셔서 그런지 의뢰인은 가족들에게 정겹게 말하는 것은 고사하고 대화조차 없이 살아오셨고 너무 완고하셨다. 본인이 돈만 벌어다 주면 가족들은 잘 살겠지 하는 마음으로 살아오셨던 모양이다. 그리고 자신의 마음을 표현하는 것이 서툴다 보니 가족들은 의뢰인으로부터 마음의 큰 상처를 입은 것으로 보였다.

부인이 그런 남편의 마음을 조금만이라도 이해해주고 자녀들을 보듬었다면, 가정에 문제가 없었을 텐데, 부인은 그런 남편을 이해하지 못했다. 그리고 부인은 아버지에 대해서 불평하는 자식들조차도 다독이지 못하고 아버지와 멀어지게 하였으며, 결국 2남 1녀인 자녀들을 자신의 편으로 만들어 아버지와 이혼을 하는 데 동조하도록 만들었다. 그리고 심지어는 이혼소송이 시작되자 남편만 집에 놔두고 자식들을 데리고 집을 나가 따로 생활하기까지 하였다.

중년 남성은 눈물을 흘리면서 후회스러운 과거를 돌이키고 가정을 지키고 싶다고 하소연하셨다. 그래서 부인에게도 유책사유로 삼을 만한 잘못이 있었지만, 우리는 부인의 잘못을 크게 들추지 않고 다만 과거를 회상하면서 남편으로서 그리고 아버지로서 부족했던 점을 솔직하게 고백하는 한편 앞으로의 다짐과 각오를 제기하는 방향으로 변론해 나갔다.

그러자 판사님도 우리 의뢰인의 마음을 알아주시고 직접 부인을 설득하기까지 했다. 그런데 부인은 물론이고 자식들까지도 의뢰인에 대한 감정의 골이 깊었는지 이번에는 자식들의 반감이 거셌다. 그래서 우리는 부부상담절차 및 심리치료절차를 진행해 줄 것을 법원에 요청하였고, 법원은 우리의 요청을 받아들여 부인과 자식들을 설득해서 가족 모두에 대한 가사상담절차 및 심리치료절차를 진행했다.

그와 동시에 의뢰인에게는 소송에서 승소하는 것만이 다가 아니고 파탄난 혼인관계를 다시 회복시키기 위해서는 부인과 자녀들의 마음을 돌리는 것이 중요한데… 그러기 위해서는 마음을 좀 보여주는 것이 필요하다고 조언하자, 의뢰인은 부인과 자녀들에게 평생 보내본 적도 없는 편지까지 써서 보내곤 하였다.

그런 과정에서 부인과 자녀들의 마음이 풀렸고, 이미 집을 나가 살고 있던 살림살이를 정리해서 집에 들어오더니 급기야 이혼소송에서 "앞으로 매일 1시간씩 가족과 대화를 한다. 1년에 최소한 1회씩 가족여행을 간다."라는 등의 내용으로 조정조서를 작성하는 방법으로 종결되었다.

그리고 그 무엇보다 기쁜 것은 지금까지 다복하게 아주 잘 살고 계신다.

이 사건의 경우, 이혼을 시키거나 이혼을 당한 후 재산분할을 받아오면 성공보수를 받을 수 있는 사안이었지만, 당사자의 의사를 고려하여 혼인관계를 다시 회복시키기 위해 변호가 이루어진 사건으로 승소도 패소도 아니지만 진정으로 성공한 사례로서 우리 솔로몬이 이혼소송을 진행하면서 가장 큰 보람을 느낀 사건이다.

유책배우자인
우리 의뢰인을 지켜라

이번에는 우리 솔로몬이 외도한 유책배우자를 변론했던 사건에 대해서 말해보려고 한다.

간통죄가 폐지되기 이전의 사건이어서 좀 오래된 사건이지만, 너무 특별했던 사건이었던지라 잊을 수가 없어 오늘 그 사건에 대한 이야기보따리를 꺼내본다.

30대 초반의 젊은 남성분에 관한 이야기인데, 그분은 그 지방에서는 이름만 대면 알만한 갑부집 외아들이었다. 그런데 그 외아들은 결혼한 이후에 대기업에 다니는 부인이 아닌 다른 여성과 함께 해외여행을 가서 그 여성과 함께 호텔방에서 야하게 찍은 사진이 발각되어, 부인으로부터 간통죄로 고소를 당함과 동시에 이혼소장을 받은 상태였다.

의뢰인의 부모님은 돈도 많고 건실한 사업체도 있는데 이를 물려받을 의뢰인이 공부나 사업은 뒷전이고 날이면 날마다 사고만 치고 다니니 며느리만큼은 능력 있는 며느리를 보기 위해서 백방으로 알아보았다고 한다. 그러던 중 지금의 며느리를 만나게 되었고, 며느리의 마음을 사기 위해서 빌딩과 아파트 등 많은 부동산의 소유권을 이미 며느리 앞으로 해놓았을 뿐만 아니라, 한국과 해외에 여러 개의 사업체도 며느리에게 마련해준 상태였다.

사실 며느리는 의뢰인이 좋아서 결혼했다기보다는 돈을 보고 결혼한 것으로 보였고, 의뢰인 또한 자신보다 아이큐가 몇 배는 더 좋아 보이는 부인과 잘 소통될 리는 없었지만 부모님의 성화에 못 이겨 어쩔 수 없이 결혼하게 되었다고 한다. 그리고 한편으로는 부인의 외모가 영화배우 뺨치게 예쁜 것도 결혼하게 된 이유가 되지 않았나 싶다. 어찌 되었든 의뢰인은 예상대로 부인과의 결혼생활에 적응하지 못했고, 결혼을 조건으로 대기업 여직원과 교제하게 되었던 모양이다.

부인으로부터 간통죄로 형사고소 당하고 이혼소장까지 받게 되자 의뢰인과 그 부모는 재산을 모두 뺏기는 줄 알고 난리가 아니었다. 그래서 국내 굴지의 대형 로펌을 돌아다니면서 상담을 받고 있었고, 그곳으로부터 우리보다 몇 배는 높은 수임료를 제안받은 상태였다. 하지만 우리의 실력을 믿어주시고 우리에게 사건을 위임해 주셨다.

일단 간통 고소사건부터 변호하기 시작했다. 간통 형사사건이야말로 당시 우리 전문이 아니었던가. 경찰과 검찰은 의뢰인과 상간녀가 호텔에서 찍은 사진과 의뢰인이 운영하는 사업체에서 수시로 밤을 함께 보낸 사실을 가지고 의뢰인과 상간녀를 심문해왔다. 그래서 우리들은 경찰과 검사의 심문에 조목조목 반박하면서 변호해갔고, 결국 무혐의처분을 받아낼 수 있었다. 수사 중간중간에 경찰과 검사로부터 '간통사실을 인정하면 기소유예나

집행유예겠지만, 인정하지 않으면 구속시키겠다'는 등의 온갖 회유를 받았지만, 우리는 요동도 않고 무혐의처분만을 목적으로 변호해 나갔고, 결국 성공시켰던 것이다.

그런데 간통수사 중에 우리에게 아주 호기가 되는 사건이 발생했다. 간통 형사사건이 부인에게 불리하게 진행되자, 부인은 자신의 사촌과 함께 의뢰인의 상간녀가 근무하는 회사 홈페이지에 의뢰인과 상간녀 사이의 간통사실을 적시하면서 상간녀를 비아냥거리고 비난하는 글을 올렸던 것이다.
그로 인해서 상간녀는 직장에서 대기발령이 내려졌고, 유부남과의 간통사실이 드러나면 해고하겠다고 하고 있는 상황이었다.

우리가 이 호기를 놓칠 리 없다.
바둑판에서 고수는 상대방의 패착의 기회를 놓치지 않고 반전의 계기로 삼는 것과 마찬가지로 우리가 부인의 패착의 기회를 놓칠 리가 없지 않은가 …

우리들은 부인과 그 사촌을 '정보통신망 이용촉진 및 정보보호 등에 관한 법률'위반 등의 혐의로 고소함과 동시에 위자료 및 앞으로 받을 월급액 상당의 해고로 인한 장래의 손해를 배상할 것을 요구하는 소까지 제기하여 부인과 그 사촌을 압박해 나갔다.
그러면서 부인의 계좌거래내역을 추적해서 부인명의의 해외은행 계좌로 재산을 빼돌리거나 친정집으로 돈을 빼돌린 사실을 찾아냈다. 그리고 부인은 의뢰인의 부모님이 설립해준 회사 몇 개를 대표이사로서 운영하고 있었는데, 그 회사는 의뢰인과 의뢰인의 지인 그리고 부모님들이 그 일부 주식을 가지고 있어 법적으로는 그들이 어엿한 주주로 있는 회사였다. 그리고 참고로 의뢰인의 부모님이 원고에게 설립해 준 회사 중에는 해외는 물론 한국에서 방송을 타던 꽤 유명한 회사도 있었다.

사실 의뢰인의 부모님들이 며느리에게 사업 연습하라면서 설립해 주신 회사이므로, 사업결과 얻은 수익을 부인이 개인적으로 사용해도 별문제가 되지 않는 회사이긴 했다.

하지만 법적으로는 어디 그러한가.

그러한 사정으로 보아 우리들은 부인 측이 분명히 회사 돈을 개인적인 용도로 썼음이 분명하다고 판단했다. 그래서 회사명의 계좌 거래내역을 추적하기 시작했다. 그랬더니 아니나 다를까. 부인 측은 회사명의 계좌와 본인명의의 계좌를 혼용해서 사용하고 있었고, 회사 돈을 자신 명의의 해외은행에 이체시키는 등 본인 돈인 것처럼 사용하고 있었다. 그래서 그러한 사실에 대한 증거를 정리한 후 이혼소송에서 주장함으로써 재산분할을 유리하게 이끌어가는 한편 형사고소까지 해서 부인 측을 압박해나갔다.

그러자 부인 측도 물론 궁지에 몰렸었지만, 사촌까지 민·형사 책임을 지게 되는 상황에까지 이르게 되고, 법원 가사조사관도 부인 측도 많은 재산을 빼돌린 사실을 지적하며 합의해서 끝내라고 재촉하자, 부인 측은 울며 겨자 먹기식으로 우리에게 합의를 요구하기에 이르렀다.

그렇게 해서 부인 측이 회사 경영권 이외의 재산 대부분을 우리 의뢰인에게 되돌려주는 것을 내용으로 해서 조정조서가 작성되었고, 기타 위자료는 지급하지 않는 것으로 종결된 사건이다.

　변호사가 좋은 편에만 서서 변호할 수는 없다. 변호사라는 직업은 무조건 의뢰인의 편에 서서 의뢰인의 말을 진실로 믿고, 그러한 믿음 속에 최선을 다하는 직업이다. 우리는 우리 의뢰인의 이익을 위해 최선의 변호를 했던 것이고 그 결과 의뢰인에게 최선의 결과를 안겨드렸던 아주 큰 사건이었다. 물론 성공보수도 짭짤하게 받았다.^^

　그런데 이 사건에서 우리가 얻은 이익은 착수금과 성공보수뿐만이 아니다. 이보다 더 큰 이익이 있었다.

　우리로부터 낭패를 본 부인 측은 소송을 하면서 우리한테 감명을 받았다며, 자신이 운영하는 회사에서 발생하는 송사는 무조건 우리에게 의뢰한다. 그러면서 수임료를 깎아달라는 사정조차도 하지 않는다. 우리의 실력을 100% 신뢰하는 거다. 게다가 자신의 사건만 의뢰하는 것이 아니고, 거래처회사, 지인들 사건 모두 우리에게 소개한다. 지금은 참으로 감사한 의뢰인이다.

　우리의 적이었던 분이 이제는 더 열심히 해드려야 하는 우리에게 더없이 소중한 의뢰인이 된 것이다. 그래서 우리는 더 열심히 하기로 마음먹고 있다.

　사실 민사소송, 형사소송, 행정소송 모두 어렵다고 하지만, 가장 어려운 소송이 바로 가사소송 그중에서도 이혼소송이 가장 어렵다. 때문에 일단 이혼소송에 도통하고 나면 나머지 민형사소송이나 행정소송은 너무 쉬워 보인다.

　지난 우리 의뢰인들 중에는 이혼소송에서 변호하는 것에 감명을 받아서 추후 민형사소송이나 행정소송도 의뢰하시는 분들이 많은데, 그 사건들에서도 우리 솔로몬은 상상조차도 할 수 없는 결과를 도출해낸다.

한 분야를 정복하게 되면 다른 분야를 정복하는 것도 쉬워지는 것이다.

어찌되었든 이러한 결과는 지난 긴 시간동안 사무실에서 법리와 판례를 연구하고 이혼소송을 예술의 경지로까지 도달해보자는 목표 아래 열심해 했던 성과가 아닌가 싶다.

열심히 하면 복이 오는가 보다.

너무 억울해요
집 안에 밥그릇까지 다 뺏고 싶어요

이번에는 너무도 억울한 사연을 가지신 40대 어느 주부의 이혼소송 이야기를 해보려고 한다.

40대 중반의 아주머니께서 사무실로 찾아오셨다. 그 아주머니는 남편으로부터 받은 이혼소장을 가지고 오셨는데, 아주머니는 남편과 결혼해서 남편을 박사과정까지 공부시켰고, 박사학위를 취득한 남편은 고위직 공무원으로 특채되어 재직하고 있었다.

그런데 남편은 괘씸하게도 직장 근처에서 카페를 운영하는 마담에게 마음을 빼앗겨 우리 의뢰인과의 사이에 낳은 2명의 자녀까지 내팽개치고 그 마담과 딴 살림을 차려 슬하에 혼외자까지 낳아 살고 있었다. 그리고 급기야 남편은 호적정리를 위해 처에 대한 온갖 흠을 잡으면서 이혼의 소를 제기했던 것이다.

우선 소장을 보니 남편은 철저하게 온갖 거짓되고 왜곡된 내용으로 소장을 채우고 있었고, 의뢰인은 "남편이 잘 다니던 직장 그만두고 공부한다고 해서 그 뒷바라지하느라고 몸 고생 마음고생" 한 이야기를 하시면서 내내 한숨을 내쉬었다.

그러면서 의뢰인은 그런 염치도 없는 남편에게 이미 온갖 정이 다 떨어져서 이제는 남편과 함께 살 생각이 없다면서, 다만 2명의 자녀를 양육하자니 돈이 많이 필요하고, 한편으로는 상간녀에게 철저하게 복수해주고 싶다는 것이었다. 그 이야기를 들으면서 우리는 "옳거니~~!! 우리한테 잘 걸렸다."라는 생각을 했다.

그러한 일은 우리 솔로몬의 전공 아니던가…

상대방을 철저히 응징해야 하는 사건이었다. 우리가 경험이 없었다면 통상하는 바와 같이 반소를 제기해서 유책배우자는 당신이므로 위자료를 당신이 지급하라고 청구하면서 상간녀를 상대로도 위자료를 청구했겠지만, 우리는 그런 방법으로 소송을 진행하면, 받아내는 위자료는 얼마 되지 않는 반면, 재산분할을 해줘야 하는 점을 감안하자면, 그런 방식으로 진행해서는 아주머니의 한을 풀어드릴 수 없고 마음의 위로 또한 되지 않을 것이라는 판단을 했다.

그래서 우리는 그러한 점을 감안해서 강함보다는 부드러움으로 변론해 나가는 전략을 세웠다. 때로는 소송에서도 부드러움이 필요하기도 하고 또 때로는 부드러움이 강함을 이기기 때문이었다.

우리들은 남편이 상간녀와 딴 살림을 차린 유책배우자라는 사실을 조용한 어조로 주장하면서, "나는 상간녀에게 남편도 가정도 인생도 하물며 자식조차도 모두 빼앗겼다. 하지만 나는 지금도 남편이 가정으로 돌아오기만을 기다린다. 행복한 가정을 꿈꾸며 남편 공부도 묵묵히 뒷바라지 해왔고, 이제야 자리가 잡히나 싶더니 이런 불행이 불현듯 찾아왔다. 남편을 지금까지 기다려왔고, 앞으로도 기다릴 것이다. 남편이 나를 사랑하지 않는다 해도, 나는 이미 남편의 아내로서 죽어서도 남편의 호적에 남고 싶다."라고 하면서 작전상 남편의 이혼청구에 대한 기각을 구하면서 가정을 지키고 싶다는 방향으로 변론해 나갔다.

그러자 소송이 예상한 바 그대로 흘러가기 시작했다. 판사님은 남편이 유책배우자임을 들어 이 이혼소송은 말도 안 되는 소송이라는 견해를 대놓고 피력하셨고, 상간녀는 남편을 시켜 우리 의뢰인을 상대로 이혼소송을 제기하면 통상 이런 유형의 사건에서 피고가 대응하는 방식과 같이, 본처인 우리 의뢰인도 남편의 외도를 헐뜯으면서 남편을 상대로 반소를 제기할 것을 기대하고 남편으로 하여금 이혼소송을 제기하도록 성화를 했다고 한다.

그런데 우리가 남편을 헐뜯기보다는 사랑한다면서 예상 밖으로 소송에 대처함으로써, 소송이 자기가 목적했던 바와 다르게 흘러가자 몹시 당황해 하는 모습이었다. 상간녀는 슬하에 자식까지 낳았으니, 자기 자식을 생각해서라도 남편의 호적에 처로 등재되기를 간절히 바랐는데 뜻대로 되지 않자 남편은 물론이고 시부모까지 매일 들볶는다는 것이었다. 의뢰인의 아이들로부터 들려오는 이야기였다. 명색이 술집 마담이었는데 그 성질은 오죽하겠는가?

사실 상간녀는 남편과 우리 의뢰인을 이혼시키고 남편의 처로 자신을 호적에 올리기 위해서 몇 년 동안을 인터넷 서핑을 하면서 준비하는가 하면, 여러 대형 로펌에서 상담을 받기도 했다고 한다. 그렇게 본인 나름대로는 철저히 준비하고 비싼 변호사까지 선임해서 우리 의뢰인을 상대로 이혼소송을 제기했는데, 그 모든 노력이 수포로 돌아갈 지경에 이르자 미칠 지경이었는가 보다.

그러더니 처음에 재산분할을 청구하던 남편 측은 4억여 원 상당의 아파트 소유권을 모두 의뢰인에게 넘겨주고 더불어 1억 원이 넘는 현금을 위자료로 주며 2명의 자녀들이 대학교를 졸업하기까지 1인당 양육비로 80만 원씩 주는 조건으로 합의하기를 원했다.

그 정도면 남편의 모든 재산을 빼앗아오는 것이었고, 양육비까지 받는다면 상간녀로서는 생활이 상당히 어려울 수밖에 없는 지경이었다.

의뢰인은 "그 정도면 됐다."면서, 그 선에서 마무리 짓기를 원했고, 우리들은 판사님께 그러한 내용의 조정조건을 말씀드렸더니, 판사님께서는 대놓고 우리보다 더 좋아하셨다. 판사님께서도 흡족해하시면서 흔쾌히 조정기일을 지정하시고, 조서를 작성하시는 방법으로 종결시키셨다. 법정에서 보면 판사님들은 돌부처 같으신데, 그러한 모습을 보니 판사님도 인간이긴 하신 모양이다.

사실 이 사건은 남편의 유책사유를 들어 철저하게 남편을 헐뜯고 감정적으로 대응하였더라면 위자료조로 5,000만 원 정도는 너끈히 받아낼 수 있었지만 재산분할로 최소한 재산의 50%를 지급해야 하는 상황이었기 때문에, 작전상 부드러운 어조로 나간 것이 성공한 케이스이다.

싸움에서 목소리 큰 사람이 무조건 이기는 것만이 아니다.

하여튼 우리 솔로몬한테 걸리면 빗맞아도 사망이다…

제 처가 부정행위를 했는데
확보한 증거가 없어요

오래전에 수행한 사건이지만 너무 기억에 남는 사건인지라 오늘 오랜만에 오래전 사건의 기억을 더듬어 보려고 한다.

해당사건의 우리 의뢰인은 50대 초반의 남성으로 지방의 모 대학교 교수님이셨다. 교수님은 대학졸업후 국내 대기업에서 근무하다가 뜻이 있어 퇴직하고 유럽에서 박사학위를 취득한 후 대학교수로 임용된 분이었다. 처와는 교수님이 대학졸업 후 처음으로 취업했던 대기업에서 같이 근무한 것이 인연이 되었고, 영국유학 시절에 처가 영국으로 해외여행을 와서 함께 여행하게 되면서 교제하기 시작했으며, 교수님이 박사학위를 취득한 직후 결혼하게 되었다고 한다.

교수님은 그렇게 처와 결혼해서 1남2녀의 자녀까지 낳으면서 잘 살아오셨는데 별안간 처가 같은 직장 10년 연하의 미혼남성과 바람이 난 것이었다. 교수님 말씀에 의하면 처가 출장을 간다거나 친구들과 여행을 간다면서 해외에 자주 나가곤 했는데, 우연히 알게 된 사실에 의하면 그게 10살 연하의 직장동료와 함께 간 것이고, 그곳에서 둘이 함께 같은 호텔, 같은 방에 묵으면서 외도를 한 것 같다는 것이었다.

그래서 우리는 처와 상간남의 관계를 더 확실하게 확인해보고 외도증거도 확실하게 확보한 후에 이혼소송을 제기하는 것이 좋겠다면서 일단 뒷조사부터 해보자고 교수님께 제의했다.

그런데 교수님은 '그러다 잘못되면 직장이 위험할 뿐만 아니라 강의하고 있는 학교에서 망신도 당할 수 있다'면서, '지금까지 본인이 수집한 기초 정보를 토대로 소송 내에서 증거를 확보해달라'는 것이었다.

그래서 '그러려면 소송기간도 오래 걸리고 수임료도 비싸질 수밖에 없다'는 말씀을 드리자, '돈이 얼마가 들든 처와 상간남을 제대로 혼내달라'는 것이었다.

우리 솔로몬은 교수님께서 그동안 처와 상간남의 행적과 관계에 대해서 수집한 정보를 토대로 소송내에서 사실조회신청이나 문서제출명령 등을 통해서 외도증거를 확보해낼 수 있는지에 대해서 회의를 하였고, 회의 결과 쉽진 않겠지만 끝까지 물고 늘어지는 전략으로 나가면 가능하겠다는 결론을 내렸다.

그래서 우리는 곧바로 이혼소장을 법원에 제출한 후 최우선적으로 처와 상간남에 대한 출입국기록을 받아볼 필요가 있다고 재판부를 설득하여 법원을 통해서 처와 상간남에 대한 출입국기록을 받아보았다. 그랬더니 가관도 아니었다. 처와 상간남은 베트남이나 괌, 일본, 유럽, 미국 등으로 같은 날에 출국해서 같은 날에 입국한 것이 아닌가. 그래서 우리는 둘이 부정한 관계라는 것을 확신하고 이번에는 사실조회신청을 통해서 처의 신용카드

사용내역을 받아보았다.

그랬더니 카드사용내역중 출입국기록상 처와 상간남이 여행을 간 즈음에 여행사 이름으로 결제한 내역이 있었는데 호텔을 따로 예약했다면 호텔에서 결제한 내역이 별도로 있을 텐데, 그러한 결제내역이 없는 것으로 봐서는 여행사에서 호텔예약도 함께 한 것으로 보였다. 그래서 우리는 법원을 통해서 여행사에 사실조회신청을 했다. '처가 여행사를 통해서 해외여행예약을 한 적이 있는지, 예약을 했다면 동행자는 누구였는지, 그리고 행선지는 어디였으며, 예약한 숙박지는 어디이고, 예약한 방 수와 방의 형태(싱글 혹은 더블)'등을 조회하였더니, 아니나 다를까 처는 상간남과 같은 날에 같은 항공기를 타고 같은 행선지로 가서 같은 호텔 같은 방에서 숙박한 사실이 모두 드러났다.

이어 처와 상간남의 핸드폰 통화내역까지 받아보니 하루에도 십여 차례 그리고 1회에 많게는 20여 분이 넘는 시간 동안 통화한 게 아닌가? 특히나 상간남은 가끔 해외로 파견 나가서 근무하곤 했는데 그 파견 나간 해외에서 그렇게 긴 시간 동안 회사 전화를 통해서 국제통화를 수십 분씩 했던 것이다. 그리고 해외에 떨어져 있어서 더 그리웠는지 그 횟수가 장난이 아니었다.

상황이 이에 이르자, 처음에는 자신은 외도한 적이 없고, 다만 남편의 의처증으로 인해서 혼인이 파탄에 이르렀다면서 적반하장격으로 우리 의뢰인을 상대로 반소를 제기하면서 위자료를 청구하던 처는 꼬리를 바짝 내리고는 법정에서 남편과 자식들에게 미안하고 볼 면목이 없다면서 고개를 떨구었다. 그리고 판사님 처분에 따르겠다면서 소송을 거의 포기하는 게 아닌가…

이번에는 상간남을 혼내줄 차례였다. 이혼소송 당시 처는 교수님이 외도를 의심하자 퇴직한 후 회사로부터 받은 퇴직금으로 고급 레스토랑을 오픈한 상태였는데, 반면 상간남은 한 가정을 파탄시켜놓고도 계속 그 회사를 다니고 있었다. 한 가정을 파탄시켜놓고드 말이다.

한 가정을 파탄시켜놓고 버젓이 좋은 직장에 다니는 것이 사회정의에 과연 합당한가?

의뢰인은 자신이 평생 혼신을 다하여 가꾸어 온 다복한 가정을 순식간에 파탄시킨 상간남을 파면시켜야 사회정의에 합당하다는 생각을 하고 계셨고, 그래서 상간남이 해고되기까지를 간절히 바라고 있었다.
이거 우리 솔로몬이 매우 좋아하는 의뢰인의 포지션 아닌가…

우리는 이혼소송을 하면서 부드럽게 소송을 해달라고 요청하는 것보다는 뼈까지 갈아달라고 요청하는 것을 더 좋아한다. 그리고 우리는 의뢰인이 원하면 가능한 한 그렇게 해드려야 한다고 생각한다.

그래서 우리는 회사를 찾아가 상간남이 근무시간에 근무지를 이탈하여 처와 간통한 사실을 통보할 수도 있었지만 그렇게 되면, 되려 불법행위로 역습을 당할 수도 있다는 판단 하에 그동안 우리가 알아낸 출입국기록, 호텔에 투숙한 기록, 둘이 통화한 통화내역 그리고 통화시간까지 모두 나열하면서, 상간남이 해당 일에 근무일이었는지 아니면 휴직일이었는지, 처와 상간남이 업무상 통화하거나 같은 행선지의 해외로 갈 사정이 있었는지 여부 등을 묻는 내용의 사실질의서를 상간남이 근무하고 있는 회사로 보냈다.

그랬더니 회사에서는 난리가 났다. 회사 직원이었던 처와 현재 고위직 직원인 상간남이 근무지까지 이탈하면서까지 해외여행을 가고, 근무시간에 몇십 분씩이나 사적인 통화를 한 사실이 드러났기 때문이다. 그 이후 상간남은 어떻게 되었을까??? 우리 의뢰인 속이 시원할 정도로 그 상간남은 혼쭐이 났다.

그렇게 해서 우리는 처의 간통사실을 입증해냄으로써 처와 상간남으로부터 위자료를 받아냈다. 어디 그뿐인가? 상간남은 그 이후… 음… 백수가 되었다나 뭐라나!!

하여튼 제대로 걸린 사건이었다

누구든 우리 솔로몬한테 걸리면 에브리바디… Die다.

거짓말을 일삼는
상대방을 응징하라

이번에는 지난 사례 중 기억에 남는 사건에 대해서 말해보려고 한다.

몇 년 전 날씨가 제법 쌀쌀해진 가을 아침 일찍 한 젊고 예쁘신 30대 중후반 되시는 여성분이 사무실을 찾아오셨다.

인천에 있는 다른 이혼전문로펌에서 약 1년 6개월 동안 소송을 진행하다가 오랫동안 소송을 해도 전혀 진척이 없자 답답한 마음에 변호사를 바꾸고 싶다면서 찾아오신 분이셨다.

의뢰인은 1년 반 전에 남편의 폭행과 폭언 그리고 도박을 이유로 이혼소송을 제기했는데 아무런 증거가 없었고, 소송대리인인 이혼전문변호사님까지도 아무런 증거도 없이 소를 제기한 후 무기력한 주장만을 계속하자, 남편은 의뢰인을 깔보고 의뢰인이 가사를 전혀 돌보지 않았다거나 낭비벽이 심하다는 등의 되지도 않는 주장을 하면서 반소를 제기한 상태였다.

요거~요거 그냥 놔두면 안 되는 인간 아닌가?

그래서 우선 사실조회신청을 통해서 남편 명의의 신용카드 결제내역과 은행 거래내역을 받아본 후 검토에 들어갔다. 그랬더니 아닌 게 아니라 남편은 한 달에 80여만 원씩이나 되는 돈을 복권 사는 데 탕진한 것으로 드러났다.

그래서 이를 정리해서 증거로 제출했더니, 이번에는 결제대행서비스를 통해서 결제한 내역은 복권을 구입한 게 아니라고 항변하는 게 아닌가?

이대로 물러서면 이혼전문변호사 간판 내려야 한다.

그래서 결제대행서비스를 통해서 결제한 내역을 날짜와 금액별로 일일이 다 정리해서 다시 한번 결제대행사에 사실조회신청을 했다. 그랬더니 아니나 다를까 결과는 모두 스포츠토토를 구매한 것이었다.

이런 못난 인간 같으니라구!!!

이번에는 남편의 폭행과 폭언을 입증할 차례였다.
우리는 과거에 의뢰인이 사용했던 핸드폰을 복구해 보기로 했다. 부부 사이에 서로 주고받은 문자나 카톡에 남편의 폭행과 폭언에 대한 증거가 될 만한 대화가 있을 것을 기대하고 말이다.

드디어 복구완성. 아니나 다를까 복구된 문자와 카톡 내용에는 남편의 폭행이나 폭언은 물론이고 그동안 의뢰인이 겪어온 시련이 고스란히 다 기록되어 있었다.

그것뿐이랴?

　과거에 남편이 문짝을 발로 차서 부서트린 적이 있었는데 그때 찍어두었던 사진까지 운 좋게도 복구된 것이었다.
　참고로 그동안 남편은 자신이 평화주의자고 벌레 한 마리 죽이지 못하는 사람이라고 항변해왔었다. 실제로 남편의 얼굴을 봐도 마누라는 고사하고 사람 자체를 못 때리게 생겼다. 즉 누가 봐도 순하고 착하게 생겼다는 말이다. 그러니 증거도 없는데 그 누가 남편의 폭언, 폭행을 믿겠는가.

　사실 사람 인상이 호랑이나 사자와 같이 육식동물처럼 생긴 사람이 있고, 기린이나 토끼같이 순하디순한 초식동물처럼 생긴 사람이 있는데, 이 중 후자 즉 순하디순한 초식동물처럼 생긴 사람이 폭행을 가했다는 사실을 입증하는 것은 쉽지 않은 일이긴 하다.
　하지만 무는 토끼도 있고 뒷발로 차는 기린도 있다는 사실을 명심해야 한다.

　사실 이혼소송을 해보면 그런 류의 사람은 아주 많다.
　하여튼 이 사건도 쉽지는 않았지만 결국 기린 인상인 의뢰인 남편의 폭행 사실을 입증해낸 것이다.

　그 다음에는 재산분할 문제.

　남편은 우리 의뢰인이 낭비벽이 심하고 사치스러워서 재산형성에 전혀 기여한 바가 없고, 더구나 자신은 대기업 사원이라 연봉도 많아 재산을 거의 본인이 형성했으므로, 재산분할로 우리 의뢰인에게 2,000만 원 이상은 절대 줄 수 없다는 입장이었다.

특히 쟁점이 되고 있었던 문제는 남편 명의로 소유하고 있는 아파트가 재산분할의 대상이 되는 재산인가였는데, 그 아파트는 결혼 직전에 남편 경의로 산 것이었다. 그런데 남편은 이 아파트를 결혼 전에 자신의 돈으로 산 것이고, 그 유지에 우리 의뢰인이 기여한 바가 전혀 없으므로 자신의 특유재산에 불과하다고 주장하고 있었다. 그리고 실제로 재판부도 사건이 우리 사무실로 오기 훨씬 이전에 위자료는 상호 없는 것으로 하고, 남편이 재산분할로 2,000만 원만을 우리 의뢰인에게 지급하라는 내용으로 화해권고를 한 적도 있었다.

이것이 말이 되는가?

진리가 왜곡되고 있으니 진리의 용사가 필요했다. 그래서 우리 솔로몬이 감히 진리의 용사가 되기로 했다.

우선 대법원판례는 물론 이 사건과 거의 비슷한 케이스인 서울가정법원 1심 판례를 찾아내서 언급하며 남편이 도박에 충당하기 위해서 발생시킨 채무는 남편이 개인적으로 책임져야 하는 채무에 불과하다고 주장하면서, 결혼 당시 우리 의뢰인의 통장에 잔고가 3,000여만 원에 달했다는 사실을 주장하면서 그에 대한 입증자료로써 의뢰인의 주거래은행 계좌내역을 제출하고, 신혼 때 아파트를 구입하는 데 의뢰인이 3,000여만 원을 보탠 사실을 입증해냈다.

그리고 남편의 도박습관으로 봐서 결혼 당시 남편의 마이너스 통장의 잔액이 상당할 것이라 예상하고는 사실조회신청을 해보니 아니나 다를까 결혼 당시 남편의 통장 잔액은 너무도 정확하게 마이너스 3,000여만 원이었다.

어디 그뿐이랴? 남편은 주머니의 먼지까지 다 털어야 정신차릴 인간이었다.

그래서 남편 명의의 계좌에서 자동이체된 보험회사에 사실조회신청을 해서 보험 중도해지 시 받을 수 있는 돈이 얼마인지를 밝혀낸 후 이 또한 재산분할대상이 되어야 한다고 주장했다.

우리가 이처럼 남편 측으로 하여금 정신조차 차릴 수 없을 만큼 몰아세우니, 그동안 20~30여 장의 준비서면을 써내고, 탄원서까지 내던 남편 측은 그저 묵묵부답이었다. 그리고 판사님은 처음에는 남편 쪽을 편들었다고 하는데, 나중에는 법정에서 남편을 나무라기까지 하셨다.

그 결과 재산분할 8,000여만 원에 위자료 3,000만 원, 아들 양육비로 매월 100만 원을 지급하라는 판결을 받아냈다.

의뢰인은 기존 이혼전문변호사사무실에서 1년 반 동안 소송을 진행하면서 너무도 답답했는데, 우리 사무실에서 소송하는 것을 보니 속이 다 시원하다고 하면서 소송 중에 연신 "감사하다. 소송이 어떻게 끝나든 난 만족한다."라고 하시면서 눈물까지 비추셨다.

그리고 결과가 기대 이상으로 나오자 연신 "감사하다"라고 하시면서 너무도 좋아하시는 게 아닌가???

이혼소송을 하다 보면 지치고 힘들때도 많지만 이런 맛에 소송을 계속할 수 있는 것 같다.

사실 의뢰인은 우리 사무실에 오면서 4,000만 원만 받아달라고 의뢰를 하셨는데, 그 3배에 가까운 돈을 받아내니 감사하다면서 사무실 직원들에게까지 빵 한 가방씩 선물하기까지 했다.

빵이 탐나서가 아니라 이런 맛에 소송한다.

증거가 없어도
끝까지 포기하지 말라

  이번엔 일전에 우리 솔로몬이 수행한 이혼소송사건에 대해서 이야기를 해보려고 한다. 이번에 이야기해보려는 사건은 별도의 증거 없이 오로지 변론의 전취지로 사실을 인정받아 승소한 사건이다.

  이혼소송을 하다 보면 많은 이혼전문변호사님들이 증거가 없다는 이유로 판사님으로부터 사실을 인정받기 위한 노력을 일찌감치 포기하는 모습을 많이 볼 수 있는데, 사실 이혼소송이라는 것이 원래 증거없이 싸우는 다툼이라는 것에 대한 이해가 부족한 탓이 아닐까 싶다.

  우리 솔로몬이 누누이 이야기하지만 판사님으로부터 사실인정받는 방법은 2가지가 있다. 그 첫 번째는 증거에 의해서 사실인정받는 방법이 있고, 두 번째는 별도의 증거없이 변론의전취지로 사실인정받는 방법이 있다.

  변론의전취지라는 것은 판사님이 변론과정 내내 양당사자의 주장과 항변을 들어보니, 누구의 말이 사실인 것 같다고 판단하여 사실인정하는 것을 말한다.

오늘 이야기하려는 승소사례가 바로 별도의 증거 없이 변론의 전취지만을 가지고 가혹했던 시집살이가 있었다는 사실을 인정받은 사건으로서 결과적으로 위자료를 5,000만 원이나 받는 등의 큰 승소를 거둔 사례이다.

자~~ 그럼 이혼소송은 이렇게 하는 것이라는 취지에서 이야기를 시작해 본다.

한 중년 여성이 상담하러 오셨다며 사무실로 들어오시는데, 그 여성분은 어딘지 모르게 많이 지쳐 보였다. 그분은 결혼해서부터 지금까지 홀시어머니를 모시며 무능하고 무심한 남편에 두 딸 그리고 시집 안 간 시누이 2명까지 한집에서 함께 생활해 오신 분으로, 결혼생활 내내 시댁식구들로부터 온갖 구박을 받아왔다고 하셨다. 그렇게 그분은 구구절절 시집살이 이야기를 하시면서 연신 눈물까지 흘렸다.

그분은 시집살이가 심해서 주눅이 들고 심지어는 죽어버리고 싶기까지 했지만 아이들 때문에 참고 결혼생활을 유지해왔다고 하셨다. 그런데 의뢰인의 시집살이를 지켜보던 주위 분들이 "답답하다. 왜 그렇게 사느냐?"며 의뢰인에게 이혼을 권할 정도였다고 하는데, 혹시나 하는 마음에 지인의 소개로 우리 사무실을 찾아오신 거였다.

의뢰인은 우리에게 그동안 겪은 "지독한 시집살이"에 대한 말씀을 하셨지만 처음엔 사실 잘 믿기지 않았다. 그리고 무엇보다도 증거가 하나도 없는 게 문제였는데, 그나마 의뢰인의 시집살이를 어렴풋이 짐작할 수 있었던 것은 의뢰인이 정신적으로 너무 지쳐 보인다는 것과 손에 주부습진이 심해 보인다는 것 그 정도였다.

그래서 우리는 상담하는 과정에서뿐만 아니라 상담 후에도 한동안 고민을 많이 했다. 우리도 믿기지 않는 이야기를 가지고 어떻게 판사님을 설득할 수 있단 말인가 하는 고민이었다. 그래서 '이 사건을 진행할 것인가 말 것인가?' 행여나 혹을 떼려다 혹을 하나 더 붙이는 결과를 초래하지는 않을까?' 하는 고민을 했고, 그런 부분을 충분히 검토한 후에 소송진행을 결정해야만 했다. 하지만 의뢰인의 말씀이 너무 진실되게 다가왔고, 뭔가 도와드려야겠다는 생각이 간절히 들었다.

그래서 우리는 수 회에 걸친 회의를 통해서 이혼소송을 제기하기로 결정했다. 소송에서 안 되는 것을 되게 하고, 증거가 없으면 증거를 찾아내야 하는 것이 변호사가 할 일이 아니던가.

그래서 우리는 두 번의 주말을 반납하고 하루에 5시간씩 총 20여 시간을 의뢰인과 대면하면서 사실관계를 정리해 나갔다. "살아온 이야기 한번 해 보시죠"라는 식이 아닌, 의뢰인이 눈물을 흘리며 일화들을 이야기할 때마다 우리는 "언제 일어난 일이죠?" "그때 남편은 뭐라 했습니까?" "그 일이 안방에서 일어났나요? 아니면 거실에서 일어났나요?"라고 재차 묻는 식으로 사실관계를 세세하게 정리해 나갔다. 정리된 글을 읽으면 마치 화면으로 영상을 보는 것처럼 읽힐 수 있을 정도로 세세하게 정리하는 것 말이다.

통상 변호사사무실에 가면 "내용을 써오세요. 상대방의 답변서 또는 준비서면에 대한 의견을 써오세요."라고 요청하고는 의뢰인이 써오는 글을 고쳐서 서면을 제출하곤 한다. 95% 이상의 변호사들이 그렇게 한다. 그럴거면 변호사를 왜 선임하겠는가?

의뢰인은 무엇이 중요하고 무엇이 논점이며 무엇을 입증해내야 하는지 모르는데, 변호사 사무실만 가면 의뢰인 보고 써오라고 시킨다. 그게 무슨 변호란 말인가? 그럴 거면 나 혼자 소송하지 뭐 하러 비싼 돈 주고 이혼전문변호사를 선임한단 말인가?

어쨌든 우리가 차근차근 이야기를 이끌었더니, 의뢰인은 오래전 일도 아주 세부적인 부분까지 기억해냈다. 통상 어떤 기억을 끄집어내도록 인도해주면 누구든지 세부적인 부분까지도 기억해내게 되어 있다. 그래서 결국 A4 용지로 28장에 이르는 본인진술서가 완성되었다.

다음으로는 의뢰인의 진술을 객관화시키기 위해 의뢰인의 오랜 친구들과 면담을 시작했다. 4명의 친구들을 각각 만나서 3시간 정도씩을 상담하고 각 친구들의 사실확인서를 완성했다. 여기서 우리가 의도한 것은 단 한 가지였다. 사진이나 녹음 하나 없지만 도저히 지어냈다고 볼 수 없는 세세한 진술과 결혼기간 내내 그 긴 세월 동안 마음고생한 친구의 이야기를 들어왔을 베스트 프렌드들의 진술로 객관성을 확보하여 소송에서 재판부를 설득해보자는 것이었다.

드디어 재판이 시작되었고, 으레 그렇듯 남편과 시댁식구들은 우리 의뢰인이 가정 살림에 엉망이었고, 가정형편이 어려움에도 불구하고 직업을 가지려고 노력을 안 했으며, 게으르기 짝이 없다고 몰아세웠고, 시누이들도 덩달아 나서며 아이까지 빼앗아가려 들었다.

우리는 여기서도 상대방의 주장에 대하여 조목조목 반박하여 변론하였다. 의뢰인이 가사에 얼마나 찌들었는지 주부습진 진단서를 제출하고, 정신적으로 얼마나 고통받았는지 정신과 진단서를 제출하고, 주위 친구들의 일관성 있는 사실확인서를 제출하고, 구직활동을 증명하기 위해 새롭게 공부하는 자격증시험의 학원수강증도 제출하고⋯

그러다 보니 판사님도 그럴 수도 있겠다 하는 정도로 우리 주장을 받아들였지만 워낙 객관적인 증거가 없다 보니 시어머니보다 더한 시집살이를 시킨 시누이들을 증인으로 소환하기에 이르렀다. 시누이들은 증인으로 출석하여 '의뢰인이 살림을 엉망으로 하였으며, 너무 게을러 살림살이는 뒷전이었다.'는 식으로 증언하는 게 아니던가?

그래서 우리는 시누이에게 '김치가 냉장고 어디에 있고, 시어머니, 시누이의 속옷이 어느 장롱에 들어있는지'를 반문하며 답변을 못하는 시누이에게 그 답을 조목조목 설명해 주기까지 했다. 앞서 20시간에 걸친 면담이 그런 사소한 곳에서 위력을 발휘한 것이었다.

그런 식으로 약 1년이나 되는 긴 시간 동안 치열한 공방이 이루어졌고 결국 판결이 선고되었는데,

그 결과는?

11년 결혼생활에 위자료 5,000만 원, 재산분할로 현재 살고 있는 주택가격의 50%(약 2억여 원), 두 딸의 양육권과 친권, 양육비로 매달 110만 원을 지급하라는 판결을 받아냈다.

그런데 남편은 억울했던지 판결을 받고도 양육비를 주지 않고 전화도 받지 않는 게 아닌가? 그런 사람은 그냥 놔둬서는 안 된다. 그래서 우리는 남편의 월급을 압류하여 양육비를 받아냈다. 지금은 양육비를 잘 보내주고 있다고 한다.

정말로 이 사건은 의뢰인과 우리 솔로몬의 공동 노력으로 불가능을 가능

하게 만든 케이스였다. 더구나 확실한 유책 증거 하나 없는 이혼사건에서 위자료 5,000만 원을 받아낸다는 것은 아주 이례적인 일이었다.

의뢰인은 사건이 끝나고 우리들과 껴안고 한참 동안이나 우셨다. 이겼다고 우는 것이 아니고, 처음으로 자신의 이야기를 그렇게 같이 마음 아파하며 들어준 사람이 처음이어서 운다고 하셨다. 그리고 못난 자신의 편에 서서 힘들게 싸워준 것이 너무도 고마워서 운다고도 하셨다. 그것을 지켜보는 사무실 직원들도 모두 감동의 눈물을 흘렸던 기억이 생생하다…

이런 맛에 힘들지만 이혼소송을 해왔고, 지금도 열심히 하고 있으며, 앞으로도 이혼소송만을 열심히 해나갈 계획이다…

재산분할을 많이 받아내라

　이번에 이야기해 보려고 하는 사건은 8년 결혼생활 중 부부는 맞벌이와 외벌이를 오가면서 자녀도 없이 살았고, 양가 부모님으로부터 음으로 양으로 도움을 많이 받으면서 살아왔는데, 부부 사이가 좋을 때는 상대방이 취업준비나 공부할 때 다른 일방이 경제활동을 해가며 서로 내·외조를 번갈아 하면서 살아왔지만, 혼인파탄에 이르자 재산분할로 큰 싸움이 나며 서로가 서로를 부양했다며 소송에 이른 사건이다.

　당시 부부공동재산으로는 부인 명의로 되어있는 서울 소재 아파트 한 채뿐이었는데, 실제로 두 사람은 많은 돈을 양가 부모님으로부터 빌렸다가 그 후 벌어서 갚는 생활을 해온지라 부부공동재산으로 볼 수 있는 재산이 어디까지이고, 부모님들께 돌려드려야 할 재산이 어디까지인가가 불투명한 이유로 이에 대해서 심하게 다투고 있었고, 양가의 감정싸움까지 겹쳐 싸움이 아주 크게 번져 있었다.

　부인 측은 약 3천만 원 정도만 남편에게 주겠다는 입장이었고, 남편 측은 7천만 원 정도는 자신의 기여라고 주장하고 있었는데, 남편 측이 우리 솔로몬 사무실에 내방하셨을 당시에는 이미 금적문제를 넘어 감정싸움으로 격화된 상태였다.

우리 솔로몬이 담당한 쪽은 남편 쪽이었는데, 남편은 자신이 공부하느라 2년여 쉰 것을 빼고는 항상 연봉상으로 부인의 세 배가량 되었고, 남편 측 부모님으로부터 도움받아 매번 집을 옮겼다고 하면서 7천만 원 분할을 요구했는데, 8년간의 결혼생활 중 수입이나 지출이 워낙 얽히고설켜서 입증은 못하고 서로 말로만 싸우고 있었다.

법률적으로 재산분할함에 있어서는 세가지측면을 고려하여 정하도록 되어 있는데 즉, ① 부부공동재산의 형성에 더 많이 기여한 사람에게 재산분할을 그만큼 더 많이 인정해주겠다는 의미의 분배적기능, ② 이혼 이후 경제적 능력이 적은 쪽의 생활을 어느 정도는 보장해주어야 한다는 의미의 사회보장적기능, ③ 혼인관계파탄에 책임있는 유책배우자에게 재산분할함에 있어서 불이익을 주겠다는 의미의 손해배상적기능 등 3가지 측면을 고려해서 재산분할 기여도를 정하도록 되어 있다.

그런데 이 사건에서는 부부간에 자녀가 없고, 부부 모두 경제적 활동을 하고 있는 점을 감안하면 재산분할함에 있어 사회보장적기능은 그리 많이 고려될 사안이 아니고, 또한 특별히 부부 일방의 유책행위로 말미암아 혼인관계가 파탄난 것이 아니므로 재산분할의 손해배상적기능 또한 그리 많이 고려될 사건이 아니므로, 이 사건에서는 오로지 누가 부부공동재산의 형성에 더 많은 기여를 했는지 여부 즉 재산분할의 분배적기능에 따라 재산분할의 기여도가 정해질 사안이라고 우리 솔로몬은 판단하였다.

그래서 우리 솔로몬은 이 사건에서는 무엇보다 재산분할의 분배적기능 측면 즉, 우리 남편 측의 수입이 더 많았고, 처가보다는 본가로부터 더 많은 원조를 받았다는 점을 입증하는 것이 승소의 관건이라고 판단했다.

그래서 우리 솔로몬은 사건을 수임함과 동시에 8년간의 모든 통장거래내역과 급여명세서, 고용계약서, 부동산거래약정서를 검토하고 분석하기 시작했다.

시간이 오래 걸리는 작업이라 당시 매주 일요일에 사무실에서 만나 평균 5~8시간의 검토 작업을 4회에 걸쳐 의뢰인과 머리를 맞대고 진행했던 것으로 기억한다.

그 결과, 의뢰인도 깜짝 놀라는 결과가 나왔다. 남편 측이 입증할 수 있는 재산 기여분은 7천만 원이 아니라 1억 2,700여만 원에 이르렀던 것이다. 그리고 그 입증자료는 양이 참으로 방대했는데, 그 분량이 약 900여 페이지에 달했다.

우리는 그 입증자료를 모두 하나하나 정리해서 바로 법원에 증거로 제출했고, 그러한 많은 분량의 증거가 재단부에 제출되자, 부인 측에서는 이에 대해 반박할 엄두도 내지 못하고 그저 "억울하다, 분하다, 너무하다"라는 말만 반복하였다.

부인 측의 제대로 된 반박이 없자, 관사님은 5개월 만에 그냥 변론을 종결하고 곧바로 선고기일을 지정하셨는데, 선고한 그 판결 내용은 우리 솔로몬이 예상한 그대로 우리 측의 일방적인 승리였다.

즉 재산분할로 부인이 남편에게 1억 2,700만 원을 지급하는 것으로 판결이 선고된 것이다. 부인 측이 애당초 분할대상이 될 수 없었던 시부모님의 돈을 부부공동재산으로 주장하여 기여도를 부풀리다가 우리 측에서 우리 의뢰인의 기여도를 입증하는 서증을 분석해서 제출하자 결국 참패한 것이다.

부인은 지금도 후회하고 있을 것이다. 소송 전 남편이 7천만 원을 주장할 때 그냥 합의할걸 하고 말이다.

소송 전 남편 측이 주장하던 재산분할금보다 무려 82%나 증가된 금액 즉 5,700만 원이나 더 지급해야 했으니 말이다.

판결이 선고되자 의뢰인과 의뢰인의 본가 부모님이 어찌나 좋아하시면서 감사하다는 말씀을 하시던지…

이혼소송이 참으로 고되고 힘들지만 이런 맛에 소송한다.

누구든 우리 솔로몬한테 걸리기만 하면 에브리바디 Die다.

외도한 배우자를 맨몸으로 쫓아내라

이번에는 우리 솔로몬만이 수행하고 있는 일명 후려치기권법에 대해서 말해보려고 한다.

모든 사건에서 일명 후려치기권법을 적용하여 대승할 수 있는 것은 아니지만, 조건만 맞는다면 얼마든지 가능하며, 우리 솔로몬에서는 두어 달에 한 건 정도씩 후려치기권법을 이용해 대승을 거두고 있다.

많은 사례가 있지만 오늘은 그중 하나의 케이스를 소개해보도록 한다.

어느 늦은 오후에 굵직한 목소리의 남자가 전화를 해서는 대뜸 방문상담을 하려 하는데 상담료가 얼마냐고 묻는다.

그래서 우리는 "방문상담의 경우 1시간 기준으로 5만 원을 받는다"고 답하자, 그 남자는 대뜸 "다른 데는 무료상담을 해주는데 여기는 왜 돈을 받느냐? 무료상담을 해줄 수는 없느냐?"면서 다그치듯이 사정해온다.

그래서 우리가 "저희들은 상담내용을 책임지기 때문에 무료상담은 하지 않으며 무료상담을 원하시거든 므료상담을 해 주는 곳으로 가시라. 저희들은 5만 원의 상담료가 아깝다는 취지로 말씀하시는 분께는 특별히 상담료를 10만 원으로 올려받는다."고 했더니…^^, 그 남자분은 망설임도 없이 그리고 한편으로는 화난 듯이 전화를 끊어버린다.

그러더니 며칠 후 다시 그 남자분으로부터 전화가 왔다. 상담료를 드리고 상담을 받겠으니 10만 원이 아닌 5만 원에 해 달라는 것이었다

사실 우리가 "상담료를 10만 원으로 올려받는다."고 했던 것은 '무료상담을 하지 않는다'는 취지를 강조한 것이었는데, 그 말을 곧이곧대로 받아들인 그 남자분이 굉장히 순진한 분이 아닌가 하는 생각이 들어, "일단 와보시라."고 했더니, 그 남자분은 전화통화를 마친 지 채 20여 분도 지나지 않아 사무실에 내방하셨다. 아마도 다른 데서 상담을 마치고 다시 상담을 받아볼 요량으로 방문하신 것 같았다.

남자분은 내방하셔서는 "자신이 초등학교 저학년 때부터 단짝친구로 지내오던 여자친구와 15년 전에 결혼해서 알콩달콩 살아왔는데, 부인이 다른 남자와 차 안에서 애정행각하는 것을 발견하고는 골프채로 차 유리를 다 부쉈고, 그로 인해서 형사입건까지 되었으니 어찌해야 하느냐? 알고 보니 처가 그 남자와 오랫동안 잠자리를 해왔고 그것만 생각하면 피가 거꾸로 솟아 며칠 사이에 체중이 10킬로 이상 줄었다."는 것이었다.

그 남자분은 분을 삭힐 수 없어 여러 변호사사무실에서 상담을 받아보아도 "상간남과 처로부터 위자료조로 3,000만 원 받아내면서 이혼하는 것을 제외하고는 재산분할로 재산의 절반을 처에게 주어야 한다."고만 한다면서, "이게 사회정의에 부합하냐? 그럼 이 억울한 심정은 어디서 보상받아야 하느냐?"면서 울분을 토하셨다.

그래서 우리는 "법이 좀 그렇다."
"사실 법이 사회통념과 좀 동떨어진 면이 있다."
"선생님 입장에서는 억울하실 수 있으시겠지만 곧이곧대로 법으로만 한다면 그렇게 될 수밖에 없는 것이 사실이다."
"그래서 저희 사무실에서는 법을 응용한 우리만의 노하우를 가지고 있으며, 선생님 사건과 같은 경우에 재산을 다 뺏고 외도한 배우자를 맨몸으로 쫓아내는 방법이 있다."
"사실 다른 변호사사무실에서는 상상조차도 할 수 없는 결과이긴 하지만 저희 사무실에서는 그런 방법으로 1년에 10여 건 정도를 처리하고 있다. 우리를 믿고 한번 맡겨보시겠느냐?"고 했더니, 하루 생각을 해보고 내일 답변을 주겠다는 것이었다.

다음 날 이른 아침 그 남자분이 전화를 하셔서 그러한 방법으로 착수해달라는 것이었다. 그래서 우리 사무실만의 노하우 즉 외도한 배우자를 맨몸으로 쫓아내는 방법, 이 방법을 우리는 일명 "후려치기"라고 부르는데, 그 후려치기의 방법으로 하나하나 절차를 밟아나갔다.

그리고 불과 석 달여 만에 사건이 종결…
결과는???

그렇다.

외도한 처에게 승용차(우리 의뢰인이 처가 다른 남자와 외도하고 있는 장면을 발견한 후 골프채로 차유리 문을 다 부숴버렸던 바로 그 차)만 주고 모든 재산을 빼앗은 후 내쫓아 버렸다. 그리고 또 상간남으로부터 위자료 3,000만 원을 추가로 고스란히 받아냈다.

통상대로라면 우리도 여기서 사건을 종결하겠지만, 의뢰인 분노의 감정이 너무 큰지라 우리는 상간남을 사무실 근처 커피숍으로 불러내어 우리 의뢰인에게 진심으로 사과하도록 하였고, 그렇게 하고 나서야 사건을 종결지었다.

물론 상간남이 의뢰인을 만나서 사과까지 하는 것은 쉽지 않은 일이었지만, 상간남이 그렇게까지 하는 데는 반대급부가 있었기 때문에 가능했다. 그 반대급부가 무엇이었는지는 비밀이지만 말이다.

그리고 의뢰인이 골프채를 휘둘러서 입건된 형사사건도 처와 상간남으로부터 합의서와 처벌불원서를 받아 변호인의견서와 함께 경찰서에 제출하자 바로 종결되었다.

우리가 즐겨 사용하는 후려치기라는 방법은 우리 솔로몬만의 노하우이기 때문에 그 방법을 공개할 수는 없지만 우리 솔로몬에서는 그러한 방법으로 다른 사무실에서는 상상조차도 할 수 없는 결과를 도출해낸다.

사실 법이 좀 현실하고 동떨어진 면이 없지 않다. 그래서 우리 솔로몬은 법의 융통성을 발휘한 많은 스킬을 개발해내고 사용한다.

다른 이혼전문변호사사무실하고는 이혼소송에 대한 생각 그 자체가 다르고 관점 자체가 다르며 출발점 자체가 다르다. 우리는 사회정의에 부합하도록 그리고 철저히 의뢰인의 편에 서서 싸운다.

우리 솔로몬이 그렇게 할 수 있는 것은 이혼에 관한 모든 법리와 판례를 분석연구해서 통달했기 때문에 응용력이 생긴 것이고, 그 응용력이 바로 우리만의 노하우이고 스킬을 만들어낸다고 자신 있게 말할 수 있다.

사실 우리 교육현실이 모두 그렇듯이, 사법고시를 위한 교육이나 로스쿨 교육 역시 암기를 위한 교육의 장이 되어버렸다. 교과서에 나오는 내용이나 대법원이 이미 판결한 판례의 내용은 마치 물리학에서 뉴튼의 법칙이나 아인슈타인의 상대성이론과 같이 치부되어 무조건 비판없이 진리로 받아들이고 마는 것이다.

법학지식을 습득함에 있어 비판의식을 가지고 왜 그런지 그 원리를 탐구하고 그 타당성을 고민하면서 법리나 판례를 연구하지 않는 것이다.

하지만 적절한 운동 없이 음식을 절제하지 않고 마구 먹는 사람은 비만으로 인해 그 몸은 비록 비대하지만 건강한 신체를 갖지 못하고 운신이 자유롭지 못하듯… 법학지식 또한 비판 없이 그저 많은 양만 빨리 받아들이는 방법으로 공부하면, 쌓은 법률적 지식은 방대할지라도 그 법률적 지식은 그저 단편적인 법지식의 틀에 자신을 가두어 자유로운 사건 해결에 걸림돌이 될 뿐이다.

법학지식을 비판없이 그저 마구잡이로 섭취한 변호사는 "법과 판례가 그러하니 어쩔 수 없지…"하고 쉽게 포기하고 말지만, 법학지식을 비판적으로 받아들인 진정한 변호사는 그 원리를 알기에 이를 극복할 해결책을 찾아 고민하게 되고 결국 해결책을 찾아내고야 마는 것이다.

이는 비단 법학분야만이 그런 것이 아니고 모든 분야가 그렇다고 본다.

어떤 학문이든 지식을 비판의식을 가지고 받아들이고 그 개념과 원리를 탐구할 때만이 그 지식의 종이 되지 않고, 그 지식을 나 자신을 자유롭게 해주는 날개로 만들어 낼 수 있는 것이다.

　우리가 사용하는 많은 스킬은 이혼에 관한 모든 법리와 판례를 비판의식을 가지고 분석하고 원리를 탐구함으로써 만들어진 우리만의 노하우이다. 마치 하늘을 자유롭게 날아다닐 수 있는 날개를 단 것처럼 말이다.

　이 사건에서 의뢰인은 자신이 기대했던 것보다 훨씬 더 좋은 결과로 사건이 종결되자 정말로 눈물을 흘리면서 "솔로몬이 아니었다면 아마 저는 억울해서 죽었을 겁니다. 솔로몬이 정말 생명의 은인"이라고 하면서 대뜸 일어서더니 상담실 의자를 치우고는 큰절까지 올리는 것이 아닌가???

　이런 맛에 이혼소송한다…

　우리는 상대방을 살살 다루는 법이 없다.
　필요하면 말이다.
　우리 솔로몬한테 걸리기만 하면 뼈 추리기 아주 어렵다…

양육권은 꼭 확보하고 싶어요~~!!

　해 질 무렵 한 신사분이 본인의 아버지, 큰형님과 함께 사무실을 방문하셨다. 그 신사분은 지방 모 대학교에서 강의를 하고 계시는 교수님이었고, 아버지는 이북이 고향이신 성공한 사업가였으며, 큰형님은 S대 법학과를 졸업하고 사법고시를 패스한 후 부장판사를 지내다가 현재는 대형 로펌에서 재직하고 계신 분이었다.
　그리고 참고로 큰형수님도 S대 법대 출신 변호사로서 대형로펌에서 재직하고 계셨고, 작은형님도 현직 부장판사로 재직하고 계신 정말 빵빵한 집안이었다.

　신사분은 오셔서 대뜸 처로부터 이혼소장을 받았는데, 다른 것은 다 패소해도 괜찮지만 양육권만큼은 꼭 확보하고 싶은데 모든 곳에서 양육권 확보는 사실상 불가능하다고 해서 큰형님과 작은형님의 권유로 우리 솔로몬까지 찾아오게 되었다는 것이었다.

신사분은 사모님과 심한 성격차이로 각방을 쓴 지 오래되었고 오랫동안 성관계는 물론 대화조차도 거의 없이 살아왔고, 매일 이혼만을 생각하다가 아이들 때문에 참고 있었는데, 사모님이 이혼소장을 보내왔고, 본인도 이제는 더 이상 혼인관계를 유지하는 것은 무의미하다고 생각되어 이혼해야겠다는 결심이 섰다고 하셨다. 그런데 중3인 아들과 중1인 딸만큼은 본인이 꼭 키우고 싶다는 것이었다.

그런데 문제는 그 교수님은 지방에 소재하는 대학교에서 재직하고 계셨기 때문에 평일에는 학교 근처 숙소에 머물다가 주말에만 아이들을 보러 집에 오는 형편이었기 때문에 아이들은 오롯이 전업주부인 엄마가 케어하고 있었고, 때문에 당연히 아이들은 엄마와의 친밀도가 큰 편이었다.
게다가 아이들은 학업을 위해서 엄마와 강남8학군에 거주하면서 좋은 교육을 받고 있었고, 학업성적도 상위 0.1% 안에 들어갈 정도로 상당히 훌륭했다.
반면 우리 의뢰인은 지방에서 교수직을 수행하느라 반드시 지방에서 거주해야 했고, 따라서 양육권을 가져온다 해도 경기도권에 있는 할아버지 댁에 머물러야만 했다.

양육권 측면에서 본다면 그 어느 것 하나 유리한 게 없었다. 그러니 모든 곳에서 양육권 확보가 불가능하다고 상담하는 것도 그리 이상한 일이 아니었다.
그래서 현재 부장판사로 재직 중인 둘째 형님과, 부장판사로 법복을 벗고 현재는 대형로펌에서 재직 중인 큰형이 법관들을 통해서 양육권 다툼을 잘하는 이혼전문변호사 사무실을 모색하였고, 그 결과 솔로몬을 찾아왔다는 것이었다.

  사실 민법에는 양육자를 정하는 기준에 대하여 "자의 의사와 연령, 부모의 재산상황, 그 밖의 사정을 참작하여 양육에 필요한 사항을 정한다."라고만 규정하고 있고, 판례도 그 명확한 기준에 대하여 판시하고 있지도 않다. 따라서 많은 이혼전문변호사들조차도 그 정확한 기준을 알지 못한 채 주먹구구식으로 양육권에 대해서 싸우는 경우가 대부분인 게 현실이다.
  하지만 양육권에 대해서 많은 판례를 분석하고 검토해보면 일정한 규칙이 있다. 그리고 그 규칙대로 소송을 진행하면 승소율이 높아지는 것이다. 그렇다고 판례에 나타난 일정한 패턴단 알아챘다고 해서 양육권 다툼을 잘할 수 있는 것도 아니다.
  양육권에 대한 소송에서는 그 어떤 소송보다도 전략이 필요하다. 전략이라고 하면 뭐 좀 거창하게 들리겠지만 양육권에 관한 법리와 판례의 태도를 정확히 이해하고 있다면 당연히 나오게 되어 있는 소송대응일 뿐이다.

  그래서 우리는 교수님께 "100% 보장은 해드릴 수는 없지만 그 어떤 사무실에서 진행하는 것보다는 승소 확률이 훨씬 높은 것만은 사실이니 우리가 요구하는 몇 가지만 해달라"고 부탁을 드리고는 소송을 진행했다. 그 자세한 방법은 우리만의 노하우이기 때문에 자세히 밝힐 수는 없지만, 하여튼 쉽지 않은 싸움이었지만 결국 아이들에 대한 양육권을 가져왔고, 그 양육계획은 아이들은 할아버지 댁에 머물고 교수님은 평일 수업을 몰아서 하는 방법으로 하고, 가능한 한 아이들과 보낼 수 있는 시간을 많이 갖는 내용으로 판결을 받아냈다.

이게 정말 가능할까… 가능하다.

양육권이 어떤 원리에 의해서 정해지는지에 대한 법리와 판례에 대한 정확한 이해가 있고, 응용력만 있다면 말이다.

교수님의 아내분이 외도를 했다든지 해서 유책성이 큰 배우자였더라면 양육권 싸움을 함에 있어서 비빌 언덕이라도 있었겠지만, 그저 성격차이일 뿐이었고, 아내분에게도 크게 비난할만한 어떠한 큰 잘못이 없었던지라 우리는 아이들이 양육자로서 아빠를 지목해야만이 승률이 있다고 판단했고, 그래서 그 방향으로 소송 외적으로 준비했으며 또한 그 방향으로 변론을 해나갔던 전략이 주효했던 것이다.

이 소송에서 승소로 이끈 주효한 전략을 아주 조금만 힌트를 주자면, 일단 아이들은 엄마의 교육열에 지쳐있었고, 그러한 점을 적당하게 이용했다는 것이다.

아이들은 엄마의 교육열에 의해 평일에는 밤늦도록 그리고 토요일, 일요일, 방학도 없이 강남 여러 학원 등을 전전하면서 공부를 해야만 했고, 그에 따라 아이들이 아주 올바로 잘 성장했고 성적 또한 우수하긴 했지만, 쉬지 않고 몰아세우는 엄마의 교육열에 아이들이 지쳐있는 것은 확실해 보였다. 하지만 그렇다고 해서 아이들 엄마의 교육열 방향이 그렇게 빗나가 보일 정도는 아니었지만 말이다.

그래서 엄마와 과도한 교육열을 탓하면서 양육권 싸움을 하기에는 무리가 있다고 판단되었기 때문에 아이들이 강남에서 통학권에 있는 할아버지 집에서 주로 할아버지, 할머니와 생활하면서 1주일 중 3~4일은 아빠와도 함께 생활하고 싶어 하도록 만들자는 전략으로 양육환경을 소송외적으로 준비하였고, 그 전략이 잘 들어맞았던 것이다.

모든 사건에서 똑같은 전략으로 대응할 수도 없고 대응해서도 안 된다.
사건을 면밀히 살펴본 후 공격할 수 있는 공백을 찾아낸 다음 그 빈틈을 집요하게 파고들어 변론하게 되면 생각지도 못한 결과를 도출해낼 수 있는 것이다.
그러려면 이혼법과 판례에 대한 지식을 정확하게 이해하고 있어야 하고, 지구력과 승부욕이 있어야 가능하다.

그리고 법과 판례만으로 승부를 가를 수 있다는 생각부터 바꿔야 한다. 민사소송이나 형사소송에서는 법과 판례만으로도 승소할 수 있겠지만, 이혼소송에서는 그것만으로는 부족하다
때로는 사람의 심리를 파악하고 마음을 움직일 수도 있어야 한다.
이 사건이 바로 그 사실을 잘 증명해주는 대표적인 사건이기도 하고 말이다.

유책배우자가 이혼소송을 걸어왔어요~~ㅜㅜ

이번에는 유책배우자가 이혼소송을 걸어온 케이스 중에서 일명 빨대권법으로 대응한 사례를 소개해보려고 한다.

사실 이러한 사례를 소개하기엔 조심스러운 면이 있다.

왜냐하면 우리만의 노하우를 공개해야 하기 때문이다. 우리 로펌의 경우 연구팀을 별도로 두어 많은 전략과 스킬을 연구하게 하고, 이렇게 만들어 낸 전략과 스킬을 가지고 각 개의 이혼소송에 절절히 대응하도록 하고 있는데, 이러한 우리만의 전략과 노하우를 공개해버리면 다른 곳에서 따라하기 때문에 고민이 많다. 그래서 노하우를 아주 적게 공개할 수 있는 아주 소형 사건 즉 상대방을 아주 얌전히(?) 손봐 준 사건 하나만 소개해보기로 한다.

한 중년 부인이 사무실을 찾아오셨는데, 그 부인은 다른 여자와 버젓이 집을 얻어 동거하고 있는 남편이 자신한테 이혼소송을 제기하였다면서 소장을 가져오셨다. 소장에는 부인이 살림을 잘 못했다느니, 시댁식구를 무시했다느니, 남편에게 각종 부당행위를 했다느니 하는 되지도 않는 이야기로 가득했다.

사실 남편은 대학병원 의사 겸 의대 교수로 재직하고 있는 고소득자인데, 중학생인 아이들을 버려둔 채 다른 젊은 여자와 눈이 맞아 집을 따로 얻어 살면서 그 상간녀의 꼬임에 빠져 이혼소장을 보낸 것으로 보였다.

부인은 남편의 바람기와 무시하는 평소의 언행으로 인해서 정이 떨어질 대로 떨어져서 이혼은 하고 싶었지만, 결혼 이후 줄곧 전업주부로 지내오기도 했고 뿐만 아니라 이혼하게 되면 아이들 교육비를 충당할 방도가 전혀 없었기 때문에 어찌해야 할지 모르겠다면서 상담을 요청해왔다.

사건을 살펴보니, 부부공동재산으로는 현재 부인이 아이들 2명과 함께 살고 있는 시가 약 20억 상당의 부인 명의 아파트와 투자 목적으로 사둔 부인 명의의 땅 몇 필지가 있었고, 상간녀와 딴 살림을 차린 이후부터 생활비를 전혀 주지 않고 있는 상황이었다.

이러한 경우에 우리 측은 남편이 외도를 한 잘못을 지적하면서 이혼 및 위자료를 청구하는 반소를 제기하는 방법으로 대응할 수도 있었지만, 그렇게 되면 위자료 3~5천만 원은 받아낼 수는 있겠지만, 그 대신 재산분할금 조로 최소한 재산의 50%를 줘야 할 뿐만 아니라, 아이들 양육비는 아이들이 만 19세 될 때까지 받을 수 있을 뿐이었다,

따라서 우리는 반소를 제기하는 대신, 남편이 유책배우자임을 들어 남편의 이혼청구를 기각해달라는 내용으로 대응하면서 더불어 최소한 아이들이 취업하기까지는 온전한 생활비를, 취업한 이후에는 아이들과 남편이 공

동부양의무가 있는 점을 들어 생활비의 1/2에 해당하는 금액을 부양료로 지급하라는 내용의 반소를 제기하였고, 상간녀한테는 손해배상을 구하는 내용으로 별소를 제기한 후, 상간녀에 대하여 위자료를 지급하라는 판결이 내려졌음에도 불구하고 그 이후에도 계속해서 동거한다면 반복해서 상간녀 소송을 제기하는 일명 연타치기를 하는 방법으로 대응하기로 하였다.

　사실 막상 이혼소송에 들어가 보면, 부부 일방의 잘못만 있는 경우는 거의 없다. 본 사건도 본 소송으로 들어가보니, 남편 입장에서도 한편으로는 억울하고 다른 한편으로는 부당하다는 내용으로 주장할만한 내용들이 꽤 있었다. 하지만 아무리 억울하고 부당한 사유가 있다손 치더라도 어린 자식 2명과 전업주부인 본처를 내버리고 젊은 여자와 동거하는 것만큼 큰 잘못이 있겠는가????

　그래서 우리는 흔들림 없이 우리가 애초에 세운 전략대로 변호해갔고, 결국 본 사건에서 남편을 혼인파탄에 전적으로 책임있는 유책배우자로 인정하면서 남편이 부인에게 부양료조로 월 500만 원씩을 지급하고, 상간녀는 위자료조로 2500만 원을 지급하라는 내용의 판결을 받아냈다.

　통상 유책배우자가 이혼소송을 걸어오면, 감정에 북받쳐 이혼 및 위자료를 구하는 반소를 제기하는 방법으로 성급히 대응하는 경우를 흔히 볼 수 있는데, 필요에 따라서는 이혼기각을 구하면서 부양료를 청구해서 받아내는 방법 즉 일명 빨대권법으로 대응하는 것이 더 이익인 경우가 많다.
　우리는 이러한 경우뿐만 아니라 경우에 따라서는 통상의 소송에서도 속칭 빨대권법으로 대응해서 다른 사무실에서는 상상조차도 하지 못할 경제적 이익을 의뢰인에게 안겨준다. 하지만 모든 소송에서 할 수 있는 것은 아니고, 할만한 요건이 되어야 할 수 있는 것인데, 그러한 요건이 충족되면 의뢰인의 의사를 물어 빨대권법으로 대응하는 것이다.

빨대권법에 의해 막상 빨대가 꽂혀진 상대방은 정말 당혹스럽기 그지없는데, 빨대권법은 그야말로 정말 잔인한 방법이라고 할 수 있다. 왜냐하면 상대방 입장에서는 이혼은 할 수 없는 반면, 생활비만 고스란히 주어야 하기 때문이다.
그래서 우리 사무실 입장에서도 아주 신중하게 그 방법을 쓰고 있다.
그렇지만 권선징악의 결말이 꼭 필요한 경우에는 통쾌하기 그지없는 방법임에는 틀림없다.

맞벌이부부사건에서
재산분할 90% 인정받는 사례

근래 이혼전문변호사님들이 TV에 출연해서 "결혼한 지 10여 년이 되면 전업주부인 경우에도 재산분할 기여도가 무조건 50%"라는 이야기를 수 차에 걸쳐 하다 보니, 일반 사람뿐만 아니라 이혼소송 경험이 많지 않은 이혼전문변호사님들조차도 그렇게 알고 있는 경우가 많다.

TV에 출연한 변호사님들이 왜 자꾸 그런 이야기를 하시는지 도저히 이해할 수 없지만, 덕분으로 경력이 짧거나 잘 모르는 이혼전문변호사님들은 그 영향으로 결혼한 지 10여 년이 된 부부의 경우에는 당연히 기여도가 50%로 인정되려니 하고 이혼소송에서 재산분할에 관한 다툼을 전혀 하지 않는다.

우리로서는 정말 감사한 일이긴 하지만 상대방 변호사님의 의뢰인 입장에서 생각해 보면 정말 안타까운 일이 아닐 수 없다.

그래서 이번에는 재산분할 기여도에 관한 사례를 하나 소개하려고 한다.

결혼한 지 17여 년이 되고 중3과 중1인 아들 둘을 둔 남성분이 사무실에 내방하셨다. 그분은 모 대기업에 재직하고 계시면서 부업으로 이러저러한 주제의 책을 저술하시는 분이셨고, 사모님은 비공식적으로 과외를 해서 월 150 정도 벌이를 하는 분이었다. 그리고 의뢰인은 대기업을 다니면서도 글 쓰는 재주가 있어 몇 권의 책까지 출간해서 월 100만 원 남짓 되는 인세까지 받고 있었다.

그런데 어느 날 우연히 사모님의 외도 사실을 알게 되었는데, 외도 대상은 사모님 고등학교 시절 아는 오빠였고, 혼인기간 동안 꽤 오래 만난 듯했다.

우리 의뢰인은 정말 당장이라도 숨이 끊어질 듯한 목소리로 "가정 하나 바라보고 힘든 야근에 상사 눈치까지 보면서 근근이 회사생활을 견디어 왔는데, 아내가 다른 남자를 만나고 있었다니 이젠 삶에 희망이 없어졌다."면서 연내 깊은 한숨을 몰아쉬었다. 그러면서 아내를 아주 혼을 내주고 싶다는 것이었다.

변호사사무실에서 혼을 내줄 수 있는 방법은 돈을 뺏어오는 것밖에 더 있으랴… 우리는 정말 그 의뢰인의 슬픔에 동화되었던 것 같다. 적어도 소송이 진행되는 동안 내내 그랬다. 그래서 결혼 후 형성된 재산분할대상이 되는 재산이 약 5~6억이 되었는데, 우리는 그렇다면 이번 사건에서 재산분할을 한 80% 정도 확보해보자는 데 의기투합이 되었다.

그런데 문제가 있었다. 흔히 양육권을 가져가는 쪽에 재산을 좀 몰아주는 경향이 있어서 우리가 목표하는 재산분할을 가져오려면 우리가 아이들 양육권을 확보해야 하는데, 아들 둘은 무조건 엄마하고 살고 싶다는 의사가 아주 강력했기 때문이다. 더구나 아이들이 그 나이 정도 되면 거의 아이들 의사에 따라 양육자가 결정되는 실정이므로 정말 큰 난관이 아닐 수 없었다. 그리고 재산분할을 그만큼 가져오려면 확보된 외도 증거가 판사님으로부터 큰 분노를 일으키게 할 정도가 되어야 하는데 의뢰인이 확보한 외도 증거 또한 좀 평이했다.

그래서 우리는 외도증거를 좀 더 확보하는 방안 및 양육권확보를 위한 전략을 수립한 후 이혼 및 상간남 상대 손해배상소송에 돌입했다. 일단 아내가 불법적으로 취득한 과외 교습비는 전혀 있지 않은 사실이라고 일관되게 주장하였고, 아내가 상간남과 오랜 시간 외도하는 과정에서 명품옷과 화장품, 악세사리들을 사대고 상간남과 함께 다닌 것으로 추정되는 유흥지나 서울 근거리 혹은 전국 각지를 돌아다니면서 먹거리 탐방을 한 식비 등과 같은 과소비 및 낭비를 해 온 반면 우리 의뢰인은 출퇴근을 대중교통을 이용하며 용돈도 월 몇 만 원으로 생활하면서 아이들 장래 및 노후대비를 위해서 절약해 온 사실들을 주장하였고, 상간남 및 아내를 파렴치한 인간으로 몰아갔다.

반면 아내 측 변호사 및 상간남의 변호사는 반성하는 기미를 보이기는커녕 우리 의뢰인의 허물을 들춰내면서 자기들은 전혀 잘못한 것이 없는 양 대응하였는데, 그러한 대응 방법이 판사님을 더 자극한 것 아닌가 싶다.

자세한 노하우는 모두 다 밝힐 수는 없지만 그렇게 우리는 끈질기게 위자료, 재산분할, 양육비를 많이 받아내기 위해서 그리고 양육권을 확보하기 위해서 끈질기게 물고 늘어졌고, 때문에 소송이 무려 1년 6개월이나 진행되었다.

　드디어 판결일….

　우리는 많이 노력하고 많이 애쓴 사건이었기에 가슴을 졸여가면서 결과를 기다렸다. 그런데 이게 웬일인가? 재산분할 기여도가 90%나 인정된 것이었다. 위자료도 피고들이 연대하여 5천만 원, 양육비는 한 아이당 월 35만 원이나 인정된 것이다.

　우리도 사실 놀랐다. 그동안 맞벌이부부의 경우 최대 성과가 80%가 전부였는데, 90%라니… 결국 처는 혼인생활 17년에 두 아들을 출산했음에도 위자료 500만 원과 재산분할금을 상계하고 몇 백만 원 받는 것으로 만족해야만 했다.

　모든 사건이 이런 좋은 결과를 가져올 수는 없다, 하지만 이런 좋은 결과를 가져올 수 있는 좋은 조건의 사건이 종종 있음에도 일반 이혼전문변호사님들은 너무 안이하게 소송을 진행하는 것만큼은 분명해 보인다. 마치 공장에서 공산품을 찍어내듯이 소송을 수행하니 말이다.
　이혼소송은 공장에서 공산품을 찍어내듯이 하는 게 아니다. 의뢰인의 감정에 함께 동화되고 함께 아파하며, 판사님께 그 아픔을 잘 전달하는 게 중요하다.

　근데 걱정이다. 이런 노하우를 자꾸 포스팅하다 보면 다른 데서 다 배워서 할 텐데 말이다…ㅜㅜ 이런 노하우들을 개발하는 데까지 근 20년이라는 세월이 흘렀는데 말이다….

　사실 이 사건은 우리 솔로몬이 전적으로 잘해서 이런 놀라운 결과를 얻어낸 것은 아니다.
　물론 부인의 파렴치한 불륜행각을 입증할 수 있는 충분한 증거를 추가적으로 확보한 후 소송에 임하였고, 의뢰인의 그 울분에 찬 감정을 잘 전달한 우리 솔로몬의 노력도 있었지만, 혼인한 이후 17년 동안 성실하게 생활해 오시고 가족의 미래를 위해서 자신의 수고로움을 아끼지 않았던 의뢰인의 과거 삶이 이런 결과를 가져온 게 아닐까 하는 생각이 든다.
　이혼소송은 어찌 보면, 혼인기간 동안 살아온 인생을 평가받는 면이 있다. 물론 이러한 면을 소송대리인이 판사님께 잘 전달하는 것도 중요하지만 말이다.

이혼전문변호사, 이혼전문로펌들 3개사와의 양육권 다툼에서 승소한 사례

이번에는 3개의 이혼전문로펌과의 양육권 다툼에서 승리한 사건에 관한 이야기를 해보려고 한다.

우리 의뢰인은 대기업에 재직 중인 남편이었고, 상대방은 어린이집 교사로 일하고 있던 부인이었다. 결혼한 지 얼마되지 않아 파탄에 이르렀고, 의뢰인이 우리 사무실에 이혼사건을 의뢰할 당시 의뢰인과 부인 사이에는 생후 3개월 된 젖먹이 딸이 있었다.

부부사이에는 외도나 폭행, 폭언 등 특별한 이혼사유는 없었지만, 성격차이가 심해 이미 이혼하기로 합의된 상태였다. 그런데 딸아이에 대한 친권과 양육권, 양육비에 대해서 합의가 안되어 일단 부인이 딸아이를 데리고 신혼집을 나가 친정에서 거처하면서 이혼전문변호사를 선임하여 이혼소장을 법원에 접수한 상태였다.

의뢰인은 우리 사무실에 내방하셔서 위와 같은 상황을 말씀하시면서 "자신은 대기업에 다니고 있고 연봉이 2억 원이 넘는데, 처가 양육권을 주장하면서 양육비로 400만 원을 요구하고 있다. 그래서 아예 자신이 딸아이를 양육하고 싶은데, 사방팔방 다니면서 많은 이혼전문변호사들과 상담해보아도 '양육권을 가져오는 것은 불가능에 가깝다'는 답변 뿐이었다."라고 하면서 딸아이의 양육권을 가져올 방법이 있느냐고 묻는다.

남자가 양육권을 가져오려면 아이 양육을 원하는 마음이 간절해야 하므로, 의뢰인의 양육의사를 몇 번씩이나 확인해보니, 그 의지가 남달라 보였다.
그래서 우리는 현재 부인을 대리하고 있는 이혼전문로펌이 어디인지 우선 알아본 다음, 그 정도의 이혼전문로펌이라면 전략이 부재한 곳이므로 충분히 해볼만하다는 결론을 내리고, 의뢰인한테는 "양육권을 가져올 수도 있고, 공동양육자로 지정되면서 양육비는 서로 주고받지 않는 것으로 결론을 낼 수 있다. 다만 그런 결론을 도출하기 위해서는 전략이 필요한데, 우리의 전략에 따라 의뢰인이 몇 가지 해주셔야 할 것이 있다. 그 전략은 의뢰인이 우리를 무조건 믿고 우리가 하라는 대로 그대로 해주셔야 하며, 시간이 좀 걸릴 것이므로 호흡을 좀 길게 가지고 할 수 있겠느냐?"고 했더니, 의뢰인은 우리 사무실에 대한 무한한 신뢰를 보내는 게 아닌가?

아이가 아직 젖먹이인 데다가 아들이 아닌 딸이며 게다가 딸아이를 현재 엄마가 양육하고 있고 부인이 이미 법원에 이혼소장과 양육자임시지정 및 양육비사전처분신청서를 제출한 상태였기 때문에 양육권을 가져온다는 것은 사실 불가능에 가까운 일이었다.

하지만 불가능한 것은 없다… 어려울 뿐이지…

그래서 우리는 전략회의를 한 후, 의뢰인한테는 우리 전략에 대한 큰 그림을 안내해주고, 단계적으로 해야 할 일을 때에 따라 부탁드렸다.

당시 우리가 세웠던 전략을 여기에서 모두 밝힐 수는 없지만, 사실 우리가 간혹 사용하는 전략이다. 우리는 전략상 소송을 지연시켰는데, 초반부터 부인 측이 원하는대로 소송이 흘러가지 않고 수세에 몰리는 형세가 이어지자 부인은 이미 선임한 로펌에 더하여 좀 더 큰 이혼전문로펌을 추가하여 선임하는게 아닌가??

그래서 우리는 2개의 이혼전문로펌과 양육권다툼을 하는 셈이었다. 하지만 하나 더 선임한 이혼전문로펌도 다행히도 전략과 수 싸움에서 한참 부족한 로펌이었다. 그래서 우리는 전략 수정없이 그대로 밀고 나갔고, 이번에도 부인 측이 계속해서 수세에 몰리자 이혼전문로펌을 또 하나 더 선임…ㅜㅜ

정말 부인 측에서 변호사비용을 얼가나 쓰는지 걱정도 되었지만, 마지막 세 번째 선임한 이혼전문로펌은 이혼분야에서는 꽤나 실력을 알아주는 로펌이었다. 부인이 양육권에 대해서 연구를 많이 했는지 세 번째에는 제대로 된 이혼전문로펌을 선임한 것이다.

아니나 다를까 세 번째 선임한 이혼전문로펌은 그 이전에 선임한 2개의 로펌과는 사뭇 다르게 만만치 않은 반격을 해왔다. 그러자 가사조사절차에서 가사조사관이 부인의 편을 드는 것 같은 느낌이 들고 판사님도 부인 측의 사정을 좀 더 봐주는 느낌이 드는 게 아닌가?

당시 만만치 않은 반격에 의뢰인과 우리 모두 조금은 긴장했었던 것 같다. 그러나 장애물은 넘으라고 있는 것이지 포기하라고 있는 것은 아니지 않는가? 그래서 우리는 전략수정이 불가피하다고 판단하고 극약처방을 하기로 결정했다.

사실 이 극약처방은 잘 쓰지 않는 방법이고 자칫 우리가 더 수세에 몰릴 수도 있는 전략이어서 우리도 이 방법을 쓰는 데 조심스럽긴 했다.

일단 이러한 사정을 의뢰인한테 설명드리고는 한번 해보겠느냐고 물었더니, 의뢰인은 단호했다. 무조건 해보겠다는 것이었다.
그래서 우리는 극약처방을 사용했고, 몇 달 후 드디어 판결이 났다.

결과는???

공동양육하되 평일은 엄마가, 금요일 저녁부터 일요일 저녁까지는 의뢰인이 각 양육하고, 양육비는 상호 지급하지 않는다는 내용으로 판결이 선고된 것이다.

양육권이 전적으로 우리에게 오면 사실 남자인 의뢰인이 양육하기에 너무 힘든 상황이었고, 양육권이 부인에게 가면 양육비가 너무 많이 인정되어 의뢰인 입장에서 재혼을 걱정할 수준이었으므로, 사실 판결내용이 의뢰인에게는 딱 좋은 내용이었던 것이다.
판결이 선고된 후 의뢰인이 얼마나 좋아하던지…

의뢰인은 판결이 선고된 이후 우리한테 "실제로 이런 판결이 날 수 있을까? 하는 반신반의하면서 따라온 점도 있었는데 정말 이런 판결을 받아보고나니 정말 믿을 수 없다."라면서 연신 "대단하다 감사하다."면서 감탄을 하신다.

사실 우리가 이 사건을 잘 해낼 수 있었던 것은 전략도 전략이지만 의뢰인의 확고한 집념이 크게 한몫한 것도 있다. 의뢰인은 소송이 진행되는 내내 단 한 번도 흔들림 없이 그대로 우리를 신뢰해주고 따라와 주었던 것이다.

이혼소송에서는 법리와 판례를 아는 것만으로는 좋은 성과를 낼 수 없다. 이혼소송에서는 전략이 중요하기 때문이다. 형사소송, 민사소송, 행정소송에는 없는 이혼소송만의 특징이다.

우리 솔로몬이 거의 불가능한 사건을 승소로 이끌어낸 사건이 많지만 이 사건이 특히 기억에 남는 이유는 의뢰인의 집념 때문이다. 의뢰인은 소송이 진행되는 동안 단 한 번도 자신이 목적한 바 흔들림이 전혀 없었다. 지금 생각해보아도 그 의뢰인은 정말 대단했다. 부인 측이 세 번째 이혼전문로펌을 선임한 후 위기가 왔을 때에도 의뢰인은 정말 단호했다. 사실 의뢰인은 이혼소송에서 소송대리인과 함께 싸우는 동반자이기 때문에 의뢰인이 어떤 성향인지는 사건결과에 지대한 영향을 미친다.

역시 이혼소송은 결과가 정해져 있는 경우보다 결과를 만들어가야 하는 경우가 더 많다. 이 경우가 특히 그랬다.

남편 월급이 1,200만 원밖에 안 된다고 바가지 긁어대는 부인을 혼내주세요

무더운 한여름 큰 키에 싱겁게 생기신 신사분이 이혼상담을 원한다면서 우리 솔로몬 사무실에 내방하셨다.

그분은 전문의로서 봉직의로 근무하고 계셨는데, 당시 월 급여는 세후 1,200만 원씩 받고 있었고 슬하에 세 살 된 아들이 있었다.

그런데 전업주부인 처는 "남편의 월급이 적다." "이 돈을 가지고 어떻게 살라는 거냐?"면서 날이면 날마다 남편의 기를 죽이고 있었고, 그런 이유로 내담자는 이혼을 고민하다가 우리 솔로몬을 방문하게 되었다고 하셨다.

억대 연봉을 받고 있다고 하면 대부분 고소득자라고 인정하고 있고, 억대 연봉이라 하더라도 세금 공제하고 나면 기껏 월평균 700만 원이 채 안 되는데, 월 1,200만 원씩이나 벌고 있다면 고소득자 중에도 최고의 고소득자임에도 불구하고, 처는 신사분에 대해서 "이 돈으로 어떻게 살라는 거냐?"면서 바가지를 긁어댄다는 것이었다.

그뿐만이 아니었다. 처는 주변에 얼마나 잘난 친구들만 있는지 모르겠지만, 항상 남편한테 "내 친구 남편들은 월 2~3천만 원씩 벌어온다는데, 정말 이 돈밖에 못 버는 거냐? 정말 능력 없는 남편 만나서 내가 고생한다."라는 말을 거침없이 쏟아낸다는 것이었다. 그런 말을 하려면 병원을 하나 차려주든지 말이다.

신사분은 이러한 문제로 고민을 이어오다가 우리 솔로몬을 찾아 상담하셨던 것인데, 상담할 당시에도 이혼을 계속해서 고민하고 있었다. 기가 많이 죽은 채 말이다. 통상 의사분들을 보면 기가 잘 죽지 않던데, 이 분은 살면서 처한테 얼마나 주눅이 들었는지 어깨까지 축 늘어져 있었다.

그리고 그 신사분은 "이혼하면 양육권은 여자가 유리하다고들 하던데, 그러니 이혼을 하게 되면 아들녀석에 대한 양육권을 뺏길 것이고, 그렇게 되면 아들과 함께 보낼 시간이 적어지는 것이 가장 큰 고민"이라고 하시면서, 약 1시간이 넘는 시간 동안 상담을 마치고는 더 고민을 해봐야겠다는 말을 남기고 그냥 가 버리신다.

이런 순둥이 바보 같으니라고… 이럴 때는 우리 솔로몬이 악동이 되어야만 한다고 생각했다.

우리 솔로몬은 이혼을 결심하고 이혼소송을 의뢰하러 오신 분들을 설득해서 좀 더 살아보시라고 권면해서 돌려보내는 경우는 있어도 이혼을 부추기는 경우는 그리 많지 않은데. 이 사건에서만큼은 우리 솔로몬이 적극적으로 나서서라도 반드시 이혼을 시켜야 한다고 판단을 했다.

그래서 보름이 지나 어떻게 지내시냐면서 슬그머니 전화를 했더니, 반갑게 전화를 받으시면서 "아직까지 고민하고 있다"는 답변만 계속 하신다.

그래서 우리 솔로몬은 "혼인관계를 계속 유지하다가는 뱁새 가랑이가 아니라 황새 가랑이 찢어진다. 월 4~5백만 벌어와도 '당신 수고했어. 당신 능력있네'라면서 사는 가정도 많은데, 전문의에 월 1,200만 원씩이나 벌어다 주는데, 능력 없는 남편으로 매도하는 처와 살 필요가 있겠느냐?"면서 이혼을 하시는 게 맞는 것 같다고 설득했고, 그렇게 약 3개월가량이나 계속해서 설득했다.

그리고 양육권을 확보할 자신이 있으니 이혼하시고 다른 좋은 분 만나 다시 시작하는 게 좋겠다는 말을 덧붙였더니, 어느 날 "이혼하기로 결심했으니 다른 거 다 필요 없고 아들만 내가 키울 수 있게 해달라"고 하시면서 이혼소송을 진행해달라고 하신다.

그래서 우리는 일단 의뢰인에게 "처가 바가지 긁어대는 것을 녹음만 해달라. 그러면 나머지는 우리 솔로몬이 다 알아서 처리하겠다."고 했더니, 아니나 다를까 1주일도 안 돼서 녹음을 해서 녹음파일을 보내오셨다. 녹음을 들어보니 가관이 아니었다.

처는 한편으로 비꼬는 말투로, 또 한편으로는 남편이 한심하다는 듯한 말투로, 또 어떤 때는 아이들 다그치듯이, 또 어떤 때는 짜증을 내면서 남편을 무시하는 말들을 끊임없이 내뱉어내고 있었다.

처는 연예인 뺨을 그냥 세차게 후려 갈길 정도로 뛰어난 미모를 가지신 분이셨는데, 외모만 이쁘면 뭐하나 마음이 못난이인데…

우리는 우리 의뢰인이 처로부터 들어온 모욕적인 언사의 내용과 그로 인하여 의뢰인이 힘들었던 사정들을 잘 정리해서 이혼소장을 제출하면서, 판사님께서 그 녹음자료를 직접 들으실 수 있도록 아예 녹음파일까지도 증거로 제출했다.

그리고 드디어 첫 변론기일이 열렸다. 변론기일에 참석했는데 아니나 다를까 판사님께서 우리가 제출한 증거를 면밀히 읽어보시고 녹음파일까지 꼼꼼하게 들어보셨는지 대뜸 처에 대해서 대노하시면서 처의 주장은 들어보려고조차 하지 않는 것이었다. 뭐 처음부터 상대방이 대응조차 할 수 없을 만큼 전세가 이미 기운 모양새였던 것이다.

그럼에도 처와 처의 소송대리인은 '능담으로 한 것을 남편 측이 녹음해서 증거로 제출한 것이라느니… 더 큰 병원으로 가면 더 벌 수 있는데, 아들과 노는 것만 좋아하고 병원 일은 뒷전이어서 자극적인 얘기를 한 것뿐'이라면서 고개를 숙이는 것이 아니라 고개를 쳐들고 자신은 전혀 잘못한 것이 없다면서 대응하는 것이 아닌가… 처뿐만 아니라 처의 소송대리인도 똑같이 말이다.

그래서 우리 솔로몬은 바로 소송이 끝나겠구나 하고 예상하면서 쾌재를 불렀다.

이미 이긴 싸움임을 직감한 것이다.

판사님이 여자분이셔서 여자 편을 어느 정도는 들 줄 알았는데, 뭐… 처음부터 이미 승패는 기운 게임처럼 보였다.

아니나 다를까 6개월도 채 지나지 않아서 그냥 판결이 선고되었다.

그 결과는???

① 위자료 3,000만 원에 ② 양육자, 친권자는 모두 우리 의뢰인으로 지정하고 ③ 상대방 측이 우리 의뢰인에게 양육비조로 월 50만 원씩 지급하라는 판결내용이었다.

그뿐 아니라 판사님은 처가 얼마나 미웠는지 면접교섭도 통상 인정되는 한 달에 2회, 회당 1박 2일이 아니라 극히 예외적으로 당일면접만 허락하셨다. 아이 정서상 교육에 악영향을 끼칠 수 있다는 이유였고, 처의 차후 인격 함양여부를 가려 그 변경을 허락할 사안이라고 하고 있었다.

뭐… 이 정도면 대승 중에도 큰 대승이 아니던가???
제대로 한 방 먹인 거다.

우리 의뢰인분은 이혼소송이 끝난 후 얼마 전에 서울 모처에 병원을 개업해서 잘 운영하고 계신다. 우리 솔로몬 전 구성원의 홈닥터를 자처하시면서 말이다.

그리고 연신 말씀하신다. "제가 솔로몬을 안 만났더라면 지금도 그 지옥에서 살고 있을 것"이라고….

물론 아직 재혼은 하지 않으셨고, 부모님과 합쳐 아들을 키우면서 잘 살고 계시는데, 지금이 너무 행복하다고 하신다.

이 사건에서 우리 솔로몬이 판결을 잘 받은 것은 사실 우리가 소송을 잘 수행해서 그렇다기보다는 처와 처의 소송대리인이 소송을 잘못 수행해서라고 우리 솔로몬은 판단하고 있다. 이런 사건과 같은 이혼소송에서 고개를 쳐들고 나는 잘못한 게 전혀 없다고 대응하는 처와 처의 변호사에게 자비를 베풀 판사님은 이 세상에 존재하지 않는다.

실무를 해보면 늘 그렇다.

이혼소송에서 무조건 '나는 잘못한 것이 없고, 상대방이 잘못한 것'이라고 강변하는 태도로 변론할 필요도 없고, 그래서도 안 된다.

우리 솔로몬이 누누이 강조하지만 이혼소송에서는 그 무엇보다 삼바싸움이 중요하다. 이혼소송에서 삼바싸움이라 함은 '내가 피해자이고 선의 편이며, 눈물을 닦아주어야 할 사람은 바로 나이고, 상대방이 가해자이고 악의 편이며 곤장을 쳐야 할 사람은 바로 상대방'이라는 인상을 판사님께 주는 것을 말한다.

위자료도 그렇고, 재산분할도 그러하며, 아이 양육문제에서도 이 샅바싸움은 큰 힘을 발휘한다. 사실 이혼소송뿐만 아니라 일반 행정사건이나 민사사건, 형사사건에서도 이러한 샅바싸움은 여지없이 힘을 발휘하지만, 가장 큰 힘을 발휘하는 소송은 뭐니 뭐니 해도 판사의 재량권이 폭넓은 가사사건이다.

그래서 가사사건 중의 하나인 이혼소송에서도 무리된 주장을 하거나 눈살을 찌푸리게 하는 잘못된 주장을 하는 것은 치명적이다.

<u>때문에 이혼소송에서는 가치관과 관계없이 모든 사람이 공감할 수 있고, 고개가 끄떡여지는 내용으로 그 주장을 채우는 것이 중요하다.</u> 편중된 주장을 했을 때, 물론 재수 좋게 같은 편중된 가치관을 가진 판사님을 만난다는 가정하에 그 주장이 이롭게 작용할 가능성이 털끝만큼은 존재하는 것을 부정할 수는 없지만, 손해가 되는 방향으로 작용할 가능성이 훨씬 더 큼은 두말할 나위 없이 명확하다.

이혼을 준비하고 있거나 이혼소송을 이미 시작한 사람이라면 반드시 유념해야 하는 사항이다.

사람은 누구나 자기의 경험에 의해서 형성된 자신의 가치관이나 세계관, 인생관에 따라 세상을 바라보게 되고, 자기 입장에서 생각하고 판단하려고 하는 경향이 크다. 그러다 보니 이혼소송에서도 상대방의 입장은 전혀 고려하지 않고 무조건 나 자신의 입장만 내세우는 경향을 보이게 되고, 그러다 보면 무리한 주장을 하게 되는 것이다.

하지만 이혼소송에서는 정확히 중립적인 시각에서 사안을 바라보는 안목이 반드시 필요하다.

우리 솔로몬은 항상 의뢰인들에게 강조한다. 이혼소송은 외줄타기와 같다고… 외줄타기에서 무게중심이 조금이라도 한쪽으로 쏠리게 되면 외줄에서 떨어질 수 있듯이, 가치관이 부딪칠 수밖에 없는 이혼소송에서도 한쪽으로 치우치게 되면 여실히 샅바싸움을 빼앗기기 십상이고 그렇게 되면 좋은 결과가 나오지 않는다고 말이다.

Epilogue

　필자도 어느덧 오십이 훌쩍 넘었다. 소송을 수행하고 연구실에서 법률을 연구하면서 하루가 어떻게 가는지 모르게 일에 열중하다 보니 어느덧 반백이 다 되어간다. 그렇게 예뻐 보이던 처도 세월은 비껴갈 수 없는지 세월의 흔적이 여실히 보이고, 아들녀석도 몰라보게 훌쩍 커버렸다. 세월이 참 무상하다.
　이렇게 중년 끝자락에 서고 보니 그동안 앞만 바라보고 달려왔던 나 자신을 다시 성찰해보게 된다. 그동안 무엇을 해왔고 그동안 열심히 해온 일이 무슨 의미가 있는지 말이다.

　그런 무상한 세월 속에서 그동안 쌓아온 경험과 노하우를 나누고자 하는 작은 소망으로 집필을 시작했는데, 시작하고 나니 웬일인지 일이 커진 느낌이다. 그리고 막상 집필을 마치고 보니 성에 차지 않는다. 모두가 쉽게 읽을 수 있고 실질적으로 도움이 되는 그런 책을 쓰고 싶었는데 집필을 끝내고 보니 많은 아쉬움이 남는다.
　글로 법률적 문제를 쉽게 표현해서 전한다는 것이 생각같이 그렇게 쉬운 일이 아닌 것 같다. 되도록이면 쉽게 쓰려고 나름대로 노력했는데, 전문적인 용어가 들어가다 보니 여전히 어렵게 느껴진다. 하지만 조금이라도 도움이 될 수 있다면 일단 그것으로 만족하기로 했다.

앞으로도 법에 쉽게 접근할 수 있는 글을 계속해서 써보려고 한다. 법학 교과서 같은 그런 책 말고 쉽게 읽을 수 있지만 변호사 못지 않게 법에 관한 지식을 갖출 수 있는 그런 책들 말이다. 그것이 내 인생의 마지막 숙제요 보람이 되지 않을까 싶다.

처음에는 전혀 생각지도 못하다가 주위 분들의 계속되는 권유로 등 떠밀리다시피 해서 책을 쓰기 시작했는데, 이젠 그분들한테 너무나 감사한 마음이 든다.

특히 책을 집필하는 동안 많은 조언을 아끼지 않아 주신 김성천 교수님과 김동근 교수님께 많은 감사를 드리고 싶다. 그리고 본서 초안을 읽어주면서까지 충고를 아끼지 않아 주신 유손웅 변호사님 그리고 친구들, 가족들 모두에게 감사하는 마음을 전하고 싶다. 그리고 한 없이 부족하고 부족한 자녀를 손잡아 이끌어주시며 힘과 능력을 날로 더해주시는 하나님께 진심으로 감사드린다.

약정서(이혼합의서)

약정인 갑 : ○○○(222222-1111111)
　　　　　주소 : 서울 관악구 법원단지9길 2(신림동)
　　　　을 : ○○○(111111-2222222)
　　　　　주소 : 갑과 동일

갑과 을은 이혼함에 있어 다음과 같이 합의한다.

다　　음

1. 갑과 을은 이혼한다.
2. 갑과 을 사이의 자녀 김○○의 친권자 및 양육자로 갑을 지정한다.
3. 을은 김○○을 매월 둘째, 넷째 주 토요일 오전 10시부터 그 다음날 오후 5시까지 면접교섭할 수 있다. 그 외에 여름과 겨울 방학 때에는 각 3일씩, 구정과 추석 명절 때에는 각 1일씩 면접교섭할 수 있다. 면접교섭 방식은 을이 교섭개시일에 김아들의 양육지로 가서 인수하여 면접교섭한 후 다시 교섭종료일에 데려다 주는 방식으로 하고, 갑은 을의 면접교섭에 협조하여야 한다.
4. 을은 갑에게 사건본인이 성년에 이르기까지 양육비로 매월 말일에 금1,000,000원씩을 갑명의의 신한은행계좌(번호:213-5362-982)로 이체하는 방법으로 지급한다.
5. 갑이 면접교섭 협조의무를 위반하거나 을이 양육비지급의무를 위반한 경우에는 각 1회당 위약금으로 금2,000,000원씩을 지급하기로 한다.
6. 을은 갑에게 협의의사확인기일까지 위자료로 금5,000만 원을 지급하되, 위 기일에 지급하지 않는 경우에는 원금에 20%의 이자를 붙여 지급하여야 한다.
7. 재산분할은 아래와 같이 정한다.
　가) 을 명의로 되어 있는 서울 강서구 화곡동 83 하늘빌라 402호 전세보증금채권 일억일천오백만 원은 을에게 귀속되었음을 확인한다.
　나) 을는 갑에게 서울 양천구 신월동 55 오리온아파트 1402호의 1/2 지분(을 지분)에 관하여 재산분할을 원인으로 소유권이전등기절차를 이행한다.
　다) 서울 강서구 방화동 611 사랑아파트 503호와 관련된 채무 금오천만 원, 서울 양천구 신월동 55 오리온아파트 1402호 관련 채무 금육천만 원, 국민은행2010. 11. 18.자 채무 금일억원, 국민은행 2012. 6. 1.자 채무 금오천만 원, 국민은행 2012. 6. 15.자 채무 금사천만 원, 서울 양천구 신월동55 오리온아파트 1402호 전세보증금반환채무 금일억이천만 원, 서울 강서구 방화동 611 사랑아파트 503호 전세보증금반환채무 금칠천만 원의 채무는 갑이 단독으로 부담하고 단독으로 이를 변제한다.
　라) 갑은 을에게 2016. 5. 31.까지 매월 말일에 금 일백만 원씩을 생활보조금으로 지급한다.
　마) 위 사항을 제외하고 이 합의일 현재 갑과 을 각자의 명의로 되어 있는 재산은 각자에게 확정적으로 귀속한다.
8. 이 합의안에서 정한 사항 외에 갑과 을은 향후 상대방에게 위자료, 재산분할, 양육권, 양육비 등 일체의 권리행사나 이의제기를 하지 아니하고 이를 포기한다.
9. 약정서 2부를 작성하여 자필 서명날인한 후 1부씩 소지하기로 한다.

2014. 6. 1.

갑 ○○○(인)
을 ○○○(인)

작성례 2

협의이혼의사확인신청서

당사자 부 ○○○(222222-1111111)
　　　　등록기준지 : 서울 강서구 초록마을로2길 35의 23
　　　　주　　소 : 서울 관악구 법원단지9길 2(신림동)
　　　　전화번호(핸드폰/집전화) : 010-○○○○-○○○○

　　　처 ○○○(111111-2222222)
　　　　등록기준지 : 위 신청인과 동일
　　　　주　　소 : 위 신청인과 동일
　　　　전화번호(핸드폰/집전화) : 010-○○○○-○○○○

신 청 취 지

1. 위 당사자 사이에는 진의에 따라 서로 이혼하기로 합의하였다.
2. 위와 같이 이혼의사가 확인되었다.
라는 확인을 구함.

첨 부 서 류

확인기일		담당자	확인서등본 및 양육비부담조서정본 교부	교부일
1회	년 월 일 시	법원주사(보) ○○○ □	부 ○○○ □	
2회	년 월 일 시		처 ○○○ □	

1. 남편의 혼인관계증명서와 가족관계증명서 각 1통
　처의 혼인관계증명서와 가족관계증명서 각 1통.
2. 미성년자가 있는 경우 양육 및 친권자결정에 관한 협의서 1통과 사본 2통 또는 가정법원의 심판 정본 및 확정증명서 각 3통 (제출___, 미제출___)
3. 주민등록표등본(주소지 관할법원에 신청하는 경우) 1통.
4. 진술요지서(재외공관에 접수한 경우) 1통. 끝.

　　　　　　　　　　　　　년　월　일
　　　　　　　　　　신청인　부 ○○○
　　　　　　　　　　　　　처 ○○○

○○가정법원 귀중

작성례 3

자녀 양육과 친권자결정에 관한 협의서

사 건   호 협의이혼의사확인신청
당사자 부 성 명 : ○○○
          주민등록번호(222222-1111111)
       모 성 명 : ○○○
          주민등록번호(111111-2222222)

협 의 내 용

1. 친권자 및 양육자의 결정 (□에 ✓표시를 하거나 해당 사항을 기재하십시오.)

자녀 이름	성별	생년월일(주민등록번호)	친권자	양육자
○○○	■ 남 □ 여	○○○○년 ○○월 ○○일 (○○○○○○-○○○○○○○)	■ 부 □ 모 □ 부모공동	■ 부 □ 모 □ 부모공동
	□ 남 □ 여	년 월 일 (-)	□ 부 □ 모 □ 부모공동	□ 부 □ 모 □ 부모공동
	□ 남 □ 여	년 월 일 (-)	□ 부 □ 모 □ 부모공동	□ 부 □ 모 □ 부모공동
	□ 남 □ 여	년 월 일 (-)	□ 부 □ 모 □ 부모공동	□ 부 □ 모 □ 부모공동

2. 양육비용의 부담 (□에 ✓표시를 하거나 해당 사항을 기재 하십시오.)

지급인	□ 부 ■ 모	지급받는 사람	부 □ 모
지급방식	■ 정기금		□ 일시금
지급액	이혼신고 다음날부터 자녀들이 각 성년에 이르기 전날까지 미성년자 1인당 매월 금500,000원 (한글병기 : 오십만 원)		이혼신고 다음날부터 자녀들이 각 성년에 이르기 전날까지의 양육비에 관하여 금 원 (한글병기 : 원)
지급일	매월 25일		년 월 일
기타	자녀가 성년이 된 이후에도 대학졸업시까지 양육비 혹은 부양료조로 매월 25일에 금50만 원씩 지급한다.		
지급받는 계좌	○○은행 예금주 : ○○○ 계좌번호 : ○○○-○○-○○○○-○○○○		

3. 면접교섭권의 행사 여부 및 그 방법 (□에 ✓표시를 하거나 해당 사항을 기재 하십시오.)

일 자	시 간	인도 장소	면접 장소	기타(면접교섭시 주의사항)
■ 매월 2, 4째주 토요일부터 일요일	토요일 10시부터 다음날 일요일 18시까지	아들의 주거지	모의 주거 혹은 모가 책임질 수 있는 곳	
□ 매주 요일	시 분부터 시 분까지			
□ 기타		1. 여름방학과 겨울방학 기간 중 각 7일간씩 2. 설 연휴기간 중 2박 3일 3. 전화, 이메일, 편지, 선물 등은 일시의 제한 없이 자유로이 교환		

첨 부 서 류

1. 근로소득세 원천징수영수증, 사업자등록증 및 사업자소득금액증명원 등 소득금액을 증명하기 위한 자료 – 부, 모별로 각 1통
2. 위 1항의 소명자료를 첨부할 수 없는 경우에는 부·모 소유 부동산등기부등본 또는 부·모 명의의 임대차계약서, 재산세 납세영수증(증명)
3. 위자료나 재산분할에 관한 합의서가 있는 경우 그 합의서 사본 1통
4. 자의 양육과 친권자결정에 관한 협의서 사본 2통

협의일자 : ○○○○년 ○○월 ○○일
부 : ○○○(인/서명)   모 : ○○○(인/서명)

○○가정(지방)법원		판사 확인인
확인일자	. . .	

작성례 4

고 소 장

고 소 인   최**(6******-2******)
             주 소: 서울 용산구
             연락서: 010-

피고소인   차**(6******-1******)
             주 소: 서울 용산구

고 소 취 지

고소인은 피고소인소인을 '가정폭력범죄의 처벌 등에 관한 특례법'상의 가정폭력으로 고소하오니, 귀청이 위법사실을 철저히 수사하여 해당 사건을 가정보호사건으로 처리하여 관할 가정법원에 송치함으로써 '가정폭력범죄의 처벌 등에 관한 특례법'에 따라 엄중히 처벌하여 주시기 바랍니다.

고 소 원 인

1. 당사자의 관계
   고소인과 피고소인은 2013. 9.에 결혼식을 올리고 동거하기 시작하였으며, 2014. 1. 21. 혼인신고를 마친 법률상 부부로서(증제1호증의 1 내지 9), 슬하에 딸 차**를 두고 있습니다(증제2호증의 1 내지 2).

2. 피고소인소인의 계속되는 가정폭력
   피고소인은 결혼 후 얼마 지나지 않아 이유 없이 폭력적으로 변하기 시작하더니, 딸까지 있는 자리에서 고소인에 대한 욕설은 다반사이고 심지어는 폭행까지 일삼았습니다.

   가. 2013. 늦겨울 피고소인의 가정폭력

   2013년 늦겨울 고소인이 출산하고 얼마 지나지 않았을 때 고소인과 피고소인은 부부싸움을 한 적이 있었습니다. 부부싸움과정에서 피고소인은 화가 난다며 온갖 쇳소리의 고함을 질러대며 신혼집의 방문과 현관문을 주먹으로 때리고 발로 걸어차며 부수는 것이었습니다. 고소인은 피고소인의 행동이 얼마나 무서웠던지 울면서 아기를 안고 4층 친정부모님댁으로 피신하기까지 하였습니다.

   그리고 피고소인의 그러한 난동은 아기가 있는 자리에서 이루어졌었는데, 고소인은 혹여나 아기가 놀라거나 해서 잘못될까 봐 그 이후 한동안 걱정을 많이 하였습니다.

   나. 2014. 4.경 피고소인의 가정폭력

   2014. 4.경 또 부부싸움이 있었는데, 부부싸움 후 감정이 나빠진 피고소인은 갑자기 자다가 깨서는 불같이 화를 내며 미친사람처럼 날뛰며 고함을 질러대고 고소인에게 욕을 하며 고소인을 향해서 주먹을 휘두르며 때리려고 하고 발로 걸어 차려 하였습니다.

   다. 2014. 7. 중순경 피고소인의 폭행

2014. 7. 중순경 피고소인은 고소인과 이혼문제를 이야기하던 중 피고소인이 요구하는 돈을 고소인이 들어줄 수 없다고 하자, 피고소인은 버럭 화를 내면서 주먹으로 고소인의 팔을 내리치는 방법으로 폭행하여 고소인의 오른손 약지와 소지 손톱을 부러뜨려 고소인으로 하여금 피까지 흘리게 하였습니다.

라. 2014. 7. 25. 고소인에 대한 피고소인의 가정폭력

2014. 7. 25. 아침 7시 50분경 피고소인이 침대에서 자고 있는 고소인을 깨우더니 무턱대고 "내 돈(적금 절반)내놓으라."며 "씨발년아! 개 같은 년아!" 등의 욕설을 퍼 붓길래, 고소인이 "애기 놀라니까 제발 나가자."면서 피고소인을 데리고 옷광으로 가자, 피고소인은 고소인의 왼팔을 꺾어 비틀어 고소인을 방바닥에 넘어지게 하여, 고소인으로 하여금 다발성 좌상 등의 상해를 당하게 하였습니다(증제4호증).

마. 2014. 7. 27. 고소인에 대한 피고소인의 가정폭력

2014. 7. 27. 23:00경 피고소인은 술을 마시고 들어와서는 아기도 있는데 온 동네가 떠나갈 정도로 고함을 질러대고 고소인에게 입에 담을 수 없는 욕설을 퍼부우면서, 안경집을 던져서 깨버리고, 고소인이 아기를 위해서 손수 만들어 전등에 매달아놓은 아기 그림책과 인형을 가위로 잘라버리는 것이었습니다. 그리고 피고소인이 질러대는 고함소리가 너무 커서 4층에 사시는 친정어머님까지 듣고 놀라서 지하층 신혼집으로 내려와서 피고소인에게 "이게 도대체 뭐하는 짓이냐?"고 나무라시며 고소인과 사건본인을 데리고 올라 갔습니다. 그런데 고소인이 4층 친정집으로 올라간 후에도 한참동안이나 피고소인이 집에서 소리지르고 소란 피우는 소리가 들렸습니다(증제3호증의 5~7).

바. 2014. 8. 8. 고소인에 대한 피고소인의 가정폭력

피고소인의 폭언·폭행이 계속되어 무서운 마음에 고소인은 잠시 4층 친정집에서 아이와 함께 지내고 있었습니다. 그런데 2014. 8. 8. 새벽 2시경에 큰 공사장에서나 날 법한 "쿵쿵"하는 소리가 어디로부턴가 들려와서 처음에는 근처 공사장에서 나는 소린가보다 하다가 아무래도 같은 건물에서 나는 소리 같아서 지하층 신혼집에 내려가보았더니, 피고소인은 신혼집 살림을 모조리 부숴버린 상태였습니다(증제5호증의 1~13).

3. 결어

피고소인은 분노조절장애를 가지고 있는 사람 같습니다. 화가 나면 화를 참지 못하고 아이가 있건 없건 고함을 지르고 물건을 닥치는대로 부수며 심지어는 폭행까지 서슴치 않습니다. 그리고 피고소인은 가정폭력이 가족구성원에게 얼마나 정서상 감정상 그리고 육체상 큰 피해를 주는지 알지 못하고 있으며 더구나 자녀에게 얼마나 큰 상처를 주는지 미처 알지 못하고 있는 듯 합니다. 따라서 피고소인의 가정폭력이 가정폭력범죄의 처벌 등에 관한 특례법에 따라 의율됨으로써 피고소인에게 수강명령, 사회봉사명령 등의 보호처분을 함이 반드시 필요하다고 할 것입니다.

따라서 수사관님께서 사건을 엄정히 수사하여 가정폭력범죄의 처벌 등에 관한 특례법 제7조에 따라 해당 사건을 가정보호사건으로 처리하는 것이 적절하다는 의견을 제시하여 검찰에 송치하여 주실 것을 간청하옵니다.

존경하는 검사님! 위와 같은 피고소인의 가정폭력은 반드시 고쳐져야 할 행동입니다. 따라서 본

사건을 가정폭력범죄의 처벌 등에 관한 특례법 제9조 1항 및 같은 법 제11조 1항에 따라 본 사건을 관할 가정법원에 송치하여 주시어서 가정보호사건으로 처리될 수 있도록 처리하여 주십시오. 그럼으로써 피고소인이 수강과 사회봉사의 과정을 통해 다시 태어나는 계기가 될 수 있도록 하여 주실 것을 신청하옵니다.

증 거 자 료

1. 증제1호증의 1 내지 2   각 혼인관계증명서
            3 내지 4   각 가족관계증명서
            5 내지 6   각 기본증명서
            7 내지 8   각 주민등록초본
            9   주민등록등본
1. 증제2호증의 1   가족관계증명서
            2   기본증명서
1. 증제3호증의 1~7   각 사진
1. 증제4호증   상해진단서
1. 증제5호증의 1~13   각 사진

2014. 12. .
위 고소인 최**

○○경찰서 귀중

작성례 5

소 장

원 고 ○○○(주민번호:111111-2222222)
   등록기준지 : 충남 예산군 예산읍 예산리 382
   주소 : 경기도 군포시 산본로299, 0동 0000호(금정동, 주공아파트)
   전화 : 02-0000-0000, 010-○○○○-○○○○
피 고 1. ○○○(주민번호:222222-1111111)
   등록기준지 및 주소 : 위 원고와 동일
   전화 : 010-○○○○-○○○○
   2. ○○○(이름을 모르는 경우에는 성명불상이라고 기재)
   주소 : 인천광역시 남동구 간석동 00-0000
사건본인 ○○○(주민번호 : 333333-4444444)
등록기준지 및 주소 : 위 원고와 동일
이혼 등

청 구 취 지

1. 원고와 피고 김바람은 이혼한다. 사건본인의 친권자 및 양육자로 원고를 지정한다.
2. 피고 김바람은 원고에게 위자료로 금80,000,000원 및 이에 대하여 이 사건 소장 부본 송달 다음 날부터 완제일까지 연 20%의 비율에 의한 금원을 지급하라.
3. 피고 최상간은 원고에게 위자료로 금50,000,000원 및 이에 대하여 이 사건 소장 부본 송달 다음 날부터 완제일까지 연 20%의 비율에 의한 금원을 위 피고 김바람과 부진정연대하여 지급하라.
4. 원고에게 재산분할로 금150,000,000원 및 이에 대하여 이 사건 판결 확정일부터 완제일까지 연 20%의 비율에 의한 금원을 지급하라.
5. 피고는 사건본인의 양육비로 이 사건 판결이 확정된 날로부터 사건본인이 성년에 이르는 날까지 매월 말일에 100만 원씩을 지급하라.
6. 제3항 내지 제6항은 가집행할 수 있다. 소송비용은 피고들의 부담으로 한다.
라는 재판을 구합니다.

청 구 이 유

1. 당사자의 관계
   원고와 피고 김바람은 .   .에 혼인신고를 마친 법률상 부부이고, 원,피고 사이에는 자녀 사건본인이 있습니다(갑 제1 내지 4호증).
2. 피고들의 부정행위
   피고 김바람은 _____년 __월 __일 _____시 경에, _____ _____ 장소에서, 피고 최상간과 간통하는 등 부정한 행위를 하였습니다. 이들은 수년 동안 원고 몰래 수십 차례 간통행위를 하는 등 부정한 행위를 해왔는바, 이에 원고는 민법 제840조 제1호에 기하여 이혼을 청구합니다.
3. 나머지 자세한 청구원인은 추후 진술하겠습니다.

입 증 방 법

1. 갑 제1호증의 1, 2   원, 피고에 대한 각 혼인관계증명서
1. 갑 제2호증의 1, 2   원, 피고에 대한 각 가족관계증명서
1. 갑 제3호증의 1, 2   원, 피고에 대한 각 주민등본
1. 갑 제4호증의 1, 2   원, 피고에 대한 각 주민초본
1. 갑 제5호증의 1   사건본인의 가족관계증명서
1. 갑 제5호증의 2   사건본인의 기본증명서

2014. . .

위 원고 ○○○(인)

○○지방법원 ○○지원 귀중

작성례 6

양육비, 부양료지급 사전처분신청서

신 청 인   ○○○(111111-2222222)
           서울 구로구 개봉동 475 연기아파트 0000-0000

피신청인   ○○○(○○○○○-○○○○○)
           서울 구로구 개봉동 ○○ 우리식당

사건본인   1. ○○○(222222-1111111)
          2. ○○○(111111-2222222)
          주소 : 위 신청인과 같은 곳

본안사건   2013드합713 이혼 등

신 청 취 지

피신청인은 신청인에게 ○○지방법원 2013드합713 이혼 등 사건 판결 확정시까지 사건본인들에 대한 양육비 및 신청인과 사건본인들에 대한 생계비로 금300만 원씩을 매월 말일에 신청인명의의 신한은행계좌(번호 : 3562-562-586-566)로 송금하는 방법으로 지급하라.
라는 결정을 구합니다.

신 청 이 유

1. 현재 신청인은 피신청인과 귀원 2013드단713 이혼 및 재산분할 등으로 소송 중에 있으며, 사건본인들은 신청인이 양육하고 있습니다. 신청인은 피신청인과 2012. 11.경부터 별거하여 현재 [   ]에서 2명의 자녀를 데리고 생활하고 있습니다.
2. 피신청인의 수입은 연봉4,500만 원 이상입니다. 그럼에도 피신청인은 신청인에게 2012. 11.부터 생활비를 비롯한 양육비를 일절 지급하지 않다가, 재판이 시작된 2013. 2.말부터 양육비 명목으로 월300,000원'씩 총3회(2/28, 3/25, 4/25)신청인명의의 계좌에 입금하여주었습니다. 신청인은 피신청인이 보내준 월300,000원으로는 사건본인의 양육비로는 턱없이 부족할 뿐 아니라, 신청인의 생계를 이어갈 수 없는 실정입니다.
3. 그런데 이 사건이 종료될 때까지는 상당기간이 걸릴 것이 예상되고, 신청인은 현재 직업이 없어 하루하루 생계를 이어가기가 막막하여 불가피하게 이 건 신청에 이르게 되었습니다.

첨 부 서 류

1. ○○은행계좌거래내역   1부

2013. 2.   .

신청인 김사랑

○○가정법원 제5가사부 귀중

작성례 7

이행명령신청서

신 청 인 ○○○(111111 - 2222222)
　　　　　주 소 : 경기도 동두천시 보산동 ○○-○

피신청인 ○○○(111111 - 1111111)
　　　　　주 소 : 경기도 동두천시 보산동 ○○○-○

신 청 취 지

1. 피신청인은 신청인에게 의정부지방법원 2014드단12 이혼 등 사건의 2014. 8. 6.자 선고된 판결문에 기한 위자료 의무를 이행하라.
2. 신청비용은 피신청인이 부담한다.
라는 재판을 구합니다.

신 청 원 인

1. 위 당사자 사이 ○○○지방법원 2014드단12 이혼 및 위자료 등 사건에 관하여 2014. 8. 6. 귀원으로부터 "피신청인은 신청인에게 위자료로 50,000,000원을 지급하라"라는 판결을 받아 확정되었습니다.
2. 그러나 피신청인은 형편이 어렵지도 않음에도 불구하고 위자료를 지금까지 전혀 지급하지 않고 있습니다.
3. 장애를 안고 어린 자녀를 키우는 신청인의 처지로 아이를 키우는데 피신청인으로부터 받아야 할 위자료는 너무도 중요하기에, 가사소송법 제64조에 따라 피신청인에게 의무이행을 구하고자 이 사건 신청에 이른 것입니다.

또한 피신청인의 자발적 이행의 가능성을 높이기 위해서 몇 회에 걸쳐 분할지급하는 것을 내용으로 하는 이행명령을 하여 주실 것을 신청합니다.

첨 부 서 류

1. 판결문 사본　　　　　　　　1부
1. 위 송달증명원 및 확정증명원　1부
1. 주민등록표초본(피신청인)　　1부

2014. 6. 2.

신청인 ○○○(인)

○○○지방법원 가사과 귀중

작성례 8

감치명령신청서(이행의무위반)

신 청 인 ○○○(111111 – 2222222)
        주 소 : 경기도 동두천시 보산동 00-0
피신청인 ○○○(111111 – 1111111)
        주 소 : 경기도 동두천시 보산동 100-00

집행권원의 표시

서울가정법원 2014드단12호 이혼 등 이혼 및 위자료 등 집행력 있는 판결.
이행명령이 피신청인에게 고지된 일자 : 2013. 2. 13.
불이행한 의무의 내용 : 2013. 2. 9. 서울가정법원 2013즈기5호의 이행명령에 기한 의무이행으로서, 피신청인은 신청인에게 5,000만 원의 위자료를 25회에 걸쳐 분할 지급하라는 의무를 불이행하였음
근거법률: 가사소송법 제68조 제1항

신 청 취 지

의무자를 감치 30일에 처한다. 다만, 위 감치기간이 만료되기 이전에 의무자가 위 의무를 이행하는 때에는 감치의 집행이 종료된다.
라는 재판을 구합니다.

신 청 이 유

1. 신청인은 ○○가정법원 2014드단12호 이혼 등 청구사건의 집행력 있는 판결정본에 기초한 자료 50,000,000원을 지급을 받지 못하여 이에 귀원 2013즈기5호로 이행명령을 받고, 위 결정은 2013. 2. 13.에 피신청인에게 송달되었습니다.
2. 위 이행명령내용은 각 피신청인이 신청인에게 이행명령을 받은 달로부터 25개월 동안 매월 2백만 원씩 매월 25일자에 지급하라는 내용이었고, 그럼에도 불구하고 피신청인은 지금까지 3기에 걸쳐 불이행하는 등 단 한 푼도 신청인에게 지급하지 않고 있습니다. 이에 신청인은 하는 수 없이 가사소송법 제68조 제1항에 의하여 피신청인에 대한 감치명령을 신청하는 바입니다.

소 명 방 법

1. 판결문정본 사본   1부
1. 송달증명원 및 확정증명원 사본   각 1부
1. 이행명령서 사본   3부
1. 위 송달증명원   3부
1. 주민등록표초본(피신청인)   1부
1. 납부서   1부

2014. 7. 30.

위 신청인 ○○○(인)

○○○지방법원 가사과 귀중

작성례 9

재산명시신청서

사 건 2012드합117 이혼 등
원 고 ○○○
피 고 ○○○

신 청 취 지

피고는 재산상태를 명시한 재산목록을 제출하라.
라는 결정을 구합니다.

신 청 사 유

1. 원고는 피고의 재산을 파악하기 쉽지 아니하여 이 사건의 해결을 위하여는 피고의 재산목록 제출이 특히 필요한 상황입니다.
2. 따라서 가사소송법 제48조의 2의 제1항에 따라 피고의 재산에 대한 재산명시명령을 신청을 합니다.

2014. 2. .

원고 ○○○

○○가정법원 제3가사부 귀중

작성례 10

재산조회신청서

채 권 자	이름 : ○○○　　　주민등록번호 : 690301-2222222 주소 : 경기도 동두천시 보산동 ○○-○ 전화번호 : 010 - 1234-5678　팩스번호:　　이메일 주소 : 대리인 :
채 무 자	이름 : ○○○　　(한자 : ○○○　)　주민등록번호 : 111111-1111111 주소 : 경기도 동두천시 보산동 ○○-○
조회대상기관 조회대상재산	별지와 같음
재산명시사건	의정부지방법원 2016카명154호
집행권원	
불이행 채권액	
신청취지	위 기관의 장에게 채무자 명의의 위 재산에 대하여 조회를 실시한다.
신청사유	채권자는 아래와 같은 사유가 있으므로 민사집행법 제74조 제1항의 규정에 의하여 채무자에 대한 재산조회를 신청합니다. (해당란 □에 ∨표시) □명시기일 불출석　　　　　　■재산목록 제출거부 □선서 거부　　　　　　　　　□거짓 재산목록 제출 □집행채권의 만족을 얻기에 부족함　□주소불명으로 인하여 명시절차를 거치지 못함
비용환급용 예금계좌	
첨부서류	
(인지 첨부란)	2016. 5. 16. 신청인　○○○　(날인 또는 서명) 　　　　　　　　　　　　　　　의정부지방법원 귀중

주 ① 신청서에는 1,000원의 수입인지를 붙여야 합니다.
　② 신청인은 별지 조회비용의 합계액과 송달필요기관수에 2를 더한 횟수의 송달료를 예납하여야 합니다.
　③ "불이행 채권액"란에는 채무자가 재산조회신청 당시까지 갚지 아니한 금액을 기재합니다.
참조 : 민집규 35, 25, 재산조회규칙 7, 8

〈별지〉

순번	기관분류	재산종류	조회대상 재산 / 조회대상기관의 구분	갯수	기관별/재산별 조회비용	예납액
1	법원행정처	토지,건물의 소유권	□ 현재조회		20,000원	
			■ 현재조회와 소급조회 ※소급조회는 재산명시명령이 송달되기 전 2년 안에 채무자가 보유한 재산을 조회합니다.		40,000원	
	과거주소 1. 　　　　 2. 　　　　 3. ※ 부동산조회는 채무자의 주소가 반드시 필요하고, 현재주소 이외에 채무자의 과거주소를 기재하면 보다 정확한 조회를 할 수 있습니다.					
2	국토교통부	건물의 소유권	□국토교통부		10,000원	
3	특허청	특허권, 실용신안권, 디자인권, 상표권	□특허청		20,000원	
4	특별시 광역시 또는 도	자동차,건설기계의 소유권	□서울특별시 □대전광역시 □대구광역시 □부산광역시 □광주광역시 □울산광역시 □경기도 □충청남도 □충청북도 □경상북도 □경상남도 □전라북도 □강원도 □제주특별자치도 제주시 □제주특별자치도 서귀포시 □전라남도 □세종특별자치시 □인천광역시 중구청 □인천광역시 동구청 □인천광역시 남구청 □인천광역시 연수구청 □인천광역시 남동구청 □인천광역시 부평구청 □인천광역시 계양구청 □인천광역시 서구청 □인천광역시 강화군청 □인천광역시 옹진군청 *인천시 차량등록사업소가 없어지고, 각 구청에서 담당함		기관별 5,000원	

5	은행법에 의한 금융기관	금융자산 중 계좌별로 시가 합계액이 50만 원 이상인 것	□경남은행 ■우리은행 □기업은행 □광주은행 □전북은행 ■하나은행 □국민은행 □SC제일은행 □한국산업은행 □대구은행 □제주은행 □한국외환은행 □부산은행 ■신한은행 □농협은행 □한국씨티은행 □뱅크오브아메리카 □아랍은행 □뉴욕멜론은행 □야마구찌은행 □도쿄미쓰비시UFJ은행 □제이피모간 체이스은행 □메트로은행 □파키스탄국립은행 □크레디아그리콜코퍼레이트앤인베스트먼트뱅크서울지점(구, 칼리온은행)	기관별 5,000원	
			□경남은행 ■우리은행 □기업은행 □광주은행 □전북은행 ■하나은행 □국민은행 □SC제일은행 □한국산업은행 □대구은행 □제주은행 □한국외환은행 □부산은행 ■신한은행 □농협은행 □한국씨티은행 □뱅크오브아메리카 □아랍은행 □뉴욕멜론은행 □야마구찌은행 □도쿄미쓰비시UFJ은행 □제이피모간 체이스은행 □메트로은행 □파키스탄국립은행 □크레디아그리콜코퍼레이트앤인베스트먼트뱅크서울지점(구, 칼리온은행)		
			□중국은행 □멜라트은행 □노바스코셔은행 □에이비엔 암로은행 □대화은행 □유바프은행 □도이치은행 □유비에스은행 □미쓰이스미토모은행 □미즈호코퍼레이트은행 □인도해외은행 □바클레이즈은행 □중국건설은행 ■중국공상은행 □비엔피 파리바은행 □소시에테제네랄은행 □크레디트스위스은행 (구,크레디트스위스퍼스트보스톤은행) □스테이트스트리트은행 □ING은행 □싱가폴개발은행(DBS은행) □호주뉴질랜드은행 □홍콩상하이은행(HSBC) □OCBC은행	기관별 5,000원	

순번	기관분류	재산종류	조회대상 재산 / 조회대상기관의 구분	갯수	기관별/재산별 조회비용	예납액
6	자본시장과 금융투자업에 관한 법률에 의한 투자매매업자, 투자중개업자, 집합투자업자, 신탁업자, 증권금융회사, 종합금융회사, 자금중개회사, 단기금융회사, 명의개서대행회사	금융자산 중 계좌별로 시가 합계액이 50만원 이상인 것	□우리종합금융(구. 금호종합금융) □교보증권 □신한금융투자(구. 굿모닝신한증권) □우리투자증권(구.LG투자증권) □대신증권 □유화증권 □대우증권 □이트레이드증권 □하나대투증권(하나IB증권과 합병) □증권예탁원 □코리아RB증권중개 □동부증권 □키움증권 □동양종합금융증권 □한화투자증권(구.푸르덴셜투자증권, 한화증권) □리딩투자증권 □흥국증권(구.흥국증권중개) □리먼브러더스인터내셔널증권 □한국투자증권(구.동원증권) □메리츠종금증권(구. 메리츠종금, 메리츠증권) □KB투자증권 □미래에셋증권 □한양증권 □부국증권 ■현대증권 □골든브릿지투자증권-구.브릿지증권) □애플투자증권중개 □비엔지증권 □씨티그룹글로벌마켓증권 □하이투자증권(구,CJ투자신탁증권) □크레디트스위스증권(구. Credit Suisse First Boston) □삼성증권 □유진투자증권 □NH투자증권 ■신영증권 □SK증권 □HMC투자증권(구. 현대차IB증권) □IBK투자증권 □아이엠투자증권(구.솔로몬투자증권)		기관별 5,000원	
			□도이치증권 □Goldman Sachs □맥쿼리증권 □한국증권금융(주) □J.P Morgan □ABN AMRO □KIDB채권중개 □Barclays Capital □Morgan Stanley Dean Witter □BNP파리바페레그린 증권중개 □Nomura □CLSA □SG □다이와증권캐피탈마켓코리아 □UBS Warburg □홍콩상하이증권(HSBC) □Merrill Lynch □뉴엣지파이낸셜증권-구. Indosuez Cheuvreux)		기관별 5,000원	
7	상호저축은행 법에 의한 상호저축은행과 그 중앙회	금융자산 중 계좌별로 시가 합계액이 50만 원 이상인 것	□상호저축은행중앙회 □ () □ () □ () ※ 중앙회에 조회신청을 하면 전국 모든 상호저축은행에 대하여 조회됩니다. ※ 개별상호저축은행에 대한 조회를 원하는 경우에는 그 명칭을 별도로 기재하여야 합니다. ※ ( )속에 조회대상기관 명부에 기재된 순번을 기재합니다.		20,000원 기관별 5,000원	

순번	기관분류	재산종류	조회대상 재산 / 조회대상기관의 구분	갯수	기관별/재산별 조회비용	예납액
8	농업협동조합법 제2조에 1에 의한 조합	금융자산 중 계좌별로 시가 합계액이 50만 원 이상인 것	☐지역조합(지역농협, 지역축협)과 품목조합 ☐ () ☐ () ☐ () ※ 개별 단위지역조합에 대한 조회를 원하는 경우에는 그 명칭을 별도로 기재하여야 합니다. ※ ( )속에 조회대상기관 명부에 기재된 순번을 기재합니다.		20,000원 기관별 5,000원	
9	수산업협동조합법에 의한 수협중앙회	금융자산 중 계좌별로 시가 합계액이 50만 원 이상인 것	☐수협중앙회 및 전국단위지역조합 ☐수협중앙회 ☐ () ☐ () ☐ () ※ 개별 단위지역조합에 대한 조회를 원하는 경우에는 그 명칭을 별도로 기재하여야 합니다. ※ ( )속에 조회대상기관 명부에 기재된 순번을 기재합니다.		20,000원 5,000원 기관별 5,000원	
10	신용협동조합법에 의한 신용협동조합	금융자산 중 계좌별로 시가 합계액이 50만 원 이상인 것	☐ () ☐ () ☐ () ※ 개별 신용협동조합에 대한 조회를 원하는 경우에는 그 명칭을 별도로 기재하여야 합니다. ※ ( )속에 조회대상기관 명부에 기재된 순번을 기재합니다.		기관별 5,000원	
11	산림조합법에 의한 산림조합중앙회	금융자산 중 계좌별로 시가 합계액이 50만 원 이상인 것	☐산림조합중앙회 ☐ () ☐ () ☐ () ※ 중앙회에 조회신청을 하면 전국 모든 산림조합에 대하여 조회됩니다. ※ 개별 산림조합중앙회에 대한 조회를 원하는 경우에는 그 명칭을 별도로 기재하여야 합니다. ※ ( )속에 조회대상기관 명부에 기재된 순번을 기재합니다.		20,000원 기관별 5,000원	
12	새마을금고법에 의한 새마을금고중앙회	금융자산 중 계좌별로 시가 합계액이 50만 원 이상인 것	☐새마을금고중앙회 ☐ () ☐ () ☐ () ※ 중앙회에 조회신청을 하면 전국 모든 새마을금고에 대하여 조회됩니다. ※ 개별 새마을금고에 대한 조회를 원하는 경우에는 그 명칭을 별도로 기재하여야 합니다. ※ ( )속에 조회대상기관 명부에 기재된 순번을 기재합니다.		20,000원 기관별 5,000원	

13	보험업법에 의한 보험 사업자	해약환급금이 50만 원 이상인 것	□악사손해보험(주)(구 교보악사손해보험(주)) □흥국쌍용화재해상보험(주) □한화손해보험(주) □그린손해(구, 그린화재해상)보험 주식회사 (MG손해보험으로 계약 이전 되었습니다.) □MG손해보험주식회사 ■미래에셋생명보험주식회사 □롯데손해보험(주) □퍼스트어메리칸 권원보험(주) □동부화재해상보험(주) □현대해상화재보험(주) □메리츠화재해상보훈(주) □FEDERAL □삼성화재해상보험(주) □LIG손해보험 □서울보증보험(주) □삼성생명보험주식회사 □교보생명보험주식회사 □신한생명보험주식회사 □KDB생명보험주식회사(구 금호생명보험주식회사) □알리안츠생명보험주식회사 □뉴욕생명보험주식회사 □푸르덴셜생명보험주식회사 □하나생명보험주식회사 □한화(구, 대한)생명보험주식회사 □흥국생명보험주식회사 □동부생명보험주식회사 □AIA생명보험주식회사 □동양생명보험주식회사 □ING생명보험주식회사 □라이나생명보험주식회사 □PCA생명보험주식회사 □우리아비바생명보험주식회사(구,LIG생명보험주식회사) □메트라이프생명보험주식회사 ■AIG손해보험 □농협생명보험 □농협손해보험 □에이스아메리칸호 재해상보험(주)(구, ACE AMERICAN) □현대라이프(구, 녹십자)생명보험주식회사	기관별 5,000원	
			□더케이손해보험(구. 교원나라자동차보험) □에르고다음다이렉트손해보험 □동경해상일동화재보험 □미쓰이스미토해상화재보험 ■KB생명보험 □카디프생명보험(구,SH&C 생명보험)	기관별 5,000원	
14	미래창조 과학부	금융자산 중 계좌별로 시가 합계액이 50만 원 이상인 것	□미래창조과학부	5,000원	
			송달필요기관수	합계	

※ 「송달필요기관수」란에는 음영으로 기재된 란에 표시된 조회대상기관 수의 합계를 기재함
※ 크레디트스위스은행, KIDB채권중개, SG : 법인에 대해서만 조회 가능
※ 국토해양부 : 개인에 대해서만 조회 가능

作성례 11

친권자 및 양육자변경심판청구서

청 구 인   ○○○(222222-1111111) (전화 : 010-○○○○-○○○○)
         등록기준지 : 서울 동대문구 제기동 ○○○
         주   소 : 서울 강북구 본동 ○○ 새한빌라 ○○○호
         송 달 장 소 : 서울 서초구 서초동 ○○○서초빌딩 ○○○○호
피청구인   ○○○(222222-1111111)
         등록기준지 : 서울 동대문구 제기동 ○○○
         주   소 : 서울 서초구 서초동 90-723 광남캐스빌아파트 ○○호
사건본인   ○○○(333333-4444444, 당13세)
         등록기준지 및 주소 : 피청구인과 같음
친권자 등 변경청구

청 구 취 지
1. 사건본인에 대한 친권 행사자 및 양육자를 청구인으로 변경한다.
2. 피청구인은 사건본인을 청구인에게 인도하라.
3. 소송비용은 피청구인의 부담으로 한다.
라는 판결을 구합니다.

청 구 원 인
1. 청구인은 피청구인과 2007. 3. 7. 혼인신고를 마치고 그 사이에 사건본인 가람을 두었으나 피청구인이 도박에 빠져 처자식을 부양하지 않아 2008. 12. 2. 협의이혼하였습니다.
2. 협의이혼시 청구인은 경제적 능력이 없어 사건 본인에 대한 친권자 및 양육자를 피청구인으로 하기로 피청구인과 합의하였습니다.
3. 그러나 사건본인 가람이는 이혼 당시 생후 10개월 정도에 불과하여 이혼 후에도 청구인이 친정 부모의 도움으로 계속 양육해 왔고, 사건 본인은 이혼 후 약 4개월 정도 피청구인의 모친이 양육하다가 양육을 포기하여 그 후부터 지금까지 청구인이 계속 친정 부모의 도움을 받아 양육하고 있습니다.
4. 위와 같이 사건 본인은 협의이혼 후 지금까지 약 5년 동안 청구인이 친정 부모의 도움으로 계속 양육해 왔을 뿐만 아니라, 피청구인은 청구인과의 이혼 후 일정한 직업 없이 전국을 떠돌아다니면서 사건 본인의 양육에는 전혀 관심도 없고 소재 파악조차 되지 않아 사건 본인의 친권 행사자 및 양육자로는 부적합하므로 사건본인의 친권자 및 양육자를 청구인으로 변경함이 타당하다고 하겠습니다. 그리고 청구인은 현재 모회사에 재직 중이라 위 사건본인을 양육할 수 있는 경제적 능력도 있습니다.
이상의 이유로 청구취지와 같은 심판을 구하기 위하여 이 건 청구에 이르렀습니다.

입 증 방 법
1. 갑 제1호증   제적등본
1. 갑 제2호증의 1, 2   각 가족관계증명서
1. 갑 제3호증의 1, 2   각 주민등록등본
1. 갑 제4호증   혼인관계증명서
1. 갑 제5호증   사실확인서

2014. 5. .

위 청구인 ○○○(인)

○○가정법원 귀중

작성례 12

유아인도 사전처분신청서

청 구 인 ○○○(111111-2222222)
　　　　등록기준지 : 충청남도 논산시 연무읍 안샘로 ○○○번길 ○○
　　　　주소 : 성남시 분당구 성남대로 15 포스오피스텔 211호
피청구인 ○○○(222222-1111111)
　　　　주소 : 용인시 수지구 성복동 자이아파트 ○○-○○○
사건본인 ○○○(040712-3333333)
　　　　사건본인 주소: 피청구인 주소와 같음

신 청 취 지

귀원 2009느 1234 양육자변경심판 청구사건의 심판확정시까지 피청구인은 청구인에게 사건본인을 인도하라.
라는 결정을 구합니다.

신 청 원 인

1. 사건본인은 청구인과 피청구인 사이에 혼인 중에 출생한 자입니다.
2. 청구인과 피청구인은 2008. 3. 8. 협의이혼하고 사건본인의 친권자는 청구인으로, 양육자는 피청구인으로 정하고 청구인은 피청구인에게 양육비로 매월 300,000원을 지급하였습니다.
3. 그런데 피청구인은 얼마 전부터 술집 종업원으로 근무하게 되면서 밤늦게 귀가함은 물론이고 외박하는 날이 잦아 사건본인의 정상적인 양육이 불가능한 상태입니다.
4. 따라서 사건본인의 양육자를 변경하여 신청인이 당육하고자 귀원 2009느 1234호로 양육자변경신청을 하였으나 그 심판확정시까지 사건본인의 보호와 양육이 시급하고 이를 위하여서는 사건본인을 청구인에게 임시로 인도함이 필요하므로 본 신청에 이르렀습니다.

첨 부 서 류

1. 가족관계증명서　　　　1통
1. 주민등록등본　　　　　2통
1. 진술서　　　　　　　　1통
1. 진술인의 주민등록등본　1통
1. 소제기증명원　　　　　1통

2014. 6. 23.

청구인　○○○(인)

○○지방법원 가사과 귀중

양육비변경신청서

청 구 인 ○○○(111111-2222222)
    등록기준지 : 충청남도 논산시 연무읍 안심로 ○○○번길 ○○
    주소 : 성남시 분당구 성남대로 15 포스오피스텔 211호
피청구인 ○○○(222222-1111111)
    주소 : 용인시 수지구 성복동 자이아파트 ○○-○○○
사건본인 ○○○(070726-4444444)
    사건본인 주소 : 청구인 주소와 같음
양육비 변경 신청

신 청 취 지

1. 피청구인은 청구인에게 사건본인이 성년에 이르기까지 사건본인에 대한 양육비로 매월 2,000,000원씩을 매월 말일에 지급하라.
2. 소송비용은 상대방이 부담한다.
라는 재판을 구합니다.

신 청 원 인

1. 당사자의 관계
    청구인과 피청구인은 2003. 10. 23.경 결혼을 하고 같은 해 11월 경 혼인신고를 마친 법률상 부부였으나, 2013. 4.경 협의이혼하였습니다. 청구인과 피청구인은 이혼 당시 자녀로는 사건본인 안공주가 있습니다(소갑 제1호증 참조).
2. 합의이혼 과정에서의 친권 행사자 및 양육자의 지정 경위
    청구인과 피청구인은 2013. 4.경 협의이혼을 하면서, 사건본인의 친권자 및 양육자로 청구인을 지정하면서, 피청구인은 청구인에게 사건본인에 대한 양육비로 매월 500,000원씩 지급하기로 정하였습니다.
3. 청구인과 피청구인의 사정변경으로 인하여 기존의 양육비가 변경되어야 합니다.
    이혼 당시에는 청구인은 대기업에 재직하고 있었던 반면에 피청구인은 의대를 졸업하고 군의관으로 있었기 때문에 사건본인의 양육비를 월500,000원으로 정하였던 것입니다. 그런데 이혼 후 청구인은 아이 양육을 위하여 대기업을 사퇴하고 작은 중소기업에서 시간선택제로 일하고 있어 소득이 얼마되지 않는 반면에, 피청구인은 현재 서울 삼성동 소재 전문의로 재직 중이어서 월급만해도 월1,000만 원을 상회합니다. 따라서 이러한 사정을 감안한다면, 피청구인은 사건본인에 대한 양육비로 매월 2,000,000만 원을 지급해야 마땅합니다…
4. 결 론
    지금까지 아이 아빠인 피청구인이 사건본인에 대한 양육비를 한 달도 거르지 않고 준 것에 너무 감사하고 있습니다. 하지만 현재의 양육비 500,000원으로서는 도저히 사건본인을 양육하기 힘이 듭니다. 따라서 이러한 사정을 감안하시어서 사건본인에 대한 양육비를 월 2,000,000원으로 변경하여 주실 것을 신청하오니 부디 인용하여 주십시오.

소 명 방 법
1. 소갑 제1호증   가족관계증명서
1. 소갑 제2호증   사건본인 양육비현황

첨 부 서 류
1. 위 소명방법   각 1통
1. 납부서   1통

2014. 5. .

청구인 ○○○

○○지방법원 귀중

작성례 14

담보제공명령신청서

채 권 자　○○○ (000000-0000000)　　(전화 :　　)
　　　　　서울 영등포구 대림동 701 ○○아파트 C○○-○○○○

채 무 자　○○○ (000000-0000000)
　　　　　서울 도봉구 도봉동 876 ○○○아파트 ○○○-○○○

신 청 취 지
피신청인에 대하여 ○○가정법원 2010. 8. 2. 선고 2010느단 8765호 양육비 심판사건의 확정판결에 기한 정기금 양육비채무 중 이 사건 결정일 다음날 이후 지급기가 도래하는 정기금 양육비채무를 담보하기 위하여 상당한 담보를 제공할 것을 명한다.
라는 결정을 구합니다.

신 청 이 유
1. 채권자는 채무자를 상대로 한 귀원 2010. 8. 2. 선고 201○느단 8765 양육비 심판청구에 따라 매월 25일에 50만 원의 양육비를 지급하라는 판결상 채권을 가지고 있습니다.
2. 그러나 채무자는 2010. 2. 25.을 마지막으로 양육비를 지급하고는 이 건 신청하는 현재까지 4개월간 200만 원의 양육비 지급이행을 지체하고 있어 양육비의 정기금을 담보하도록 이 건 신청에 이른 것입니다.

첨 부 서 류

1. 집행력 있는 판결 사본　　　　　　　　　　　　1통
1. 혼인관계증명서(집행권원이 양육비부담조서인 경우)　1통
1. 확정증명서(집행권원이 판결 또는 심판인 경우)　　1통

2010. ○. ○.

위 채권자　○○○　(인)

○○가정법원 귀중

작성례 15

일시금지급명령신청서

신 청 인 ○○○ (000000-0000000)   (전화 :   )
　　　　　서울 영등포구 대림동 ○○○ ○○아파트 ○○○-○○○○

피신청인 ○○○ (000000-0000000)
　　　　　서울 도봉구 도봉동 ○○○ ○○○아파트 ○○○-○○○

신 청 취 지

피신청인은 신청인에게 ○○가정법원 2010. 8. 2. 선고 2010느단 8765호 양육비 심판사건의 확정판결에 기한 정기금 양육비채무 중 이 사건 결정일 다음날 이후부터 2020. 5. 25.까지 사이에 지급기가 도래하는 정기금 양육비채무의 지급을 위하여 일시금으로 금 2,000만 원을 지급하라.
라는 결정을 구합니다.

신 청 이 유

1. 신청인은 피신청인을 상대로 한 귀원 2010. 8. 2. 선고 2010느단 8765 양육비 심판청구에 따라 매월 25일에 50만 원의 양육비를 2020. 5. 25.까지 지급하라는 판결상 채권을 가지고 있습니다.
2. 그러나 피신청인은 최근 2010. 3. 23. 귀원 2010즈기 234호로 금 500만 원을 담보제공하라는 명령을 받고도 정해진 기간 내에 담보제공을 하지 않은 것입니다.
3. 이에 양육비 지급이행을 위하여 일시금으로 그 지급을 구하고자 이 신청에 이른 것입니다.

첨 부 서 류

1. 집행력 있는 집행권원 사본　　　　　　 1통
1. 혼인관계증명서(양육비부담조서인 경우)　1통
1. 확정증명서(판결 또는 심판인 경우)　　　1통
1. 담보제공명령 사본　　　　　　　　　　 1통

2010. ○. ○.

위 신청인 ○○○ (인)

○○가정법원 귀중

작성례 16

면접교섭사전처분신청서

신 청 인 ○○○(222222-1111111)
       등록기준지 : 서울 강서구 등촌로○○나길 ○○
       주소 : 서울 강서구 방화대로 ○○가길 ○○ ○○아파트 ○○○-○○○
피신청인 ○○○(111111-2222222)
       등록기준지 : 전북 군산시 회현면 월연리 ○○○
       주소 : 위 신청인과 같은 곳
       송달주소 : 서울 서초구 서초중앙로 ○길 ○○ 5층(서초동, ○○빌딩)
사건본인 ○○○(333333-4444444)
       등록기준지 : 피신청인과 같은 곳
       주소 : 피신청인과 같은 곳
본안소송의 표시 : 귀원 2014드단182 이혼 등

신 청 취 지

1. 신청인은 2014년 5월부터 이 사건 소송 종결시까지 아래와 같이 사건본인을 면접교섭할 수 있다.
  가. 일시
    ①매월 둘째,넷째 토요일 10:00부터 다음날 17:00까지
    ②여름방학과 겨울방학 기간 중 각 7일간씩
    ③설 연휴기간 중 2박3일
    ④전화, 이메일, 편지, 선물 등은 일시의 제한 없이 자유로이 교환
  나. 장소
    신청인의 주거 혹은 신청인이 책임질 수 있는 곳
  다. 인도방법
    신청인이 면접교섭의 개시시각에 사건본인의 주거지로 사건본인을 데리러 갔다가 종료시각에 다시 같은 장소로 사건본인을 데려다 준다.
2. 피신청인은 신청인과 사건본인 사이의 면접교섭을 방해해서는 아니되며, 신청인이 제1항과 같은 내용으로 면접교섭을 할 수 있도록 적극 협조하여야 한다.

신 청 이 유

1. 신청인과 피신청인은 2010. 7. 23.경 혼인신고를 마친 법률상의 부부이며, 그 사이에 사건본인을 두고 있습니다.
2. 사건본인은 현재 피신청인의 양육 하에 있는바, 피신청인은 신청인에게 사건본인을 보여주지 않고 있습니다.
3. 이에 신청인은 사건본인에 대한 최소한의 면접교섭을 보장받고자 하오니 이 사건 소송이 종결될 때까지의 면접교섭 관계를 신청취지와 같이 결정하여 주시기 바랍니다.
4. 신청인은 사건본인들을 본지 오래되어 하루라고 빨리 사건본인들을 면접교섭하고 싶은 마음이 간절합니다. 신청인과 피신청인 사이의 본안소송의 변론기일이 지정되고 있지 않으나(신청인도 귀 법원 2013드단21로 이혼소송을 제기하였고, 병합신청서를 제출한 상태입니다.), 그에 우선하여 사전처분을 득할 수 있도록 하여 주시기 바랍니다.

2014. 4. .

위 신청인 ○○○

○○가정법원 가사7단독 귀중

답 변 서

사 건 2010드단 이혼등
원 고 김
피 고 김

위 사건에 대하여 피고는 다음과 같이 답변합니다.

답 변 취 지

피고는 원고와의 혼인관계가 계속되길 원합니다.

답 변 내 용

저는 처로부터 소장을 받아보고 우리 가정이 왜 이런 지경까지 왔는가에 대하여 성찰도 하고 반성도 하게 되었습니다.

무엇이 문제인가?
제가 잘못한 점이 무엇인가?
등등 말입니다.

판사님
제 처는 아주 착한 사람입니다. 저와 가족 그리고 제 처를 아는 사람은 이에 대해서 이의를 제기하는 사람은 단연코 한 사람도 없을 것입니다.
저를 만나서 없는 살림에 그리고 박봉에 고생한 것도 사실이구요…
저는 조실부모하고 가난하게 살았기 때문에 가난의 고통이 얼마나 큰지 뼈저리게 느끼며 살았습니다. 그래서 내 가족만큼은 굶기지 말아야겠다는 일념 하나로 그저 앞만 보고 달려온 것 같습니다. 가족들과의 소통은 뒤로한 채 말입니다.
제 처를 다독거리거나 아이들에게 따뜻한 말 한마디 못한 채, 그저 저만 딴짓하지 않고 열심히 살면 가족들은 이런 나를 이해해주고 따라와줄 줄만 알고 살아오지 않았나 싶습니다. 그래서 남들 모두 먹는 술조차도 먹지 않고 그저 일만하며 앞만 보며 살아왔던 것 같습니다.
저는 결혼전 사우디아라비아에 약1여년동안 건축노동자로 나가 번 돈으로 집을 마련하고 또 그 돈으로 제 처와 결혼하였습니다. 부모로부터 물려받은 재산은 고사하고 배움도 없었고 그저 가난의 고통만을 물려받고 살아온지라 이 몸뚱아리 성한 것 하나 믿고 그 어떤 고된 일도 겁내지 않고 뛰어들었던 것 같습니다.
저는 조실부모하고 어렵게 살아온지라, 그저 내 가족을 먹여살리고 가정을 지키겠다는 일념 하나로 주위를 돌아보지 못한 것 같습니다.
저는 처와 결혼한지 6개월도 채 안되어 돈을 벌어오겠다면서 신혼의 단꿈을 누려야할 아내만을 홀로 남겨둔 채 또다시 나이지리아 머나먼 땅으로 건설노동자로 나가 20개월동안 일해 돈을 벌었습니다.
그리고 다녀와서는 한국에서 2004.경까지 십장으로서 건축일을 하였습니다. 그러나 국내에서의 건축일은 쉽지 않았습니다. 수금이 잘 안될 때면 집에 생활비를 갖다주지 못했고, 아내는 이로 인하여 아이들과 생활을 꾸려나가기를 힘들어했고, 그러한 일 때문에 부부싸움도 종종 했습니다.
제가 2004.경 건축일을 그만둔 것은, 5년기한공사의 대규모 대구지하철공사를 도급받아 진행하였으나, 여러 사정으로 인하여 공사를 마무리하지 못하고 많은 손해를 보게 되었기 때문입니다.
그러한 일을 겪고 나니 더 이상의 건축일을 하는 것이 겁이 났고 게다가 건설경기가 침체되기까지 하자 저는 결국 실의에 빠져 집에서 무위도식하고 있게 된 적도 있었습니다. 저는 물론이고 제 처와 제 아이들에게도 지옥과 같은 시간이었던 것 같습니다.
이를 딱하게 여긴 주위분들이 1.4톤 트럭이라도 운전해서 먹고 살아보라고 권면해서 2004.부터 운송사업을 하게 되었습니다.
그런데 제가 처음 운송일을 하다보니 처음 2년동안은 수입이 거의 없었고 1.4톤으로는 가족을 부양하기 역부족이라 판단되어 나중에 5톤으로 바꾸었고, 하지만 그래도 수입은 거의 없었습니다.
그러던 2005. 8.경 제가 중동노동자로 가서 번 돈으로 산 집이 수용되면서 7,000만 원의 보상금을 받게 되었는데, 보상받은 7,000만 원으로는 25톤 중고차를 사기로 하였기 때문에 전셋집을 얻어 이사갈 돈이 있어야했는데, 처한테 모아둔 돈이 좀 있는지 묻자 전혀 없다는 것이었습니다.
사실 저는 버는 돈 전부를 족족이 처에게 갖다주면서 모든 생활권을 처에게 맡겼기 때문에 집에 돈이 얼마나 있는지 그리고 모아둔 돈이 얼마나 있는지 등에 관하여는 전혀 신경쓰지 않았습니다. 제 처는 아주 검소한 사람입니다.
그래서 저는 제 처를 믿고 모든 것을 맡겼던 것입니다. 그런데 모아둔 돈이 없다하고 곧바로 집은 비워줘야 하고… 이사갈 집은 구해야 하는데 가족을 먹여 살리려면 25톤 트럭정도는 있어야 하겠고, 트럭을 사지 않고 가족을 부양하려면 다시 금 건축일을 해야 하는데 건축일은 엄두가 안나고…참으로 진퇴양난이 따로 없었습니다.
그래서 2005. 8.경 처이모부로부터 보증금 2,000만 원을 빌려서 연풍리 황해주택으로 전셋집을 얻어 이사를 갔습니다.
그 당시 저는 공황상태였던 것 같습니다. 전의 집은 옛날식 구옥이긴해도 내집이 있으니 경제적으로 쪼들려도 그러려니 했는데, 전세를 살게 도고 게다가 전세보증금도 전부 빌린 돈이라고 생각하니 발등에 불이 떨어진 격이라는 옛 속담이 남의 이야기처럼 들리지 않았습니다.
저는 늙어가고, 아이들은 커가야 하는데 집 한 켠도 내 것이 없으니… 그래서 우선 허리띠를 졸라매고 집 장만을 해야겠다고 생각했던 것 같습니다.
처이모부로부터 차용한 2,000만 원에 대한 이자가 월30만 원씩 나갔는데, 그 돈이 너무 부담되었고 그래서 2006.경 어느 땐가 사촌 매형으로부터 산 이자에 2,000만 원을 빌려 처이모부로부터 차용한 2,000만 원을 변제하고, 매형에게 매월 이자를 갚아나가는가 하면, 허리띠를 졸라매며 원금상환을 위해서 매월 약100만 원정도씩 저축해나갔던 것 같습니다.
운수업으로 인해서 수입은 많이 줄었는데 원금상환을 위해서 매월 약100만 원을 저축하다보니 제 처에게 생활비를 전과같이 주지 못했는데, 처가 보낸 소장을 보니 처는 그것이 많이 힘들었나 봅니다.
지금 돌이켜 생각해보면, 저는 처가 워낙 잘 인내하고 검소한지라 잘 이겨낼줄로 믿고 허리띠를 졸라매서라도 아이들과 우리 부부의 노후를 위해서 돈을 모아 집장만을 빨리 해야겠다는 제 계획을 가족과 공유하지 아니하고 제 생각대로만 밀어붙인 것이 지금 이 지경까지 오지 않았나 싶습니다.
그렇게 해서 2009.에는 매형으로부터 차용한 2,000만 원을 모두 변제하고, 곧 500만 원을 더 저축해서 전세보증금 2,500만 원짜리 OO리 OO하이트OO에 전세얻어 이사가게 되었습니다.
그래도 제 집에 살 때에는 앞마당이 있고 해서 집은 허술해도 마음만은 넉넉하게 살았던 것 같은데, 장성한 자식 3명과 저희들 부부 모두 5명이 전세보증금 2,000~2,500만 원짜리 좁은 집에서 살다보니 답답하기 그지없었습니다.
그래서 저는 가족과는 단 한마디 상의 없이 좀 더 큰집으로 이사가야겠다는 신념 하나로 또 악착같이 저축하기 시작했습니다.
그래서 2,000만 원을 더 저축해서 2010. 3. 29.에는 전세보증금 4,500만 원짜리 지금 살고 있는 집으로 이사오게 된 것입니다.
약 5년만에 결국 4,500만 원을 저축해서 전세보증금을 마련한 것인데, 그 과정에서 제 처와 제 자식들이 많은 고통을 겪었을 것입니다. 저는 그저 집을 장만해야 제 가정이 옛날과 같이 좀 안정된 생활을 누릴 수 있다는 일념 하나로 달려왔는데, 그러한 생각을 공유하지 못한 제 처와 자식들에게는 큰 고통이었을 것입니다.
2007.경에 제 처가 OO리 소재 책물류센터에 취직하게 된 것도 제가 가져다주는 생활비가 많이

부족해서 일겁니다. 그리고 제 처가 취직한 이후에는 생활비를 더 적게 준 것 같습니다. 제 처가 돈을 벌고 있으니 그 돈으로 생활비를 하려니 하고 말입니다. 대신 저축을 좀 더 많이 할 수 있었지만요…
그래도 생활할 수 있을 정도로는 준 것 같은데 소장을 보고 나서 너무 적었던 것 같습니다.
제가 제 계획대로만 하다보니 큰아들하고 둘째 아들이 대학 들어갈 때 입학금만 대주고 등록금은 학자금대출받아 다녀야만했습니다. 아이들에게 많은 부담을 준 것 같아 미안하기 짝이 없는 일이지만, 제 능력으로는 한계가 있었던 것만은 분명합니다. 운수업을 해서 두 아이들 대학공부 시킨다는게 쉽지는 않은 일이었습니다.
아이들에겐 못난 애비 만나서 고생하는 것이 너무 미안합니다.
제가 2004.경 건축일을 그만두고 운수업을 시작하면서 약 2년동안 수입이 거의 없다시피했습니다. 그러다보니 저는 물론이고 제 자식 그리고 그러한 모습을 바라만 봐야 하는 제 처는 마음이 얼마나 답답했겠습니까?.
그러다보니 제 처는 답답한 마음에 2005. 8. 황해주택으로 이사오고부터는 동네마실을 나가는 습관이 생기기 시작했고, 밤 12시 넘어서 귀가하는 일이 가끔 있더니, 2009. 1. 하이츠빌라로 이사간 이후로는 밤12시 넘어 새벽녘에 들어오는 일이 1주일이면 4~5회나 되었습니다.
제가 운수업을 하는지라 밤에 잠을 자야 다음날 졸음운전을 하지 않고 일할 수 있는데, 처가 밤늦게 들어오는 소리에 잠을 깨면 밤잠을 설쳤고, 그러한 일이 거의 매일같이 반복되다 보니 부부간 갈등으로 비화되었습니다.
당시 저는 그 모든 것이 제 처의 잘못으로만 생각되었기 때문에 제 처에게 잔소리를 하기 일쑤였고, 제 처는 잔소리가 못마땅하다고 생각하다보니 불평불만을 늘어놓게 되고, 그러다보면 부부싸움이 되기 일쑤였습니다.
지금 생각해보면 제가 제 처와 아이들에게 "우리 지금 많이 힘드니 허리띠를 졸라매서라도 우선 집을 장만하고 살아가야 되지 않겠느냐? 내가 이러한 목표를 가지고 돈을 모으려고 하고 있으니 당신이 좀 도와 주구려!"라는 대화만 했더라면 이렇게까지 일이 커지지 않았을 것인데. 전 그저 소통없이 저 혼자만 제 목표를 설정하고 살아온 것이 큰 잘못이 아닌가 싶습니다.
그러다보니 부부간 성관계도 소홀해지고, 제가 처에게 부부관계를 요구할 때면 제 처는 좁은 집에서 아이들이 소리를 듣는다면서 거부한지라, 2010. 여름 장마철에 마을 위 뚝방이 무너질 위험이 있으니 대피하라는 방송으로 아이들을 대피시킨 후 집에 저희 부부만 남게 된 적이 있었는데, 그 때 저는 제 처와 부부관계를 가지면 그동안 계속되던 냉전이 해소되지 않을까 하는 생각에 부부관계를 요구하는 과정에서 제 처는 제게 대하여 나쁜 감정을 가지고 있어서 그런지 아주 상상도 할 수 없을 정도로 거부하였습니다.
그러한 일로 냉전이 더 심화되어 지금까지 오게 된 것이고, 일방적으로 제 처를 두둔하고 나오는 제 자녀들과도 사이가 소원해지게 된 것입니다.
제 처가 보낸 소장을 보면 제가 제 처를 폭행하고, 매일같이 욕설이나 하는 망나니로 묘사되어 있는데, 변호사가 소장을 쓰다보니 그렇게 쓴 것 같고, 제 처가 진정으로 저에 대해서 그렇게 진술하지는 않았을 것으로 저는 믿습니다.
저는 지금까지 살아오면서 부부싸움과정에서 두서너번 처를 밀친 적은 있어도 손찌검을 한 적은 결단코 단 한 번도 없습니다.
하지만 제가 잘했다는 이야기는 아닙니다.
처로부터 소장을 받아보고 나서 많은 반성을 했습니다.
이 모든 것이 제가 가족과 소통없이 일방적으로 일을 추진하고 저만 열심히 살면 가족은 제 처가 잘 건사하려니 하는 믿음으로 그냥 돈만 벌어오는 일에 몰두하고 집장만하겠다는 목표를 가족과 공유하지 못한 잘못에서 기인한 것이 아닌가 싶습니다.
제가 가족과 상의하면서 같이 목표를 설정하고 힘들지만 함께 노력하자는 생각만 공유하고 진행했더라면 이러한 일이 일어나지 않았을 텐데 지금 돌이켜 생각해보면 너무도 미안하고 아쉽기 짝이 없습니다.

제 처와 제 자식들에게 이제서야 말하고 싶습니다.
미안하다고…
그리고 다시 시작해보자고…
한번만 더 기회를 달라고…
그리고 여보 미안합니다. 하지만 나를 한번만 용서하고 아이들을 위해서라도 우리 가정을 지킵시다. 앞으로 더 노력하겠소!!
당신과 아이들이 없이 내가 무슨 힘으로 그리고 므슨 소망으로 이 세상을 살아가겠소?

부탁합니다.
내가 많이 노력하겠소.

첨 부 서 류

1.답변서 부본 1통
1.소송위임장 1통

2010. 11. 11.

피고 ○○○

○○지방법원 귀중

친양자 입양의 심판청구

청 구 인 박○○ (전화)
　　　　　주민등록번호   －
　　　　　주소
　　　　　등록기준지
사건본인 김○○
　　　　　주민등록번호   －
　　　　　주소
　　　　　등록기준지

청 구 취 지

사건본인을 청구인의 친양자로 한다.
라는 심판을 구합니다.

청 구 원 인

1. 청구인은 사건본인을 친양자로 입양하고자 합니다.
2. 청구인은 사건본인의 모인 청구외 (　　　)와 20 ． ． ． 혼인한 이후로 현재까지 사건본인을 친자식으로 여기며 잘 양육하고 있습니다.
3. 청구인은 사건본인이 더 행복하고 구김살 없게 자랄 수 있도록 하기 위하여, 사건본인을 친양자로 입양하는 것이 좋겠다고 생각하여 이 사건 청구를 하게 되었습니다.
4. 이 사건 청구와 관련된 사항(해당 □안에 √표시, 내용 추가)
　가. 친양자로 될 자의 친생부가 친양자 입양에 동의□, 부동의□
　나. 친양자로 될 자의 친생모가 친양자 입양에 동의□, 부동의□
　다. 친생부 또는 친생모가 동의할 수 없는 경우
　　　(1) 동의할 수 없는 이유
　　　　　□ 사망
　　　　　□ 친권상실
　　　　　□ 행방불명
　　　　　□ 심신상실
　　　　　□ 정당한 이유없이 동의거부(　　　　　　　　　　)
　　　(2) 동의할 수 없는 친생부 또는 친생모의 최근친 직계존속(여러 명인 경우는 연장자)은,
　　　　　□ (　　　　)이고, 그의 주소는 (　　　　　　　　)입니다.
　　　　　□ 없습니다.

첨 부 서 류

1. 가족관계증명서(사건본인)   1통
2. 기본증명서(사건본인)   1통
3. 혼인관계증명서(청구인)   1통
4. 주민등록등본(청구인 및 사건본인)   각 1통
   (다만 청구인과 사건본인이 함께 주민등록이 도어 있는 경우는 1통만 제출하면 됩니다)
5. 친양자 입양 동의서(친생부모) 및 인감증명서(단 인감증명서는 작성자가 직접 제출하지 않는 경우에만 필요합니다)   각 1통
6. 법정대리인의 동의를 받은 사건본인의 입양승낙서(13세 이상) 및 인감증명서(단 인감증명서는 작성자가 직접 제출하지 않는 경우에만 필요합니다)   각 1통
7. 법정대리인의 입양승낙서(13세 미만) 및 인감증명서(단 인감증명서는 작성자가 직접 제출하지 않는 경우에만 필요합니다)   각 1통

20 . ○. ○.

위 채권자 ○○○ (인)

○○가정법원 귀중

※ 유의사항
  ○ 청구서에는 사건본인 1명당 수입인지 5,000원을 붙여야 합니다.
  ○ 송달료는 청구인수 × 3,550원(우편료) × 8회분을 송달료취급은행에 납부하고 영수증을 첨부하여야 합니다.
  ○ 관할법원은 친양자로 될 자의 주소지의 가정법원(가정법원 또는 가정지원이 설치되지 아니한 지역은 해당 지방법원 또는 지방법원 지원)입니다.

친양자 입양 동의서

1. 친양자 입양 청구 관계인

1. 구분		2. 성명	3. 주민등록번호
친양자 입양 청구인	양부로 될 자	박○○	-
	양모로 될 자	이○○	-
친양자로 될 자		김○○	-
친양자로 될 자의 친생부모	친생부	김△△	-
	친생모	윤□□	-

2. 친양자 입양에 대한 동의

　위 친양자로 될 자 김○○의 친생부(親生父) 김○○와 친생모(親生母) 윤□□는, 친양자 입양의 심판이 확정된 때에 친생부모와 친양자의 친족관계는 종료한다는 것을 잘 알면서, 민법 제908조의2 제1항 제3호에 따라 친양자 입양 청구인들이 김○○를 친양자로 입양함에 동의합니다.

20   .   .   .

구분	동의인 성명	친양자 입양에 대한 동의 여부	서명 또는 날인
친생부	김○○	동의함	
친생모	윤□□	동의함	

※ 유의사항
  ○ 이 서류의 제출자가 작성명의인이 아닌 경우에는 작성명의인의 인감도장을 날인하고 작성명의인의 인감증명서를 첨부하여야 합니다.
  ○ 단독입양인 경우, 친생부 또는 친생모 1명인 경우에는 위 내용을 적절하게 수정하여 사용하시기 바랍니다.

작성례 19

이혼 숙려기간 면제(단축) 사유서

20   호   협의이혼의사확인신청

당사자 :
주 소 :

위 사건에 관하여 20 . . . :   로 이혼의사 확인기일이 지정되었으나 다음과 같은 사유로 이혼의사 확인까지 필요한 기간을 면제(단축)하여 주시기 바랍니다.

다 음

사유 : 1. 가정 폭력으로 인하여 당사자 일방에게 참을 수 없는 고통이 예상됨(O)
2. 기타 이혼을 하여야 할 급박한 사정이 있는 경우(상세히 적을 것)

첨 부 서 류

1. 상해진단서
1. 쉼터입소확인서

20 . . .
위 당사자   (날인 또는 서명)
(연락처 :   )
(상대 배우자 연락처 :   )

○○지방법원 귀중

※ 유의사항
○ 연락처란에는 언제든지 연락 가능한 전화번호나 휴대전화번호를 기재하고, 그 밖에 팩스번호, 이메일 주소 등이 있으면 함께 기재하기 바랍니다.
○ 사유서 제출 후 7일 이내에 확인기일의 재지정 연락이 없으면 최초에 지정한 확인기일이 유지되며, 이에 대하여는 이의를 제기할 수 없습니다.

작성례 20

자의 성과 본의 변경허가 심판청구

청 구 인   성명 : 박○○   (휴대전화 : 010-000-0000, 집전화 : 02-000-0000)
           주민등록번호 : 740501 - 0000000
           주소 : 서울 ○○구 ○○동 000-000
           등록기준지 : 부산 ○○구 ○○동 000-000
사건본인   성명 : 김○○
           주민등록번호 : 000627 - 0000000
           주소 : 서울 ○○구 ○○동 000-000
           등록기준지 : 인천 ○○구 ○○동 000-000

청 구 취 지
'사건본인의 성을 "이(李)"로, 본을 "전주(全州)"로 변경할 것을 허가한다.'라는 심판을 구합니다.

청 구 원 인
1. 사건본인의 가족관계 등 (해당 □안에 ✔표시, 내용 추가)
   가. 사건본인은 (친부 김◇◇)과(와) (친모 청구인)사이에 출생한 자입니다.
       ☑ 친부의 주소는 (대전 ○○구 ○○동 000-000)입니다.
   나. ☑ (친부 김◇◇)과(와) (친모 청구인)는(은) (2003년 1월 8일) 이혼하였습니다.
       □ (   )는(은) (년   월   일) 사망하였습니다.
       □ (   )는(은) (년   월   일) 사건본인을 입양하였습니다.

2. 성과 본의 변경을 청구하는 이유 (해당 □안에 ✔표시, 내용 추가)
   사건본인이 현재의 성과 본으로 인하여 학교나 사회생활 등에서 많은 어려움을 겪고 있으므로 사건본인의 복리를 위하여 다음과 같이 청구합니다.
   ☑ (친모 청구인)과(와) (2006년 3월 7일) 혼인하여 사건본인의 의붓아버지(계부)가 된 (이○○)의 "성"과 "본"으로 바꾸고 싶습니다.
   □ 어머니의 "성"과 "본"으로 바꾸고 싶습니다.
   □ 양부의 "성"과 "본"으로 바꾸고 싶습니다.
   □ 위 각 경우에 해당하지 않는 경우의 이유(서술식으로 기재)
     :

첨 부 서 류

1. 진술서(청구인)   1통
2. 가족관계증명서(청구인 및 사건본인) 각 1통
3. 기본증명서(사건본인)   1통
4. 혼인관계증명서(청구인)   1통
5. 주민등록등본(청구인 및 사건본인)   각 1통(청구인과 사건본인의 주소지가 같은 경우에는 1통만 제출하면 됩니다)
6. 기타(해당사항이 있는 경우에 □안에 ✔표시를 하고 해당 서류를 첨부해 주십시오)
   □ 입양관계증명서   1통(사건본인이 입양된 경우)
   □ 제적등본(친부)   1통(친부7- 사망한 경우, 단 2008. 1. 1. 이후에 사망신고가 된 경우에는 폐쇄가족관계등록부에 따른 친부의 기본증명서)

20 . .

청구인 박○○   (인)

가정법원   지방법원(지원) 귀중

※ 유의사항
○ 청구서에는 사건본인 1명당 수입인지 5,000원을 붙여야 합니다.
○ 송달료는 청구인수 × 3,550원(우편료) × 8회분을 송달료취급은행에 납부하고 영수증을 첨부하여야 합니다.
○ 관할법원은 사건본인의 주소지의 가정법원(가정법원 또는 가정지원이 설치되지 아니한 지역은 해당 지방법원 또는 지방법원 지원)입니다.
○ <u>사건본인의 아버지에게 의견청취서를 보내어 의견을 들을 필요가 있을 수 있으므로 신속한 심리를 위하여, 사건본인의 아버지의 주소는 같고 있는 경우에 기재하되, 기재하지 아니한 경우 주소를 밝히라는 법원의 보정명령을 나중에 받을 수 있습니다.</u>
○ '성'과 '본'이 변경된다고 하여, 의붓아버지와 사이에 친자관계가 생기거나 종전 부모와의 친족관계가 소멸되는 것은 아니며 가족관계등록부에는 여전히 친아버지가 아버지로 기재됩니다. 또한 친권자가 변경되는 것도 아닙니다.

진 술 서

청구인은 다음과 같은 내용을 사실대로 진술합니다.

1. 청구인과 사건본인의 가족관계 등

    가. 기본 사항(사건본인과 관계있는 해당 사항만 기재하시면 됩니다.)

구분	연월일	참고 사항
(김◇◇)과(와) 혼인 신고일	1999년 5월 2일	동거 시작일 년 월 일
사건본인 (김○○)출생일자	2000년 6월 27일	
(김◇◇)과(와) 이혼 신고일	2003년 1월 8일	☑ 협의이혼, □ 재판상 이혼
(이○○)과(와) 재혼 신고일	2006년 3월 7일	동거 시작일 2005년 6월 10일

    나. 사건본인의 친권자, 양육자 등 관계

구분	내용
(1) 사건본인의 나이, 학교 등	만 세, □ 유치원, ☑ ○○초등 학교 1학년 재학 중
(2) 이혼시 지정된 친권자	☑ 사건본인의 아버지, □ 사건본인의 어머니
(3) 이혼시 지정된 양육자	□ 사건본인의 아버지, ☑ 사건본인의 어머니
(4) 현재의 실제 양육자와 양육기간	□ 사건본인의 아버지, ☑ 사건본인의 어머니 양육기간 : 약 7년 6개월(2000년 6월 27일 → 현재)
(5) 양육비용을 부담하고 있는 사람	사건본인의 어머니, 의붓아버지
(6) 친아버지가 사건본인 또는 사건본인의 어머니에게 양육비를 지급하고 있는지 여부	□ 양육비를 지급하고 있음 ☑ 양육비를 지급하고 있지 아니함
	※ 양육비를 지급하고 있는 경우 그 액수 월 평균으로 따져보면 약 원
(7) 사건본인이 친아버지와 면접교섭하는지(정기적 또는 부정기적으로 만나는지) 여부	☑ 면접교섭함, □ 면접교섭하지 아니함
	면접교섭의 내용(면접교섭하는 경우에만 기재하여 주십시오.) ☑ 1년에 1 ~ 3회 □ 매월 약 1회, □ 매월 약 2회 이상 □ 기타 ( )

2. 사건본인이 현재의 성과 본으로 인하여 사회생활 등에서 어려움을 겪고 있는 구체적 사례

- 사건본인이 2007년 초등학교에 입학하면서 의붓아버지와 2006년에 태어난 사건본인의 동생과 서로 성이 달라 속상해 하는 경우가 많았습니다.

- 사건본인은 의붓아버지와 성이 다룬 것 때문에 성격이 내성적이 되었습니다.

3. 사건본인의 성과 본의 변경이 필요한 이유(□안에 ✓표시, 내용 기재)

☑ 의붓아버지(계부)의 성과 본으로 변경하려는 경우
   (1) 의붓아버지가 사건본인을 양육하고 있는지 : ☑ 양육하고 있음, □ 양육하고 있지 아니함
   (2) 의붓아버지가 사건본인을 실제 양육한 기간
       약 2년 7개월 (2005년 6월 무렵부터 → 2008년 1월 무렵까지)
   (3) 성과 본의 변경이 사건본인의 행복과 이익을 위하여 필요한 이유

   본래 활달한 성격이었던 사건본인이 학교생활에 잘 적응할 수 있도록 하고, 의붓아버지 및 동생과 한 가족으로서 소속감과 유대감을 강하게 할 수 있습니다.

□ 어머니의 성과 본으로 변경하려는 경우
   (1) 어머니가 이혼 후 사건본인을 실제 양육한 기간
       약 년 개월 (년 월 무렵부터 →   년 월 무렵까지)
   (2) 성과 본의 변경이 사건본인의 행복과 이익을 위하여 필요한 이유

□ 양부 또는 양모의 성과 본으로 변경하려는 경우
   (1) 사건본인을 양육하고 있는지 : □ 양육하고 있음, □ 양육하고 있지 아니함
   (2) 양부 또는 양모가 사건본인을 실제 양육한 기간
       약 년 개월 (년 월 무렵부터 →   년 월 무렵까지)
   (3) 성과 본의 변경이 사건본인의 행복과 이익을 위하여 필요한 이유

4. 그 밖에 법원에 진술하고 싶은 사정

            20 년 월 일 청구인 박○○ (인)

            ○○가정법원○○지창법원(지원) 귀중